Schopenhauer Arthur

哲人咖啡厅

叔本华人生哲学

（德）叔本华 著 李成铭等 译

九州出版社
JIUZHOUPRESS
全国百佳图书出版单位

生存环境只不过是对我们产生一种间接影响，每一个人的心灵也并不全合乎他周围的环境，各人都活在他自己的心灵世界中。至于所处的世界如何，主要在我们以什么方式来看待之。

——叔本华

出版前言

叔本华（1788–1860），德国著名哲学家，开创了唯意志主义哲学及生命哲学流派。他认为哲学回答的是世界和人类的本质、本源问题，而真正的本质、本源应当从人的内心深处去寻找，这就是人的意志或下意识的生命本能的冲动，或生存（生活）意志。

他说，生物所最珍视的就是其生命，只要求得生存，其他一切都可忍受；反之，其他一切都会失去意义。生物如此，其他一切事物亦如此，例如，在有机界中，一颗埋在土中的种子，可以长久不发芽，却能保持其生命力；在无机界，各种化学元素非在一定条件下不相互转化，不化合为性质不同的其他物质，这些都是它们求生存的表现。叔本华用这种生存意志来解释人的一切以至宇宙的一切，解释人的理性、智慧、性格以至人的身体的各部分，都是生存意志的表现。

在叔本华看来，每一个人作为意志的一种表现，又是整个意志世界一部分，但作为主体又都有一个依赖于他自己的对象世界，这就是存在于其表象中的世界，即现象世界。对于现象世界，他认为人是利己主义者，但人们利己的“生存意志”，在现实生活中又无法满足，因而产生“人生即痛苦”的悲观主义的消极人生哲学。由此出发，他深刻地探索了人性中的“恶”、虚伪、荒诞及不幸，以哲人的敏锐和智慧向我们诉诸了关于世界、人性、生命、地位、荣誉和爱情、幸福、苦恼等耐人寻味的问题及见解。总之，他按照他的理解告诉我们一个具有智慧和意志的人所应有的人生态度或生存哲学。

本书是叔本华原著代表作的精选译本，基本反映了叔本华人生哲学的主要思想和理论。为便于读者阅读和理解，编辑中对部分内容做了删节，并适当加了小标题。此书译者有李成铭、范华、张小冈、刘一非等。

九州出版社

二〇〇四年六月

目 录

一、人生的智慧

1. 生命性质

亚里士多德将人生的幸福分成三类，那就是自外界得来的幸福，自心灵得来的幸福和自肉体得来的幸福。这种划分除数目外没有指出什么。据我所观察人的命运中根本不同点，可以分为不同的三类：

一、什么是人：从人格一词的广泛意义来说，人就是人格；其中包括着健康与精力、美与才性、道德品性、智慧和教育等等。

二、人有些什么：人有财富和他可能占有的事物。

三、如何面对他人对自己的评价：也就是大家所知道的他人把你看成什么样子，或更严格一点来说，他人对你的观感如何。这可以从别人对你的意见看出来；别人对你的意见又是从你的荣誉、名声和身份表现出来的。

上面第一类的差异是自然本身赐给人的；正由于是自然本身赐给人的，它们对人生快乐与否影响之大和深刻远超过后两类对人的影响。后面两类只是由人安排的结果。所有具有特权身份或出生在特权世家的人士，即使他是出生在帝王之家，比起那些具有伟大心灵的人士来说，只不过是为王时方为王而已，而具有伟大心灵的人，相对于他的心灵来说，永远是王。希腊哲学家伊壁鸠鲁最早的弟子麦阙多鲁斯也说："从我们内心得来的快乐，远超过自外界得来的快乐"。生命幸福的主要因素，我们存在的整个过程，在乎我们内在的生命性质是什么，这是天经地义和人人都可以体验到的事实。人的内在生命性质是使我们心灵满足的直接源泉，我们整个感性、欲望和思想使我们不满足，直接的源泉也是因为我们内在生命的性质。另一方面来说，环境只不过是对我们产生一种间接的影响而已。这就是为什么外界的事件或环境对两个人的影响各不相同。即使环境完全相同，每一个人的心灵也并不全合乎他周围的环境，各人都活在他自己的心灵世界中。一个人能直接体悟的，也就是自己的观念、感受和意欲；外在世界的影响也不过促使我们体悟自己的观念、感受和意欲。我们所处的世界如何，主要在我们以什么方式来看我们所处的世界。正因为如此，世界相同，各人却大异其趣；有的觉得枯燥乏味，了无生趣，有的人又觉得生趣盎然，极具意义。听到别人在人生经验历程中颇有兴味的事件，人人也都想经历那种事件，在描述那些事件时，把自己的心灵落在那些事件所具有的浮泛意义中。某些事情对天才来说是一种极具意义的冒险，但对凡夫来说却单调乏味，毫无意义。在歌德和拜伦的诗中，有许多地方是化腐朽为神奇，化平凡为伟大的。愚痴的读者嫉妒诗人有那么多令人愉快的事物，他们除了嫉妒外，不想想诗人莫大的想像力可把极平凡的经验变得美丽和有情趣。

同样的，对一个乐观的人来说，某种情景只不过是一种令人可笑的冲突，忧郁的人却把它当作悲剧，但在恬淡的人看来又毫无意义。所有这些都须依赖一种事实，那就是要了解和欣赏任何事件，必须具有主体和客物两种因素；主体和客物关系的密切必然联结在一起，就像水中的氢与氧关系的密切必然联结在一起一样。在一种经验中客物或外界因素一样，但主体或个人对它的欣赏却因人而异，每一个人对相同的客物看法甚为不同。愚痴的人认为世间最美好的事物微不足道，这就好像在阴霾的天气中看令人流连忘返的风景一样，以为并不值得留连忘返，或者就像在不太好的影画镜中看画，影画镜固然不好，影出来的画未必不好。明白一点说，每一个人都受自己意识的限定，我们并不能直接的超出自己意识的限定而变成另一个人，因此，外界的帮助对我们并没有多大用处。同在一个舞台上，有的人是帝王，有的人是臣子，有的人是将军、士兵或仆人和其他等等，他们彼此的不同只不过是外在的不同而已，但各种角色内层核心的实在性却是相同的，大家都是可怜的演员，对自己的命运充满着渴望与焦虑。在人类的生命中就正是这种情况。各人依身份和财富的不同而扮演不同的角色，但这决不意味大家内在生命的快乐与欢愉有什么差异；我们都是集忧患困厄于一身，可怜兮兮的活到死而已——每个人展示生命内容的原因当然不同，但生命形式的基本性质却是一样的。各人的生命强度也因人而异，但生命强度的差异绝不是要符合各人所应扮演的角色，或者要符合地位和财富的有无。因为事物的存在或发生，仅存于我们的意识中，且只是为意识而存在，人的意识素质是人的最重要的事物。在大部分的情况中，意识素质的重要性远超过形成意识内容的外在环境。世界上一切的骄傲与快乐，对蠢子的迟钝心灵来说，当然微不足道。蠢子的迟钝心灵决不能与塞万提斯在悲惨的监牢中写唐·吉诃德时的想像相比。生命的实在客观的一半是在命运中，在不同的情况中采取不同的形式。另主观的一半却属于我们自身，生命自始至终就是这种情况。

因此无论外在的环境如何不同，每个人的生命终其一生都是具有相同的性质。生命就像在一个题目上发挥不同的内容而已。任何人决不能超出他的个性。一种动物无论在什么样的环境下，总狭小的限定在自然所赋予他那种不可更改的性质中。我们努力使自己所“宠爱的对象”快乐，必须就着那个对象的性质，限定在它所能感受的范围之内。人又何尝不是这样呢！我们所能获得的快乐，事先就由我们的个性决定了。人的心性能力更是这种情况，人的心性决定了我们是否能觅取较高生命精神价值享受的能力。心性能力如果不高，又不加以外在努力，别人或者财富是不能把他提升到人的一般快乐和幸福以上的，虽然人也具有一半动物性，但如果心性高的话，是可以提升自己的。心性不高的人幸福和快乐的惟一源泉是他的感官嗜好，充其量过一种舒适的家庭生活，与低级的伴侣在一起俗不可耐的消磨时光。教育对这类凡夫俗子也不能扩大他的精神价值。人的最高、永恒和丰富的快乐实是他的心灵，虽然我们在青年时不了解这一点，事实上却是如此。心灵的快乐主要又在依赖我们心灵的能力。很明显的是，我们的幸福大半依赖我们的本性是什么，我们的个性是什么，所谓命运一般是指我们有些什么，或者我们的名声如何。就这一点来说，我们当然可以促进我们的命运；但是，如果我们内在的生命富有的话，我们就不会多求我们有些什么了。另一方面是愚人终其一生还是愚人，即使在乐园中被美女包围，他也难于脱离愚人的个性。

通常的经验指出生命中的主体因素之重要性对人生的快乐与幸福来说，远超过客观因素，这从饥者不择食、少年与成年不能相与为伍到天才和圣人生活均可看出来。在一切幸福中，人的健康胜过任何其他幸福，我们真可以说一个身体健康的乞丐要比疾病缠身的国王幸福得多。一种平静欢愉的气质，快快乐乐的享受非常健全的体格，理知清明，生命活泼，洞彻事理，意欲温和，心地善良，这些都不是身份与财富所能促成或代替的。因为人最重要的在于他自己是什么，当我们独处的时候，也还是自己伴随自己，上面这些美好的性质既没有人能给你，也没有人能拿走，这些性质比我们所能占有任何其他事物重要，甚至比别人看我们如何来得重要。一个具有理知的人在完全孤独的时候沉浸于自己的思想与遐思中，其乐也无穷。然而世俗的快乐，剧场、游览、娱乐并不能使愚人免掉烦恼。一个良好、温和优雅性格的人，就是在贫乏的环境中也能怡然自得，而一个贪婪、充满嫉妒和怨恨的人，即使他是世界上最富有的人，他的生命也是悲惨的。具有常乐的特殊个性人士，他拥有高度的理知，别人所追求的那些快乐，对他来说是多余的，甚至是一种负担和困扰。当苏格拉底看到许多奢侈品在贩卖的时候，他不禁说道：“这个世界有多少东西是我不需要的啊！”

因此，我们生命快乐的最重要和最基本的因素是我们的人格，如果没有其他原因的话，人格是在任何环境中活动的一个不变因素。人格不像在此文中另两类所描述的幸福一样，并不是命运可以支配的，也不是人为可以扭曲的。正因为这样，人格比之另两类所描述的幸福相比，就更具有绝对性价值。这样一来，从外在把握人就比一般人所想像的要困难得多。在此，时间又进入到我们的生命中而发挥其无限的作用，我们受时间的影响，肉体和精神的种种便利将渐渐消失，惟有道德的品性才不受时间的影响。就时间所造成的毁灭性结果看，在此文当中另两类所指的幸福，因不受时间的直接左右，在事实上就似乎优于第一类。由这两类所得的幸福尚有其他的益处，那就是由于它们极具客观和外在的性质，要得到它们是不难的，至少每个人都可能占有它们。但是，所谓主体性就不是随时可以得到的，主体性是与生俱在的一种神妙的权利，主体性是不变的，是不可让与的，这对人生的命运来说是注定不变的。一个人的命运自生开始是如何的不能改变，如何的只能在已注定的生命活动线上开展自己，我们的生命如何像行星一样，在什么样的位置就在什么样的位置。请看古代的女巫和先知们如何断言人不能逃脱自己生命的道路，也不能藉时间的任何力量改变自己生命的道路。

在我们生命力量所惟一能成就的事物，只不过是尽力的发挥我们可能具有的个人品质，且只有依我们的意志的作用来跟随这些追求，寻求一种完满性，承认可以使我们完满的事物，和避免那些使我们不能完满的事物。这样一来，我们便选择那些最适合我们发展的职位、职业以及生活方式。

我们可以想像一位具有极大体力的人士，他由于环境被迫干一种固定的职业，从事某种手工的精细工作，或者研究某种需要其他能力的心灵工作，恰好他又没有这种能力。处在这种环境下的人是一生都不会感到快乐的。更为不幸的一种人是他具有非常高的理知能力，却未得到高的发挥和被人雇用，而干一种体力不能胜任的劳动。我们是应该注意这种情形，特别在青年时，应避免站在能力所不能胜任的悬崖上，或施出多余的能力。

因为在人格项目下所描述的幸福，大大的超过其他项目所描述的，维护健康和培育心灵，就比只知聚集财富要聪明得多了，但这绝不是说我们可疏忽生活获得必需的供给。就健康一词的严格意义来说，只是脑满肠肥，是对我们的快乐没有什么帮助的。许多富人常感不快乐，只因他们缺少真正的精神文化或知识，结果就没有理知活动的客观兴趣。因为人除了某些实在的和自然性的必需满足外，一切财富的占有，对幸福一词的适当意义来说，影响是较小的。事实上有时财富反而妨碍幸福，因为保存财富常令人带来许多不可避免的悬念。然而人乐于自己富有是远超乎获得文化的兴趣，虽然人的文化对幸福的影响远超过财富对幸福的影响，人还是不断的追求财富。我们看到许多人像蚂蚁一样，整天劳劳碌碌，忙着不停以聚集财产，除了只知搞钱外，其他便一无所知。这种人的心灵空白一片，结果是对任何其他事物的影响便麻木不仁。他们对理智的高度幸福无能为力，就只有沉迷在声色犬马中，任意挥霍，求得片刻的感官享受。如果幸运的话，他奋斗的结果，得到了巨大的财富，死后留给继承人，或者乱花一通。像这种人的人生，看来虽煞有介事和颇具重要感，实际上就和其他许多蠢子一样，愚昧的度其一生而已。

因此，人自身所具有的是什么，主要的因素是存在于他的幸福中。因为这是一种规则，大部分的人尽一切力量与贫穷奋斗，那是很难获得幸福的。这种人的心灵是空虚的，想像是迟钝的，精神是贫乏的，物以类聚，他就只有和他一样的人混在一起，放浪形骸，纵情纵欲。富有家庭的年少子弟继承了大量的财产后，就尽情挥霍，究其原因，无非是心灵空虚，对自己的生存感到厌倦。他来到这个世界外表是富有的，内在却是贫穷的，他惟一无望的努力便是用自己外在的财富来弥补内在的贫穷，企图从外界来获得一切事物，就像一个老人一样，努力的要使自己成为大卫王。结果是，一个内在贫穷的人到头来外在也变得贫穷。

前面所说的构成幸福的另两类因素的重要性是勿需我再强调的。今天的广告就一再宣称具有这两类因素的价值。至于第三类与第二类比较起来，因为只是存在于别人的意见中，在性质上就较不重要了。然而每个人仍在追求名誉。另一方面，官位只有让服务政府的人去追求，而名声却是由少数人所追求的。在任何情况中，名誉被视为一种无价的财宝，而名声是一个人所能获得最宝贵的事物。只有愚蠢的人才取爵位而舍财富。这二类和第三类是一种相互关联的因果关系。使别人喜欢自己，不论出于什么方式，其目的还是在想得到我们所需要的。

2. 人格，或人是什么

在前一章中我们已指出，一般说来，人是什么比他有些什么和他人对他的评价是什么更影响他的幸福。因为个性随时随地伴随着人并且影响他所有的经验，所以人格——也就是人本身所具的一些特质——是我们首先应考虑的问题。能自各种享乐里得到多少快乐是因人而异的。我们大家都知道在肉体享乐方面确系如此，精神享乐方面亦然。当我们用英文里的句子——好好享受自己时（to enjoy oneself），这话实在太明白不过了，因为我们不说："他享受巴黎。"却说："他在巴黎享受'自己'。"一个性格不好的人把所有的快乐都看成不快乐，好比美酒到充满胆汁的口中也会变苦一样。因此生命的幸福与困厄，不在于降临的事情本身是苦是乐，而要视我们如何面对这些事情，我们感受性的强度如何。人是什么，他本身所具有的一些特质是什么，用一个字来说，就是人格。人格所具备的一切特质是人的幸福与快乐最根本和直接的影响因素。其他因素都是间接的，媒介性的，所以它们的影响力也可以消除、破灭，但人格因素的影响却是不可消除的。这就说明为什么人的根深蒂固嫉妒心性难以消除，不但如此，人常小心翼翼的掩饰自己的嫉妒心性。

在所有我们所做和所受的经历当中，我们的意识素质总占着一个经久不变的地位；一切其他的影响都依赖机遇，机遇都是过眼烟云，稍纵即逝，且变动不已的；惟独个性在我们生命的每一刻里不停的工作。所以亚里士多德说："持久不变的并不是财富而是人的品格。"我们对完全来自外界的厄运还可以容忍，但由自己的个性导致的苦难却无法承受；只因运道可能改变，个性却难改变。人自身的福祉，如高贵的天性，精明的头脑，乐观的气质，爽朗的精神，健康完善的体魄，简言之，是幸福的第一要素；所以我们应尽心尽力去促进和保存这类使人生幸福的特质，莫孜孜于外界的功名与利禄。

在这些内在的品格里，最能给人带来直接快乐的莫过于"愉悦健全的精神"；因为美好的品格自身便是一种幸福。愉快而喜悦的人是幸福的，而他之所以如此，只因其个人的本性就是愉快而喜悦的。这种美好的品格可以弥补因其他一切幸福的丧失所生的缺憾。例如若有一人年青、英俊、富有而受人尊敬，你想知道他是否幸福只须问他是不是欢愉？假若他是欢愉的，则年青、年老、背直、背弯，有钱无钱，对他的幸福又有什么关系呢，总之，他是幸福的。早年我曾在一本古书当中发现了下面两句话："如果你常常笑，你就是幸福的；如果你常常哭，你就不幸福"；这是很简单的几个字，而且几近于老生常谈，也就因为它简单使我一直无法忘记。因此当愉快的心情敲你的心扉时，你就该大大的开放你的心，让愉快与你同在。因为他的到来总是好的。但人们却常踌躇着不愿自己太快活，惟恐乐极生悲，带来灾祸。事实上，“愉快”的本身便是直接的收获——它不是银行里的支票，却是换取幸福的现金；因为它可以使我们立刻获得快乐，是我们人类所能得到的最大幸事，因为就我们的存在对当前来说，我们只不过是介于生与死两个永恒之间极短暂的一瞬而已。我们追寻幸福的最高目标就是如何保障和促进这种愉快的心情。

能够促进愉快心情的不是财富，而是健康。我们不是常在下层阶级——劳动阶级，特别是工作在野外的人们脸上找到愉快满足的表情吗？而那些富有的上层阶级人士不常是忧容满面，满怀苦恼与忧愁吗？所以我们当尽力维护健康，惟有健康方能绽放愉悦的花朵。至于如何维护健康实在也无需我来指明——避免任何种类的过度放纵自己和激烈不愉快的情绪，也不要太抑制自己，经常做户外运动，冷水浴以及遵守卫生原则。没有适度的日常运动，便不可能永远健康，生命过程便是依赖体内各种器官的不停操作，操作的结果不仅影响到有关身体各部门也影响了全身。亚里士多德说：“生命便是运动。”运动也的确是生命的本质。有机体的所有部门都一刻不停地迅速运作着。比如说，心脏在一收一张间有力而不息地跳动；每跳二十八次他便把所有的血液由动脉运到静脉再分布到身体各处的微细血管中，肺像个蒸汽引擎无休止的膨胀、收缩；内脏也总在蠕动工作着；各种腺体不断地吸收养分再分泌激素；甚至于脑也随着脉搏的跳动和我们的呼吸而运动着。世上有无数的人注定要从事坐办公桌的工作，他们无法经常运动，体内的骚动和体外的静止无法调和，必然产生显著的对比。

本来体内的运动也需要适度的体外运动来平衡，否则就会产生情绪的困扰。大树要繁荣茂盛也须风来吹动。人的体外运动须与体内运动平衡就用不着说了。

幸福基于人的精神，精神的好坏又与健康息息相关，这只要我们对同样的外界环境和事件，在健康强壮时和缠绵病榻时的看法及感受如何不同，即可看出来。使我们幸福或不幸福的，并非客观事件，而是那些事件给予我们的影响，和我们对它的看法。就像伊辟泰特斯所说的："人们不受事物的影响，却受他们对事物的想法的影响"。一般说来，人的幸福十之八、九有赖健康的身心。有了健康，每件事都是令人快乐的；失掉健康就失掉了快乐；即使其人具有如此伟大的心灵，快活乐观的气质，也会因健康的丧失黯然失色，甚至变质。所以当两人见面时，我们首先便问候对方的健康情形，相互祝祷福体康泰，原来健康是成就人类幸福最重要的成分。只有最愚昧的人才会为了其他的幸福牺牲健康，不管其他的幸福是功、名、利、禄、学识，还是过眼烟云似的感官享受，世间没有任何事物比健康，还来得重要。

愉快的精神是获得幸福的要素，健康有助于精神愉快，但要精神愉快仅是身体康健还不够；一个身体健康的人可能终日愁眉苦脸，悒郁不堪。忧郁根源于更为内在的体质上，此种体质是无法改变的，它系于一个人的敏感性和他的体力、生命力的一般关系中。不正常的敏感性会导致精神的不平衡，例如忧郁的人总是比较敏感的，过度忧郁症的患者都会爆发周期性的无法快活。天才通常是精神力即敏感性很充沛的人；亚里士多德就观察到此特点，他说：“所有在哲学、政治、诗或艺术上有杰出成就的人士都具备忧郁的气质。”无疑的，西塞罗也有这种想法。

柏拉图把人也分成两类，那就是性格随和的人，以及脾气蹩扭的人。他指出对于快乐和痛苦的印象，不同的人有不同强度的受容性，所以同样的事情可以令某人痛苦绝望，另一人却一笑置之。大概对不快乐的印象受容性愈强的人对快乐的印象的受容性愈弱，反之亦然。每件事情的结果不是好就是坏。一种人总担忧和烦恼着事情可能转坏，即使结果是好的，他们也快活不起来。另一种人，却不担心结果，如果结果是好的，他们便很快乐。这就好比两个人，一个人在十次事业里成功了九次，还是不快乐，始终懊恼那失败的一次；另一人只成功了一次，却在这次的成功里得到安慰和快乐。世上有利事也就有其弊，有弊的事亦必有其利，阴悒而充满忧郁个性的人所遭遇和必须克服的困厄苦难多半是想像的，而欢乐又漫不经心的人所遭受的困苦都是实在的；因此凡事往坏处想的人不容易受失望的打击，反之，凡事只见光明一面的人却又常常不能如愿。

内心本有忧郁倾向的人若又得精神病或消化器官不良症，那么因为长期的身体不舒适，忧郁便转成为对生命的厌倦。一些小小的不如意事便令自己自杀，更糟的是，即使没有特殊的原因也会自杀。这种人因长久的不幸福而想自杀，会变得冷静而坚定地执行他的决定。如果我们观察这样一个受苦者，因厌倦生命到极点时，便可发现他确实没有一丝战，挣扎和畏缩，只焦急的等待着他人不注意时，便立刻自杀，自杀几乎成了最自然和最受欢迎的解脱工具。世上即使最健康和愉快的人也可能自杀，只要他对外在的困难和不可避免的厄运的恐惧超过了他对死亡的恐惧，就自然会走上自杀的路。对快活的人而言，惟有高度的苦难才会导致他的自杀。对原本悒郁的人来说，只要微微的苦难就会使他自杀的。二者差别就在受苦的程度。愈是忧郁的人所需之程度愈低，最后甚至低到零度。但一个健康又愉快的人，非高度的受苦不足以使他结束自己。因内在病态悒郁情绪的加强可以导致自杀，因外在绝大的苦难也会使人结束自己，在这纯粹内在到纯粹外在的肇因极端之间，当然还有不同的程度。

美也是健康的事务之一，虽然美只是个人的一种优点，与幸福不构成直接的关系，但却间接给予他人一种幸福的印象。所以即使对男人来说，美也有它的重要性。美可说是一封打开了的介绍信，它使每个见到这封信的人都对持这封信的人油生欢喜心。荷马说得好："美是神的赐予，不可轻易的抛掷。"

只要稍微考察一下就知道，人类幸福有两种敌人，痛苦与厌倦。进一步说，即使我们幸运的远离了痛苦，我们便靠近厌倦；若远离了厌倦，我们便又会靠近痛苦。生命呈现着两种状态，那就是外在或客观，内在或主观，痛苦与厌倦在二状态里都是对立的，所以生命本身可说是剧烈地在痛苦与厌倦两端中摆动。贫穷和困乏带来痛苦，太得意时，人又生厌。所以，当下层阶级无休止地与困乏也就是痛苦挣扎时，上流社会却和"厌倦"打持久战。在内在或主观的状态中，对立的起因，是由于人的受容性与心灵能力成正比，而个人对痛苦的受容性，又与厌倦的受容性成反比。现解释于下：根据迟钝性的定义，所谓迟钝是指神经不受刺激，气质不觉痛苦或焦虑，无论后者多么巨大，知识的迟钝是心灵空虚的主要原因，惟有经常兴致勃勃的注意观察外界的细微事物，方能除去许多人在脸上所流露的空虚。心灵空虚是厌倦的根源，这就好比兴奋过后的喘息，人们需要寻找某些事物，来填补空下来的心灵。而所寻求的事物又大多类似，试看人们依赖的消遣方式，他们的社交娱乐和谈话的内容，不都是千篇一律吗？再看有多少人在阶前闲聊，在窗前凝视屋外。由于内在的空洞，人们寻求社交、娱乐和各类享受，因此就产生奢侈浪费与灾祸。人要避免灾祸的最好方法，莫如增长自己的心灵财富，人的心灵财富愈多，厌倦所占的地位就愈小。那永不竭尽的思考活动在错综复杂的自我和包罗万象的自然里，寻找新的材料，从事新的组合，我们如此不断鼓舞心灵，除了休闲时刻以外，就再不会让厌倦趁虚而入。

但是，自另方面来看，高度的才智根植于高度受容性，强大的意志力和强烈的感情上。这三者的结合体，易动感情，对各种肉体和精神痛苦的敏感性增高，不耐阻碍，厌恶挫折——这些性质又因高度想像力的作用，更为增强，使整个思潮（其中包括不愉快的思潮），都好似真实存在一样。以上所言的人性特质，适用于任何一种人——自最笨的人到空前的大天才都是如此。所以，无论在主观或客观两方面，一个人接近了痛苦便远离厌倦，反之亦然。人的天赋气质决定他受苦的种类，客观环境也受主观倾向的影响，人所采用的手段总是对付他所易受的苦难，因此客观事件有些对他有特殊意义，有些就没有什么特殊意义，这是由天赋气质来决定的。聪明的人首要努力争取的无过于免于痛苦和烦恼的自由，求得安静和闲暇，以过平静和节俭的生活，减少与他人的接触，所以，智者在他和同胞相处了极短的时间后，就会退隐；若他有极高的智慧，他更会选择独居。一个人内在所具备的愈多，求之于他人的愈少——他人能给自己的也愈少。所以人，智慧益高，益不合群。

然而那些经常受苦的人，一旦脱离了困乏的苦痛，便立即不顾一切地求得娱乐消遣和社交，惟恐与自己独处，与任何人一拍即合。只因孤独时，人须委身于自己，他内在的财富的多寡便显著出来；愚蠢的人，在此虽然身着华衣，也会为了他有卑下的性格呻吟，这原是他无法脱弃的包袱，然而，才华横溢之士，虽身处荒原，亦不会感到寂寞。色勒卡宣称："愚蠢是生命的包袱"，这话实是至理名言。他还说：愚人的生活比地狱还糟。人的合群性大概和他知识的贫乏，以及俗气成正比。因为在这个世界上，人只有独居和附俗两种选择。据说黑人是顶爱群居的，在智力的比例尺上，他们也居于最底层。有次我曾在一张法国报纸上看到，北美的黑人，不论自由人还是奴隶，都喜欢一大堆人挤在小屋里，因为他们彼此不能忍受，拥挤使他们看不见对方的鼻子。

脑——可以视作有机体的寄生物，它就像一个住在人

哲人咖啡厅

体内接受养老金的人，而闲暇——个人的意识及其个性自由活动的时刻，却是体内其余部门的产品，是它们辛苦、劳累的成果。然而大部分人在闲暇时刻里，得到些什么呢？除了感官享乐和浪费外，便只是厌倦与无聊了。这样度过的闲暇真是毫无价值。亚里士多德说：无知人的闲暇是多么可悲啊！而如何享受闲暇实是现代人的最大问题。平常人仅思如何去“消磨”时光，有才华的人却“利用”时光。世上才智有限的人易生厌倦，因为他们的才智不是独立，仅用来做施行意志力的工具，以满足自己的动机；他们若没有特殊动机，则意志无所求，才智便也休息了，因为才智与意志都须外物来发动。如此，闲暇的结果会造成各种能力可怕的停滞，那就是厌倦。为了消除这种可悲的感觉，人们求助于仅可取悦一时的琐事，图自各种无聊的琐事中得到刺激，好发动起自己的意志，又因意志尚需才智的帮助才能达到目的，所以借此得以唤醒停滞的才智。但这些人造的动机与真正的、自然的动机比起来，就好像假钱和真钱一样，假钱只能在牌戏中玩玩，是派不上真用场的。所以这种人一旦无事可做，宁可玩手指，敲桌子，抽雪茄，也懒得动脑筋，因为他们原无脑筋可动。所以，当今世上，社交界里的最主要职务是玩牌，我认为玩牌不但没有价值，而且是思想破产的象征。因在玩牌时，人们不事思考，只想去赢别人的钱。这是何等愚蠢的人啊！但是为了公平起见，我们录下支持玩牌者的意见。他们以为玩牌可作为进入社会和商界的准备工作，因为人可以由玩牌里学到：如何灵活的运用一些偶然形成又不可改变的情况（如，手中分到的牌）并且得到最好的效果；如何假装，在情况恶劣时摆出一幅笑脸，这些是人在社会里必备的手腕。但是，我以为，就因牌戏是教人如何运用伎俩，阴谋去赢取他人的东西，所以它是败坏道德的。这种由牌桌上学来的习惯，一旦生了根，便会推进到现实生活中，将日常事件和人与人之间的种种关系都视同牌戏，只要在法律之内，人人都无所不用其极。这种例子在商业界中，真是比比皆是。闲暇是存在必然的果实和花朵，它使人面对自己，所以内心拥有真实财富的人，才真正知道欢度闲暇。然而，大多数人的闲暇又是什么呢？一般人把闲暇总当作一无是处似的，他们对闲暇显得非常厌倦，当成沉重的负担一样。这时他的个性，成为自己最大负担。

进一步说来，所需很少，输入愈少的国土是富足的；所以拥有足够内在财富的人，他向外界的寻求也就很少，甚至一无所求，这种人是何等的幸福啊！输入的代价是昂贵的，它显示了该国尚不能独立自主，它可能引起危险，肇生麻烦，总之，它是比不上本国自产的。这样说来，任何人都不应向他人、或外界索求太多。我们要知道每人能为他人所做的事情，本来有限，到头来，任何人都是孤立的，要紧的是，知道那孤立的不是别人，却是自己。这个道理便是歌德在《诗与真理》一书的第三章中所表明的，那便是说，在任何事情当中，人最后必须，也是仅能求助的还是自己。葛史密斯在《旅游者》中不也曾说过：

“行行复行行，能觅原为己”吗！

人所能作为和成就的最高极限，不会超过自己。人愈能做到这一点，愈能发现自己原是一切快乐的源泉，就愈能使自己幸福。这便是亚里士多德所揭示的伟大真理：“幸福就是自足”。所有其他的幸福来源，本质上都是不确定和不稳定的，它们都是如过眼烟云，随机缘而定；也都经常无法把握，所以在极得意的情况下，也可能轻易消失，这原是人生不可避免的事情。当年迈老大，这些幸福之源也就必然耗竭：到这个时候所谓爱情、才智、旅行欲，爱马狂，甚至社交能力都舍弃我们了；那可怕的死亡更夺走我们的朋友和亲戚。当这样的时刻，自己是惟一纯正和持久幸福的源泉。在充满悲惨与痛苦的世界中，我们究竟能求得什么呢？每个人到头来除了自己外原来都是一无所得啊！一旦想逃避悲惨与痛苦，又难免落入到“厌倦”的魔掌中。况且在这世界里，又常是恶人得势，愚声震天。各人的命运是残酷的，而整个的人类也原是可怜悯的。世界既然如此，也惟有内在丰富的人才是幸福的，这就好比圣诞节时，我们是在一间明亮、温暖、充满笑声的屋子里一样；缺乏内在生命的人，其悲惨就好比在暮冬深夜的冰雪中。所以，世上命运好的人，无疑地，是指那些具备天赋才情，有丰富个性的人，这种人的生活，虽然不一定是光辉灿烂的生活，但是最幸福的生活。年轻的瑞典皇后克莉丝蒂娜才十九岁，除了听别人的谈论外，她对笛卡儿的了解仅限于一篇短文，因为那时后者已在荷兰独自隐居了二十年。她说：“笛卡儿先生是最幸福的人，我认为他的隐居生涯很令人羡慕。”当然，也需要有利的环境，才能使笛卡儿得偿所愿，成为自己生命和幸福的主宰；就像在

《圣职》一书中，我们读到的智慧只有对具有丰厚遗产的人才是好的，对活在光明里的人才是有利的，为自然和命运赋予智慧的人，必急于小心地打开自己内在幸福的源泉，这样他就需要充分的独立自主和闲暇。人要获得独立自主和闲暇，必须自愿节制欲望，随时养神养性。更须不受世俗喜好和外在世界的束缚，这样的人就不致为了功名利禄，或为了博取同胞的喜爱和欢呼，而牺牲了自己来屈就世俗低下的欲望和趣味；有智慧的人是决不会如此做的，而必然会听从荷瑞思的训示。荷瑞思在给马塞纳思的书信中说："世上最大的傻子，是为了外在而牺牲内在，以及为了光彩、地位、壮观、头衔和荣誉而付出全部或大部分闲暇和自己的独立。歌德不幸如此做了，我却侥幸地没有这样。"

我在此所要坚持的真理，在于人类的幸福主要根植于内在，这是与亚里士多德在《尼各马可伦理学》一书中的某些精确观察相互印证的，亚氏以为，幸福预设了某种活动及某些能力的运用，没有这些，幸福就不能存在。斯多巴斯在注解逍遥学派的哲学时，对亚里士多德以为人类幸福在于能自由发挥各种天赋才能到极限的主张，作了如下的解释："能够有力而成功地从事所有你的工作，才是幸福。"所谓有力，便是"精通"任何事情。人类生而具有与四周之困难搏斗的力量，一旦困难消失，搏斗也就终止，这些力量便无处使用，力量反而变成为生命的一种负担；这时，为了免受厌倦的痛苦，人还需发动自己的力量，同时运用自己的力量。有钱的上层阶级人士是"厌倦"最大的被害者。古代的卢克利特斯，曾在诗里描述陷于"厌倦”的富人的可怜的景象，他诗中所描写的仍可见于今日每个大都市中——那里富人很少呆在自己的家里，因为那儿令他厌烦，但他在外面也不好受，所以仍不得不回到家里；或者会急如星火的想奔赴郊外，好似他在那儿的别墅着火了一般；一旦到了郊外，他却又立刻厌烦起来，不是匆匆入睡，好使自己在梦里忘怀一切，便是再忙着起程回到都市中。

像上面这种人在年青时代，多是体力与生命力过剩，肉体和心灵不能对称，无法长久保持体力与生命力；到了晚年，他们不是没有丝毫心灵力，便是缺乏培植心灵力的工具，致使自己陷入悲惨凄凉的境况中。意志，是惟一不会耗竭的力量，也是人人永远具备的力量；为了保持高度活力的意志，他们便从事各种高赌注的危险游戏，无疑地这是一种堕落。一般说来，人若发觉自己无事可做，必然会替那剩余的精力，寻找一种适当的娱乐，诸如保龄球、下棋、打猎、绘画、赛马、音乐、牌戏、诗词、刻印、哲学或其他嗜好，对于每种的娱乐他都不甚精通，止于喜欢而已。我们可以将此种嗜好，规则地分成三类，分别代表三种基本力量，也就是合成人类生理组织的三种要素；不管它指向的目的，我们可以考究这些力量的本身，如何来发现三种幸福的源泉，每人依其剩余精力的种类选择一种，好使自己快乐。

第一类是满足“生命力”而得的快乐，代表生命力的有食、饮、消化、休息和睡眠；在世界的某部分，这种基本快乐是典型的，几乎人人都要得到这种快乐。第二种是满足“体力”而得的快乐，此种快乐可以自散步、奔跑、角力、舞蹈、击剑、骑马以及类似的田径和运动中得到，有时，甚至可以在军旅生涯和战争里消耗过剩的体力。第三种是满足“怡情”而得的快乐，诸如在观察、思考、感受、诗与文化的体会、音乐、学习、阅读、沉思、发明以及自哲学等中所得的快乐。关于这几种快乐的价值、相对效用以及持续性的久暂，可说仍有许多，我们只到这里为止，其他留待读者去思索。然而有一点是大家所公认的，那便是我们所运用的力量愈是高贵，所获得的快乐也就愈大；因为快乐的获得，涉及自身力量的使用，而一连串快乐顺利地一再显现是构成人类幸福的主要因素，愈是高贵的力量所带来的快乐，其再现性就愈高。所以获得的幸福也就稳定。就这一点来说，满足“怡情”而得的快乐的地位，无疑地较其他两种根本快乐要高。前两种快乐同时为兽类所具有，甚至兽类具备更多此种快乐；惟有充足的“怡情”方面的快乐是人类所独具的，这也是人与禽兽不同的地方。我们的精神力是怡情呈现出来的诸种样态，因之充足的怡情，使我们可以获致某种与精神有关的快乐，所谓“睿智的快乐”是也，怡情愈占优势，此类快乐也就愈大。

平常的一般人所热切关心的事，是那些会刺激他们意志，也就是与个人厉害相关的事情。然而，经常的刺激意志起码不是一件纯粹的乐事，其中仍混杂着痛苦。就牌戏——这个普遍流行于“高尚社会”的玩意来说，它便是供给刺激的一种方式。由于它涉及的利害关系很小，所以不会产生真实和长久的痛苦，只有轻微、短暂的小疼而已，用之，“牌戏”对意志而言，事实上仅是种搔痒工具罢了。

另一方面，有强大睿智的人能够完全不涉及意志，热切关心一些“纯知识”的事物，此类关心也是这种人必具的品格，它使他不受痛苦的干扰，使自己能生活在类似仙境的宁静国度中。

让我们看下列两幅景象吧：一幅是大众的生活——长期乏味的搏斗史，他们为了追求没有价值的个人福利，投入自己的全副精力，历尽各种苦难，一旦目标达成，再度落身到自己时，生活便立即为无法忍耐的厌倦所缠绕，各种活动都沉滞下来，惟有如火的热情才能激起一些活意。另一幅景象所呈现的，是一个赋有高度心灵能力的人，他思想丰富，生命充实而有意义，一旦得以自主，便立即献身于从事有价值，有趣味对象的追求，所以在他自身里含有最高贵的快乐源泉。诸如对自然的观察、对人事的思索、对历史上伟大成就的领会和了解，（深刻透彻的明白伟大事迹的意义，是此类人士独具的才能），这些是他所需要的惟一外界激励的来源。历代伟人们所期望的千古知音便是这种具备高度心灵能力的人，伟人们也因自己的思想获得知音而不曾白活，其他的人虽然也崇拜伟人，但对他们以及他们门徒的思想却仅一知半解，只能算是一个道听途说的人罢了。智慧之士既然有上述这种特性，他就比一般人更需要阅读、观察、学习、沉思，以及训练自己，总之，他需要不受打扰的闲暇。法国大文豪伏尔泰曾说过：“没有真正的需要，便不会有真正的快乐。”智者们的这些特殊的需要，方使他们能从大自然、艺术和文学的千变万化的审美中，得到无穷尽的快乐，这些快乐是其他人不能领略的。

我们要使那些脑满肥肠的人得到这些快乐，而他们又不需要且不能欣赏这种快乐，这就真像期望白发苍苍的老人再陷入爱河一样。具有享受无穷尽快乐之天赋的人，他们过着两种生活——私人生活和睿智的生活。睿智的生活渐成为他的真正生活，私人生活仅是达到睿智生活的手段而已。但是一般人所遇的却是肤浅、空洞而多烦扰的日子，无法再变换为另一种存在样态。然而心知力强大的人士，却宁爱睿智的生活胜于其他行业；更由于学问和见识的增长，此种睿智生活也似一个渐渐成形的艺术品一样，会更臻坚实，更具强度和固定性，生命内在的调和也更趋统一；和这种生活比较起来，那些只图个人安适的人生就像一幕拙劣的戏剧一样，虽然也有广度，却无深度，只不过是浮生式的可怜虫罢了。我在前面说过人们却把这种卑贱的存在当作一种目的，这又是多么令人悲叹啊！不受激情感动的日常生活是冗长无味的，一旦有了激情，生活中却又充满了苦痛。惟有那些上天赋有过多才智的人是幸福的，因为他们在执行意志命令之外，还有能力过另一种日子：一个没有痛苦，逸趣昂然的生活。但是仅有闲暇，亦即仅有不受意志奴役的多余睿智仍然不够，尚须有充沛的剩余力量，不受意志奴役的力量，贡献给睿智使用。所以色勒卡说："无知人的闲暇是人的一种死亡的形式，是活的坟墓。"随着剩余力量的多寡，第二种生活——心智的生活，又可分为无数层次；自收集，制作昆虫、鸟类、矿物的标本，到诗学、哲学的高深成就，都是此类生活的表现。心智的生活非但可以防御“厌倦”，还可避免厌倦的诸种恶果；它使我们远离恶友、危险、不幸、损失和浪费，这些都是把幸福全部寄托于外界的人所必然遭受的苦恼。举个例说，我的哲学虽未替我赚进半文钱，却替我省了不少开支，心智生活的功效也是一样。

一般人将其一生幸福，寄托于外界事物上，或是财产、地位、爱妻和子女，或是朋友、社会等等，一旦失去了他们，或是他们令他失望，他的幸福根基也就毁坏了。换句话说，他的重心随着每个欲念和幻想而改变位置，却不把重心放在自己身上。如果他是个资本家，那么他的目标（幸福的童心）便是乡间别墅，赢得好马匹，有趣的朋友或是旅行，总之过着豪华的生活，因为他的快乐根源在外在事物里。这就好比一个失去健康和力气的人，不知重新培养已失去的生命力，却希望借助药水、药片重获健康。在谈到另外一类人，即睿智之士之前，我们先来比较介于二者之间的一种人。他们虽没有显著的才华，但比一般人又聪慧些。他们爱好艺术但又不精，也研究几门科学，例如植物、物理、天文、历史、喜欢念书，当外界的幸福之源耗竭或不再能满足他时，也颇能读书自娱。这种人的重心，可说部分在自己身上。但是喜欢艺术和真正从事创造是很不相同的两回事，业余的科学探索也易流于表面化，不会深入问题的核心。一般人是很难完全投身于学术探索而且任凭此种探索充满与渗透进生命的每个角落，以致完全放弃了其他的兴趣。惟有极高的睿智力，所谓“天才”才能达到这种求知的强度，它能投入整个时间和精力，力图陈述它独特的世界观，或者用诗、或以哲学来表达它对生命的看法。因此他急需安静的独处，完成他思想的作品，所以他欢迎孤独，闲暇是至高的善，其他一切不但不重要，甚至是可厌的。

这类人把重心完全放在自己身上，所以此类人士虽然为数极少，性格也优秀却往往不会对朋友、家庭或社团显出了极大的热情或兴趣；他们只要有真正的自我，即使失去其他一切也无妨。正由于这一点使他们的性格易于孤独，更由于他人本性与他自身不同，无法满足他，彼此的相异之处就时时明显可见，以致他虽然行走在人群中，却孤立似异乡人，他谈及一般人类，用“他们”而不说“我们怎样……”

我们现在可以得出如此的结论：天生有充足睿智的人，是最幸福的人。所以主体因素同人的关系，比客观环境更密切；因为不论客观环境是什么，他的影响总是间接的、次要的，且都是以主体为媒介。卢西安体察了这个真理，便说道：“心灵的财富是惟一真正的宝藏，其他的财富，都可能带来比该财富本身更大的灾祸。”除了消极，不受打扰的闲暇外，不需再向外界索求任何东西，因为他需要闲暇时光，发展和成熟自己的智性机能，并享受生命内在的宝藏。总之，这样的人生只求终其一生，每时每刻都能成为他自己。他若是注定成为整个民族的精神领袖，那么能否完美地发展心智力量至巅峰以完成精神使命，便是他幸福或不幸福的惟一标准。其他都是无关宏旨的。这就说明为什么生来具有伟大心智的人，都看重闲暇，珍视闲暇如生命。亚里士多德也说过："幸福存在于闲暇中"；戴奥简尼赖尔提斯记述苏格拉底的言行时曾说："苏格拉底视闲暇为所有财富中最美好的财富。"所以在《尼各马可伦理学》一书里，亚里士多德归结性地说："献给哲学的生活是最幸福的生活"；此外在《政治学》里他又说道："得以自由运用任何种类的力量便是幸福。"最后，我们再引述歌德的一段话："若人生具备某些可以为他使用的才华，他的最大幸福便在于使用这些才华。"

但是成为拥有宁静闲暇的人，与成为一般人不同；因为对宁静的渴求本不属人之本性，平凡的人生注定了劳碌终生，换取自己与家人生存的需要，成为挣扎与困乏的俗人，却不能做有才智自由的人。所以，一般人厌倦空间，总要为着什么目的而忙碌，若是连幻想或勉强的目标——诸如游戏、消遣和各种嗜好都找不到，闲暇就会成为他们的负担了。正因为人一旦闲下来，便急需找些事情，所以闲暇有时可能充满了危险，正如有人说的：当人无事可做时，总是很难沉默的。就另一方面来说，一个有适当才智而远超常人的人，似乎是一件不合自由且反常的事情。但若这种情况果然存在，那么具有此种才华的人士要幸福，就须求得他人以为是负担和有害的安静的闲暇，毕卡索是希腊神话里的飞马，若他披上常马必备的鞍子，我们可以设想得到，他是不会快乐的。若外界和内在的两种反常情况，即无忧的闲暇和极高的智慧，能重合在某人身上，那是他极大的幸事；再加以命运又顺遂人意的话，此人便可过着不受人类两大苦源——痛苦与厌倦——烦扰的高级生活，他不需为生存痛苦挣扎，也能够享受自由的存在情境——闲暇，我们惟有对痛苦与厌倦保持中立，不受它们的感染，才可以避免痛苦与厌倦。

但是从相反的观点来论说，天赋的伟大才智是一种个性极为敏锐的活动，对各种痛苦的受容性极高。它含有强烈的气质，广大而生动的想像力，这两种性格是伟大才智的特征，它们使具备此种睿智的人常拥有较那平常人的热情更深刻的情绪，所以他也更易成为此种情绪的牺牲品。世界上产生痛苦的事，原本比制造快乐的要多。天赋之才常疏远他人，只因己身所具备的已绰绰有余，不需也不能在他人中得到什么，所以他人引以为乐的事，他只觉得肤浅乏味罢了，相对地，他所觉得快乐的事也就少些。这又是“失之东隅，收之桑榆”的例子，我们称此情形为“赔偿律”，他是指世界上凡有所得亦必有所失，反之亦然。常可听人说，心地狭小者，其实是顶幸福的人，虽然这种好运并不值得羡慕。在此，我不想对此点多所辩驳，影响读者自己的判断，尤其是古代圣哲典籍中，对此点也常有自相对立的言论出现。举例说，苏弗克利士曾说过：——

智慧占有幸福的大部分。

他在另一段文章中，又曾提到：

无思虑的人的生活是最愉快的生活。

旧约的作者，也犯了类似的矛盾，他们一面说：

愚人的生活比地狱还糟。

一面又说：

智慧愈高，痛苦愈深。
知识越多，徒增烦恼。

我可以称呼一个才智平庸窄小，没有心灵渴求的人为“菲利斯丁”——此字原属德文，是大学里流行的俚语，后来意义加深，但仍不脱原意，可以用来比喻没有艺术涵养的人。一个“菲利斯丁”永远是一个“菲利斯丁”。在本书中，我将自一个较高的观点，将“菲利斯丁”指那些终日认真地孜孜于那些并非实在的现实之事的人；但此种高超的定义比较不明白，本书的目的在于大众化，所以这类定义不很合适。另一个定义比较便于解释，也可令人满意地把“菲利斯丁”的本质表达出来，那即是将“菲利斯丁”定义为：没有心灵渴求的人。自这里“首先”可以推出在对己方面，他不会有睿智的快乐，因为有需求，才会有快乐。他的生活里，不曾有对知识和见解本身发生的欲求，也无体会与它们相近的美感快乐。若逢美感乐趣正值时尚，他就为了追求时髦，也会强迫自己去尝试此种乐趣，但总企图尽可能少尝一些。他真正喜欢的是感官的享受，并且相信它可以补偿其他方面的损失。牡蛎和香槟在他便是最高的存在了，生活目标在于获取身体的安适，若能费一些功夫方达成这个目的，他就更快活了。如果生活得以豪华奢侈，他又不免厌倦，于是造了许多不实际的弥补方法，如打球、看戏、赴宴、赌博、赛马、玩女人、喝酒、旅行等；其实这些并不能使人免于厌倦，没有知性的渴求，不会得到知性的快乐，也惟有知性的快乐不会产生厌倦。“菲利斯丁”性格的特征是枯燥无味又气质滞钝，活像动物。由于感官的乐趣易于耗竭，便没有什么东西能真正刺激他或使他喜欢，社交生活也瞬即成为一种负担，玩牌也提不起他的兴趣了。当然，只有虚荣心的满足仍留给他一些快感，他自以为是享受着这种快乐，或是觉得自己在财富、地位、影响和权力上较他人优越，或是因常替有权势的人奔走，自觉沐浴在他们的光耀里而洋洋得意，这就是英国人所称的势利鬼（Snob），可悲！

其次，自“菲利斯丁”的本质可以推出，在“对他”方面，由于他只有肉体需要，自己没有才智，他所寻找的也只是能满足前者的一些活动。他决不会要求朋友具备才能；因后者使他产生自卑感，和一份连自己也不愿知道的、深深的嫉妒，所以即使他碰上有才能的人，他也只会厌恶，甚至痛恨。他心中对才智的嫉妒有时会转成秘密的怨恨。但他仍不会为此改变自己的价值观念，以符合才智之士的标准，他依然喜欢地位、财富、权力和影响力，希望自己样样擅长，因为在他的眼中，世界上真正的利益就是这些。以上所提的种种乃是因为他没有知识欲的结果。菲利斯丁们最大的苦恼，在于他们缺乏理念，于是为了逃避“厌倦”，需不断以现实来弥补空虚的心灵。然而现实总是令人失望和危险的，一旦他们丧失对现实的兴趣，疲惫便会乘虚而入了。只有理念世界是无限平静的世界，它远离了人世间的一切忧患与烦扰。

3. 财富，或人有些什么

伊比鸠鲁把人类的需要分为三类，这位伟大的幸福论者所做的分类是很真确的。第一类是自然而必须的需要，诸如食物和衣着。这些需要易于满足，一旦匮乏，便会产生痛苦。第二类是自然，却不是必须的要求，例如某些感官的满足。在此，我要附加一句，由于根据狄奥简尼·卢尔提斯的记述，伊比鸠鲁未曾指明哪几种感官，所以我所叙述的伊氏学说是比原有的更固定和确实。第二种的需要比较难以满足。第三类是既非自然又非必要的需求，例如对奢侈、挥霍、炫耀以及光彩的渴望。这种需要像无底的深渊一样，是很难满足的。

用理性定出财富欲的界限，虽然并非不可能，实在是一件很困难的事；因为我们找不出能够满足人的绝对肯定的财富量究竟要多大，这种数量总是相对的，正如意志在他所求和所得间维持着一定的比例，仅以人之所得来衡量他的幸福，不顾他希望得的究竟有多少，这种方法之无效，就好比仅有分子没有分母无法写成分数一样。人们不会对他不希冀的东西有失落感，因为没有那些，他依旧可以快乐；同时，另一类人虽然有千百倍的财富，依然为了无法得到他希望得到的而苦恼。在他所能见及的范围以内的东西，若他有信心获得，他便很快乐；但是一旦阻碍重重，难以到手，他便苦恼万分。人人有自己的地平面，在这范围以外之物能够得到与否，对他不会有影响。所以富人的千万家产不会使穷人眼红，富人也无法以其财产弥补希望的落空。**我们可将财富比做海水，喝的愈多，愈是口渴，声名亦复如此**。财富的丧失，除了第一次阵痛外，并不会改变人的习惯气质，因为一旦命运减少了人的财产，他立即自动减少自己的权利。然而噩运降临时，权利的减少是顶痛苦的事，可是一旦做了，痛苦便逐渐减小，终至不复感觉，它好像痊愈的旧创一样。反之，好运的到来，使我们的权利愈升愈高，不可约束。这种扩展感会给人带来快乐。但是这种快乐持续不久，一旦扩展完成，快乐也就随之消失，我们习惯了权利的增长，便逐渐对满足他们的财富不再关心。《奥德赛》中有一段话便是描述这个真理的：

“当我们无力增加财富，又不断企图增长权利时，不满之情便油然而生了。”

我们若考虑到人类的需要是何等的多，人类的生存如何建筑在这些需要上，我们便不会惊讶财富为何比世上其他东西更为尊贵，为何财富占着极为荣耀的位置；我们也不会对有些人把谋利当成生命的惟一目标，并且把其他不属此途的——如哲学，推至一边或抛弃于外感到惊奇了。人们常为了希求金钱和热爱钱超过一切而受斥责，但这是很自然和不可避免的事。它就像多变和永不疲乏的海神一样，不断追求各种事物，随时企图满足自己的欲求和希望。每一件其他的事都可成为满足的事物，但一个事物只能满足一个希望和一个需要。食物是好的，但只有饥饿时才是好的。如果知道如何享受酒的话，酒也是好的。有病时药才是好的。在冬天火炉是好的。年轻时爱情是好的。但是，所有的好都是相对的，只有钱才是绝对的好，因为钱不但能具体的满足一个特殊的需要，而且能抽象的满足一切。

人若有一笔颇足自给的财富，他便该把这笔财富当做抵御他可能遭遇的祸患和不幸的保障；而不应把这笔财富当做在世上寻欢作乐的许可证，或以为钱财本当如此花用。凡是白手起家的人们，常以为引他们致富的才能方是他们的本钱，而他们所赚的钱却只相当于利润，于是他们尽数的花用所赚的钱，却不晓得存一部分起来作为固定的资本。这一类的人大半会再陷于穷困中：他们的收入或是减少，或根本停止，这又是起因于他们才能的耗竭，或者是时境的迁变使他们的才能变得没有价值。然而一般依赖手艺为生的人却无妨任意花用他们的所得，因为手艺是一种不易消失的技能，即使某人的手艺失去了，他的同事也可以弥补他，再说这类劳力的工作也是经常为社会所需求的，如古谚所说："一种有用的行当就好比一座金矿。"但是对艺术家和其他任何专家来说情形又不同，这也是为什么后二者的收入比手艺工人好得多的原因。这些收入好的人本该存起一部分收入来做资本，可是他们却毫无顾忌地把收入当做利润来尽数花用，以致日后终于覆灭。另一方面，继承遗产的人起码能分清资本和利润，并且尽力保全他的资本，不轻易动用，若是可能，他们还至少储存起八分之一的利息来应付未来临时事故。所以他们之中大部分人能保持其位而不坠。以上有关资本和利润的几点陈述并不适用在商业界，因为金钱之于商人，好比工具之于工人，只是获取更多利益的手段，所以即使他的资本完全是自己努力赚来的，他仍要灵活的运用这些钱以保有和增加更多的财富。因此，没有别处会像商业阶级里一样，不足为奇的把财富当成家常便饭。

通常我们可以发现，切身了解，体验过困乏和贫穷滋味的人便不再怕困苦，因此他们也比那些家境富裕，仅自传闻里听到穷苦的人更容易流于挥霍的习惯。生长于良好环境里的人通常比凭运气致富的暴发户更为节省和小心盘算未来。这样看来真正的贫穷似乎并没有传闻中的那么可怕。可是，真正的原因却是在于那出生良好的人把财富看得和空气一样重要，没有了财富他就不知如何生活。于是他像保护自己生命般保护他的财富，他因此也喜爱规律，谨慎和节俭。可是从小习于贫穷的人，过惯了穷人的生活，一旦致富，他也把财富视作烟云，如尘土一样不重要，可以拿来享受和浪费的多余品，因为他随时可以过以前的那种苦日子，还可以少一份因钱所带来的焦虑，莎士比亚在《亨利第四》一剧中说道：“乞丐可优哉游哉的过一生，这话真是不错！”

然而我们应该说，生于穷苦的人有着坚定而丰富的信心，他们相信命运，也想信天无绝人之路——相信头脑，也信赖心灵；所以与富人不同，他们不把贫穷的阴影视成无底的黑暗，却很安慰的相信，一旦再摔到地下还可以再爬起来。在人性中的此点特征说明了为什么婚前穷苦的妻子较有丰厚嫁妆的太太更爱花费和有更多的要求；这是因为富有的女子不仅带着财富来，也带着比穷家女子更渴切的保存这些财富的本能。假使有人怀疑我的这段话，而且以为事实恰恰相反的话，他可以发现亚理奥斯图在第一首讽刺诗中也有相似的观点。可是，另一方面，姜生博士的一段话却恰好印证了我的观点，他说：

“出身富裕的妇女，早已习惯支配金钱，所以知道谨慎的花钱；但是一个因为结婚而首次获得金钱支配权的女子，会非常喜欢花钱，以至于十分浪费而奢侈。”总之，让我在此劝告娶了贫家女子的人们，不要把本钱留给她花用，只交给她利息就够了，而且要千万小心，别让他掌管子女的赡养费用。

当我奉劝诸君谨慎保存你们所赚或所继承的财富时，我衷心认为这是一件很值得一提的事。因为若有一笔钱可以使人不需工作就可独立而舒服的过日子，即使这笔钱只够一个人用——更别提是够一家用了——也是件很大的便宜事，因为有了这笔钱便可以免除那如慢性恶疾般紧附于人身上的贫穷，可以自几乎是人类必然命运的强迫劳役中解脱。只有在这样良好命运下的人方可说是生而自由的，才能成为自己所处时代和力量的主人，才能在每个清晨傲然自语的说："这一天是我的。"也就是这个原因，每年有一百块收入的人与每年有一千块收入的人之间的差别，远小于前者与一个一无所有的人之间的差别。遗传的财富若为具备高度心智力的人所获得，这笔财富才能发挥最大的价值，这种人多半追求着一种不能赚钱的生活，所以他如果获得了遗产，就好比获得上天双倍赐予，更能发挥其聪明才智，完成他人所不能完成的工作，这种工作能促进大众福利并且增进人类全体的荣耀，如果他以百倍于区区几文钱的价值，报答了曾给他这区区之数的人类，另一种人或许会将他所得的遗产去办慈善事业以济助同胞。然而若他对上述的事业都不感兴趣，也不试着去做，他从不专心去彻底的研究一门知识，以促进这种知识，这种人生长在富有的环境就只有使他更愚痴，成为时代的蠢贼，而为他人所不齿。在这种情形下，他也不会幸福，因为金钱虽然使他免于饥乏之苦，却把他带到一种令人类苦痛的极端——烦闷，这种烦闷使他非常痛苦以至于他宁可贫穷，假如贫穷能给他一些可做的事情。也由于烦闷便倾向浪费，终致失掉了这种他以为不值得占的便宜。无数的人们当他们有钱时，把金钱拿来购买暂时的解放，以求不受烦闷感的压迫，到头来他们终于发现自己又是贫困了。

如果某人的目标是政治生涯的成功，那么情形又有不同了，因为在政治圈中，徇私、朋友和各种关系都是最重要的，这些可以帮助他一步步的擢升到成功之梯的顶端。在这类生活中，放逐到世间没有一文的人是比较容易成功的，如果他满腹雄心，略具资才，即使并非贵族，或竟是个穷光蛋，不但不会阻挠他的事业，却反而增加他的声望。因为几乎每个人在日常与他同胞接触时，都希望他人有所不如自己，在政治圈里这种情形更为显著。一个穷光蛋由于自每方面来看都是完全的、深深的，绝对的不如人，更由于他是全然的渺小和不足道，他反而能轻悄悄地在政治把戏中取得一席之地。惟有他能够深深的鞠躬，必要时还可以磕头；惟有他能屈服于任何事且讽然嘲之；惟有他知道仁义道德的一文不值；惟有他在说及或写到某长官要人时能用最大的声音和最大胆的笔调；只要他们涂鸦一二，他就可以把这些誉为是神采的杰作。惟有他了解如何乞求，所以一当他脱离了孩童时期，他便马上成为教士来宣扬这种歌德所揭示的隐含的秘密。

我们用不着抱怨世俗目的的低下，因为不管人们说什么，他们却统治着世界。

在另一方面，生而有足够财产可以过活的人，通常有一颗独立的心，他习惯于不同流合污；他也不会奴颜乞讨；他甚至还想追求一点才性，虽然他应该晓得这种高洁的才气远不是凡人的谄媚的对手；这样慢慢地认清了居高位者的真面目，于是当他们羞辱自己时，也就会变得更倔强与不耻了，那些身居高位的人，原是高处不胜寒啊！这种人绝非得世之道。他们终会服膺伏尔泰所说的一段话：

“生命短促如蜉蝣，将短短的一生去奉承些卑鄙的恶棍是多么不值啊！”

然而，世间“卑鄙的恶棍”又何其多呢！所以米凡诺又说：

“如果你的贫穷大过才气，你是很难有成就的。”这段话可以适用在艺术和文学界中，但却绝不适用在政治圈及社会的野心上。

在以上所叙述的人之产业中，我没有提到妻子与子女；因为我以为自己是为他们所有而非占有他们的。此外，似乎我应该提到朋友，但是朋友关系是属于一种相互的关系。

4. 地位，或他人眼中的位置

①名　誉

由于人性奇特的弱点，我们经常过分重视他人对自己的看法；其实，只要稍加反省就可知道别人的看法并不能影响我们可能获得的幸福。所以我很难了解为什么人人都对别人的赞美夸奖感到十分快乐。如果你打一只猫，它会竖毛发；要是你赞美一个人，他的脸上便浮起一丝愉快甜蜜的表情，而且只要你所赞美的正是他引以自傲的，即使这种赞美是明显的谎言，他仍会欢迎之极。只要有别人赞赏他，即使厄运当头，幸福的希望渺茫，他们也可以安之若素；反过来，当一个人的感情和自尊心受到自然、地位或是环境的伤害，当他被冷淡、轻视和忽略时，每个人都难免要感觉苦恼甚至极为痛苦。

假使荣誉感便是基于此种“喜褒恶贬”的本性而产生的话，那么荣誉感就可以取代道德律，而有益于大众福利了。可惜荣誉感在心灵安宁和独立等幸福要素上所生的影响非但没有益处反而有害。所以就幸福的观点着眼，我们应该制止这种弱点的蔓延，自己恰当而正确的考虑及衡量某些利益的相对价值，从而减轻对他人意见的高度感受性；不管这种意见是谄媚与否，还是会导致痛苦，因它们都是诉诸情绪的。如果不照以上的做法，人便会成为顾及别人怎么想的奴隶——对一个贪于赞美的人来说，伤害他和安抚他都是很容易的。

因此将人在自己心目中的价值和在他人的眼里的价值加以适当的比较，是有助于我们的幸福的。人在自己心目中的价值是集合了造成我们存在和存在领域内一切事物而形成的。简言之，就是集合了我们前两章所讨论的性格，和财产中的各种优点在自我意识中形成的概念。另一方面，造成他人眼中的价值的是他人意识；是我们在他人眼中的形象和连带对比形象的看法。这种价值对我们存在的本身没有直接的影响，可是由于他人对我们的行为是依赖这种价值的，所以它对我们的存在会有间接而和缓的影响，然而当这种他人眼中的价值促使我们起而修改“自己心目中的自我”时，它的影响便直接化了。除此之外，他人的意识是与我们漠不相关的；尤其当我们认清了大众的思想是何等无知浅薄，他们的观念是多么狭隘，情操多么低贱，意见多么偏颇，错误何其多时，别人对我们的看法就更不相干了。当我们由经验中知道人在背后是如何的诋毁他的同伴，只要他毋须怕对方也相信对方不会听到诋毁的话，他就会尽量诋毁。这样我们便会真正不在乎他人的意见了。只要我们有机会认清古来多少的伟人曾受过蠢虫的蔑视，也就晓得在乎别人怎么说便是太尊敬别人了。

如果人不能在前述的性格与财产中找到幸福的源头，而需要在第三种，也就是名誉里寻找安慰，换句话说，他不能在他自身所具备的事物里发现快乐的源泉，却寄望他人的赞美，这便陷于危险之境了。因为照实说来我们幸福应该建筑在身体的本质上，所以身体的健康是幸福的要素，其次重要的是一种独立生活和免于忧虑的能力。这两种幸福因素的重要，不是任何荣誉、奢华、地位和声名所能匹敌和取代的，如果必要我们都会牺牲了后者来成就前者。要知道任何人的首要存在和真实存在的条件都是藏在他自身的肌肤中，不是在别人对他的看法里；而且个人生活的现实情况，例如健康状态、气质、能力、收入、妻子、儿女、朋友、家庭等，对幸福的影响将大于别人怎么对我们的看法千百倍；如果不能及早认清这一点，我们的生活就晦暗了。假使人们还要坚持荣誉重于生命，他真正的意思该是坚持生存和圆满都比不上别人的意见来得重要。当然这种说法可能只是强调如果要在社会上飞黄腾达，他人对自己的看法，即名誉的好坏是非常重要的，关于此点，容后详谈。只是当我们见到那些冒险犯难，刻苦努力，奉献生命而获得成就的人，其最终的目的不外乎顾及他人对己的评价；当我们见到人们不仅职务、官衔、修饰，就连知识、艺术、及一切努力都是为了求取同僚更大的尊敬而发时，我们能不为人类愚昧的极度扩张而悲哀吗？

过分重视他人的意见是人人都会犯的错误，这个错误根源于人性深处，也是文明与社会环境的结果，但是不管它的来源到底是什么，这种错误在我们所有行径上所产生的巨大影响，以及它有害于真正幸福的事实则是不容否认的。这种错误小则使人们胆怯和卑屈在他人的言语之前，大则可以造成像维吉士将匕首插入女儿胸膛的悲剧，也可以使许多人为了争取身后的荣耀而牺牲了宁静与平和、财富、健康、甚至于生命。由于荣誉感（使一个人容易接受他人的控制）可以成为控制同类的工具，所以在训练人格的正当过程中，荣誉感的培养占了一席要地。然而荣誉的这种地位和它在人类幸福上所生的后果是两回事，本书的目标是追求幸福，所以必须劝读者切勿过于重视荣誉感。日常经验告诉我们太重视名誉正是一般人最常犯的错误，人们非常计较别人的想法而不太注意自己的感觉，虽然后者较前者更为直接。他们颠倒了自然的次序，把别人的意见当作真实的存在，而把自己的感觉弄得含混不清。他们把二等的事物当作首要的主体；以为它们呈现在他人前的影像比自身的实体更为重要。他们希望自间接的存在里得到真实而直接的结果，把自己陷进愚昧的“虚荣”中，而虚荣心重的人就像吝啬鬼，热切追求手段而忘了原来的目标。

事实上，我们置于他人意见上的价值，以及我们经常为博取他人欢心而作的努力，与我们可以合理地希望获得的成果是不能平衡的；也就是说前者是我们能力以外的东西，然而人又不能抑制这种虚荣心，这就可以说是人与生俱来的一种疯癫症了。我们每做一件事，首先便会想到：“别人该会怎么讲”。人生中几乎有一半的麻烦与困扰就是来自我们对此项结果的焦虑上；这种焦虑存在于自尊心中，人们对它也因日久麻痹而没有感觉了。我们的虚荣弄假、以及装模作样都是源于担心别人会怎么说的焦虑上。如果没有了这种焦虑，也就不会有这么多的奢侈了。各种形式的骄傲，不论表面上多么不同，骨子里都有这种担心别人会怎么说的焦虑，然而这种忧虑所费的代价又是多么大啊！人在生命的每个阶段里都有这种焦虑，我们在小孩身上已可见到，而它在老年人身上所产生的作用就更强烈，因为当年华已老，没有能力来享受各种感官之乐时，除了贪婪，剩下的就只有虚荣和骄傲了。法国人可能是这种感觉的最好例证，自古至今，这种虚荣心像一个定期的流行病时常在法国历史上出现，它或者表现在法国人疯狂的野心上，或者在他们可笑的民族自负上，或者在他们不知羞耻的吹牛上。可是他们不但未达到目的，其他的民族不但不赞美却反而讥笑他们，称呼他们说：法国是最会“盖”的民族。

在一八四六年三月三十一日的《时代》杂志有一段记载，足以说明这种极端顽固的重视别人的意见的情形。有一个名叫汤默士·魏克士的学徒，基于报复的心理谋杀了他的师傅。虽然这个例子的情况和人物都比较特殊一点，可是却恰好说明了根植在人性深处的这种愚昧是多么根深蒂固，即使在特异的环境中依旧存在。《时代》杂志报道说：在行刑的那天清晨，牧师像往常一样很早就来为他祝福，魏克士沉默着表示他对牧师的布道并不感兴趣，他似乎急于在前来观望他不光荣之死的众人面前使自己摆出一副“勇敢”的样子……在队伍开始走时，他高兴的走入他的位置，当他进入刑场时他以足够给身边人听到的声音说道：“现在，就如杜德博士所说，我即将明白那伟大的秘密了。”接近绞刑台时，这个可怜人没有任何协助，独自走上了台子，走到中央时他转身向观众连连鞠躬，这种举动引起台下看热闹的观众间一阵热烈的欢呼声。

这是一个很好的例子，说明一个人当死的阴影就在眼前时，还在担心他留给一群旁观者的印象，以及他们会怎么想他。另外在雷孔特身上也发生了相似的事情，时间也是公元一八四六年，雷孔特因为企图谋杀国王而被判死刑，在法兰克福地方处决。审判的过程中，雷孔特一直为他不能在上院前穿着整齐而烦恼；他处决的那天，更因为不许他修面而为之伤心。其实这类事情也不是近代才有的。马提奥·阿尔曼在他著名的传奇小说《Gumzmrn de alfarache》的序文中告诉我们，许多中了邪的罪犯，在他们死前的数小时中，忽略了为他们的灵魂祝福和做最后忏悔，却忙着准备和背诵他们预备在死刑台上做的演讲词。

我拿这些极端的例子来说明我的意思，因为从这两个例子中我们可以看到他自己本身放大后的样子。我们所有的焦虑、困扰、苦恼、麻烦，奋发努力几乎大部分都起因为担心别人会怎么说；在这方面我们的愚蠢与那些可怜的犯人并没有两样。羡慕和仇恨经常也源于相似的原因。

要知道幸福是存在于心灵的平和及满足中的。所以要得到幸福就必须合理的限制这种担心别人会怎么说的本能冲动，我们要切除现有分量的五分之四，这样我们才能拔去身体上一根常令我们痛苦的刺。当然要做到这一点还是很困难的，因为此类冲动原是人性内自然的执拗。泰西特斯说：“一个聪明人最难摆脱的便是名利欲”。制止这种普遍愚昧的惟一方法就是认清这是一种愚昧，要认清这是一种愚昧，我们就需先明白人们脑里的意见大部分都是错误、偏颇、和荒谬的，所以这意见本身并不值一顾。再说，在生活中大半的环境和事务也不会真正受到他人意见的影响。何况这种意见一般是批评褒贬的居多，所以一个人如果完全知道了人家在背后怎么说他，他会烦死的。最后，我们也清楚地晓得，与其他许多事情比较，荣誉并没有直接的价值，它只有间接价值。如果人们果真能从这个愚昧的想法中挣脱出来，他就可以获得现在所不能想像的平和与快乐，他可以更坚定和自信的面对着世界，不必再拘谨不安了。退休的生活有助于心灵的平和，就是由于我们离开了长久受人注视的生活，不需再时时刻刻顾忌到他们的评语；换句话说，我们能够“归返到本性”的生活了。同时我们也可以避免许多厄运，这些厄运是由于我们现在只追寻别人的意见而造成的，由于我们的愚昧造成的厄运只有当我们不再在意这些不可捉摸的阴影，并注意坚实的真实时才能避免，这样我们方能没有阻碍的享受美好的真实。但是，别忘了：值得做的事情都是难做的事。

②骄　傲

我们在上一节所讨论的人性愚昧，由这种愚昧繁殖出了三个枝芽：那就是野心、虚荣和骄傲。虚荣与骄傲间有下列的不同：骄傲是自己对自身的某特殊方面有卓越价值的确信，而虚荣是引起他人对自己有这种信任的欲望，通常也秘密希望自己亦终将有此确信。骄傲是一种内在的活动，是人对自己直接的体认。虚荣是人希望自外在间接地获得这种体认。所以自负的人常是多话的，不然就是沉默而骄傲的。但是自负的人应该晓得即使他有满腹经纶还是不说的好，因为持久的缄默比说话更能迎得好评。任何想假装高傲的人不一定就能骄傲，他多半会像其他人一样，很快的丢弃这个假装的个性。

惟有对自己卓越的才能和独特的价值有坚定、不可动摇之确信的人才被称为“骄傲”，当然这种信念也许是错误的，或者是建立在一种偶然的、传统的特性上。对一切骄傲的人，也就是对当前有最为迫切要求的人，因为“骄傲”是基于一种确信，所以他与其他不是由自己裁决的知识相似。骄傲的最大敌人——我的意思是说它最大的阻碍——是虚荣，虚荣是企图借外在的喝彩来建立内在的高度自信，而骄傲却基于先存有此种强烈的自信才能成立。

通常“骄傲”总是受到指责；可是我想只有自己没有足以自傲之物的人才会贬损“骄傲”这种品德。我们看到世俗的鲁莽与蛮横，任何具有优秀品格的人，如果不愿他的品德永久被忽略，就该好好正视自己的好品德；因为假如一个品德优良的人，好心的无视自己的优越性，依然与一般人亲善，就好像自己与他们一样，那么用不了多久，他们便会坦白而肆无忌惮的把你看成他们的同类。这是我给那些具有高贵品格——一种出自人性优越之人的劝告。

尤其当此种优越性不像名衔、地位那样人人可见时更应该如此；不然他们一旦觉得你与他们一样，便开始轻视你了，阿拉伯古谚说：“和奴隶开玩笑，他不久就原形毕露了。”

当谦虚成为公认的好德性时，无疑地世上的笨人就占了很大的便宜；因为每个人都应该谦虚地不表现自己，世人便都类似了。这真是平头的平等啊！它是一种压制的过程，因为这样一来，世上就好像只有笨人了。

骄傲中最廉价的一种是国家骄傲；因为当人以其祖国为荣时，就表示他自身没有足以自傲的品格，不然他也不会把骄傲放在那与千百万同胞所共享的东西上了。天赋资质的人可以一眼看穿自己国家的短处。只有本身一无可取的笨人才不得不依赖他祖国的骄傲；他高兴的维护着祖国任何的缺点与短处，借祖国的荣耀来弥补自身的不足。举例说，假使你用英国人应得的轻蔑语调提到他们愚昧顽固，恐怕没有一个五十岁以上的英国人会同意你的话，假如有一个同意的话，也很是一个睿智的长者。

德国人没有国家骄傲，这显示了德国人众所周知的诚实，也显示了那些因为一片可笑的热情假装以祖国为荣的人，还有那些煽动群众的政治家是何等的不诚实。我曾听人说火药是德国人发明的，我很怀疑。里奇顿伯曾说：“为什么一个外国人不喜欢假装德国人；即使要装也宁可假装是法国人或者英国人呢？”

总而言之，个性比国家性重要的多，也比国家性更值得我们重视，况且因为谈到国家性格时必须涉及大群的人，而适合其一者，不一定适合其二，所以当我们大声赞美国家时，我们不可能完全诚实。所谓国家性格只是人类在每个国家里所表现的渺小、顽固和卑劣性的代名词。如果我们厌恶一种特性，我们便赞扬另一种，直到我们再厌恶了为止。每个国家都瞧不起别个国家，而且大家都对。

本章的内容是关于人在世界上所显现的样子，也就是我们在别人眼中的样子，有关此点还可以分成三项来谈：那就是荣誉、身份与名声。

③官　位

首先我们来谈谈官位，因为官位虽然在一般大众与不学无术者的眼中是非常重要的东西，也是政府组织体系中很有用的一环，但是实际上我们只需三言两语便可将它处理完毕了。

官位纯粹是一种约定俗成的价值。严格地说，它只是一件虚伪的外套，目的在于索取人为的尊敬，而有关身份的所有事情根本就是一场闹剧。

等级，可说是诱导民意的汇票，汇票之价值的高低应视持票人的声望爵位而定。当然，将授予爵位等级来代替颁发年金可以替政府省下一大笔钱，而且如果等级（爵位）分配得宜，人人各得其位，各尽其职，未尝不是国家之福。一般而言众人都有着眼睛和耳朵，只是缺乏判断力和记忆力。

有一些政府的决策是超出他们理解范围的，另一些政府的措施虽然使他们获益匪浅也博得他们的一时赞扬，但他们很快就遗忘了。

所以我以为每一个十字章和星章的颁发（每一次爵位的授予）都应该向所有各地的大众宣布，让他们知道，这个人与你不同，他有所成就。

然而一旦不公正或者缺乏适当或者大量的颁授（爵位）等级的话，爵位便失去了它的价值。所以国王们在颁发爵位时该像生意人签汇票一样谨慎才好。

我们不必再赘言以杰出功勋荣获爵位的事，因为爵位本该为杰出成就才颁发。这是讲得通的。

④荣　誉

“荣誉”的问题比“官位”来得大，讨论起来也困难得多，让我们首先设法来定义。

如果我说：“荣誉感是外在的良心，而良心是内在的荣誉感”，相信很多人会同意我的话；但这只是虚有其表的定义，并未真正探入问题的根本。我更喜欢如下的定义：荣誉可分主观及客观的两面，就从客观的一面来说，荣誉是他人对我们的评价和观感；就主观的一面而言，荣誉感是我们对这种评价及观感的重视。自后者来看，做一个有荣誉感的人便要经常去运用有益于人类的影响力，虽然此种影响力绝非仅限于纯道德的一面。

除了少数极端腐化的人之外，每个人都有着羞耻心，而且荣誉也是一种公认的价值。此种现象的原因如下：一个人完全依靠自己所能，其成就必然有限，这就好比在孤岛上的鲁宾逊一样，尽二十年之力也只能求得自身之温饱。惟有在社会里，人才能完全发挥其力量，并且获得很大的成就。当人有意识之初他就明白这个道理，于是在心中升起了在社会中做一个有用分子的欲望。他希望自己能力尽一己的义务，而且也能享受社会的利益。要成为社会中有用分子，必须做两件事情：一、完成人之为人的根本责任；二、完成个人在此世界中所处之特殊地位所应尽的职责。

然而人们发现，决定他是否有用的不是他自己而是别人的意见；于是他尽力讨好他所看重的世俗，以期给他们留下好印象。这样便产生了人性中内在的和原始的特征——荣誉感，或者自另一角度来称呼它做羞耻心。正是此种羞耻心使人在受他人评判时会羞惭脸红，即使他明知自己是无辜的，或者他所作所为本不必受任何礼法拘束，可以依自由意志而行动，然而他人的评价依然会对他发生影响。反之，在生命中最能给人勇气的便是得到或重获他人欣赏的信念；因为惟有他人欣赏他，他们才会联合起来帮助他和保护他，凭着这种力量他可以抵御生命中的许多灾患，这是他以匹夫之力所无法办到的。

为了获得别人的信任，以博取他们的好感，个人在自己与别人间维持着各色各样的关系，这些复杂的关系造成了几种不同的荣誉，这些荣誉有的是依赖自身良好的行为，有的是靠着种种担保，也有的是基于和异性间的关系。所以我们把各式各样的荣誉概括为三大类：公民的荣誉、官场的荣誉、性感的荣誉。

“公民的荣誉”是最常见的一种。此种荣誉是基于如下的设定：我们应该无条件尊重他人的权利，所以不得用任何不正当与不合法的手段取得我们想要的东西。这种荣誉是人与人之间和平交往的条件，任何人对这种和平交往的毁坏也就是毁坏了“公民的荣誉”，因此所有包括了法律之责罚的东西，都以为责罚是正当的。因为法律是责罚破坏和平之人，这种人既已破坏了人际的和平关系，也就不得再享有“公民的荣誉”，而须身为楚囚了。

荣誉的究极基础是一种认为道德品格永不改变的信念：也就是说，如果我们视某一行为是恶的，那意味着未来在相似动机，相同情况下的行动也必是恶的。英文中“Character”一字便包含了声望、名誉、荣誉等意思。所以除非是无心的失误，或者遭受恶意的诽谤，或者是被误会，否则一旦荣誉丧失，便不会再获得。所以法律保护人不受谗言、诽谤和侮辱之害，而侮辱，虽然经常只是恶言咒骂，却也相等于隐藏了理由之后的简要诽谤。因为惟有无理由可以诉怨时，人才会恶言咒骂他人，否则他会提出他的理由来作为前提，而留待其他的听众去下结论，可是当他咒骂时，他乃自己引申了结论，却把前提隐去不谈，认为别的听众会设想他是为了简要起见，所以不说前提。

“公民荣誉”的名称和源起都是来自中产阶级，可是却适用于所有人类，最上层阶段亦不例外。没有人可以无视此种荣誉的严肃性和重要性，任何人都应谨慎小心，切不可等闲视之。信心一旦丧失，将永无再得到信心的希望，不论他做什么事或成为什么人，失去信心的悲惨后果是永远无法避免的。

相对于名声所具有的肯定性质来说，荣誉的性质是否定的。因为荣誉不是人们对于某人独具的品格之赞扬，而是对于某人应该表现且不应错的一些品格之期许。所以荣誉是强调一个人都不该例外，而名声却是赞美某人的独特成就。名声是我们必须去争取的，荣誉却是我们不得丧失的。没有了名声就不能出名，仅是消极的不好；但是失去了荣誉却是种耻辱，是积极的不好了。荣誉的此种否定性质是不同于任何“被动”性质的，因为荣誉一旦发动，将比任何东西更具主动的性质。它直接隶属于表现这种品格的人，并且也仅与此人所为和所不为者有关，与别人的行动，和别人加诸于此人的障碍都无关系。所以荣誉是完全在我们能力以内的事。这一点特征很明白的区分出什么是真正的荣誉，和我们立刻会提到的骑士精神的伪装荣誉。

诽谤是惟一能够无中生有攻击荣誉的武器，反击此种攻击的惟一方法便是用适当的舆论批驳此种诽谤，并且恰到好处的去揭开诽谤者的假面具。

尊敬德高望重的老年人之理由乃在于老人必然已在其生命的过程中显示出来他有否长期维护无疵美誉的能力，而不像青年一样，纵使有美好的品格却还未受到岁月的考验。况且年轻人不仅在岁月上，而且在经验上也是不如老人的。所以白发令人心仪。老者经常获得他人内心由衷的敬仰。而皱纹——岁月的表征——却不会博得尊崇，人们常说：可敬的白发；但从未说：可敬的皱纹。

荣誉只有一种间接的价值。因为在这一章开始的时候我就解释过，别人对我们的想法如何，即使有影响，也只能左右他们对我们行为的态度。而且荣誉是一种社会的产物，有了荣誉感，我们才能生活在文明的状态中；在我们许多的作为中，我们需要他人的帮助，同时在别人能为我们做任何事之前，对我们需要有种信赖感。这样他们对我们的看法虽是间接的，虽看不出有直接的或当下的价值，却是极为重要的。和我一样，西塞罗也有这方面的意见，他说："我完全同意克利斯普斯和戴奥尼斯所说的，好的荣誉如果不能对我产生什么作用的话，那是丝毫不值得去获得"。哈维休斯在他的主要著作《De L Esprit，By Helve tius》中也大大的坚持这一真理，他的结论是，我们之所以喜欢别人尊敬自己，并不是因为尊敬自身有什么了不起，而是要看别人对我的尊敬能带来什么好处。因为种种手段决不会超过所要达到的目的，把荣誉的价值看成超过生命自身，这根本就是一种夸张的说法，这样说来，街头巷尾所说的荣誉就更不值一提了。

谈到官方的荣誉，一些人的普遍意见是，一个人担任某种官职，在实际上就必须具有执行其任务的必要条件。比较大和比较重要的职务是肩负国家的责任，如果官职越高，影响力越大，一般人就更认为他必须在道德和理智上更具有适合该职务的条件。因此官位越高，他所受的荣誉也就越大，例如头衔、等级和他人对他的卑躬屈膝行为，都是在表示这一点的。一般说来，一个人的官阶，包含着他应该有的某种程度的荣誉。事实上，具有特别任务的人比起一般人是更具有大的荣誉的，一般人的荣誉主要的是使自己免于羞辱。

进一步说来，官方的荣誉要求接受某种官职的人必须尊敬自己的官职，好为他的同僚及其后来者作个好的榜样。

尽责就是一位官员尊重他的官职，拒绝对自己或对其官职的任何攻击，必须注意指责他没有尽到责任以及未促进社会的福祉的批评，也必须以法律来处罚那些不当的攻击。

从属于达官显要荣誉下的是那些从事医生、律师和教员的人士，简言之，就是那些精于某种事业的人，应该有一种荣誉感，也就是誓言为众服务的荣誉。除这些荣誉之外，就是军人的荣誉了。就军人荣誉的真实意义来说，一个人既为捍卫国家的军人，就应该有足以捍卫国家的军人气质，其中诸如勇敢和视死如归的决心，在任何情况下誓言为他的国家战斗。我在此所说的官方荣誉，是从其广泛意义来说的，而不只是一般人民对官员的一种尊敬。

有关性爱的荣誉和其所赖以建立的原理，多少给以注意和加以分析，那是必要的。其中我所要说的足以支持我的论点，此即一切荣誉都是立在功利的基础上的。关于这一题旨有两种自然的划分：女人性爱的荣誉，男人性爱的荣誉。因为女人一生的主要内容大部分是她和男人的关系，因此性爱对女人的重要性就比对男人的重要了。

一般的意见是女人的性爱相对于她还是少女时，是纯洁的，她是太太时，是真诚的。这种意见的重要性是建立在下列的考虑上。在女人一生的生活关系上，她全是依靠男人的，而男人只依靠女人一部分。这样安排以后，就使得女人和男人要互相依靠了。男人要负担太太和他们的儿女一切需要，这种安排是建立在整个女性的利益上的。为了要实现这种安排，女人们就紧密的扯在一起表现她们的团结精神，表现一种统一的阵线好对付她们的共同敌人——男人。男人占有世间上一切美好的事物，诸如良好的体形和理智的能力，女人为了围攻男人和控制男人，以及分占男人所具有的美好事物，女人们就不得不扯在一起搞统一阵线。为了达到这个目的，女人的荣誉就须依强化下面的一种规则，那就是为了强迫男人向女人投降，拜倒在她们迷你裙下，除非是结婚，没有女人是可以给男人的。由于这种安排，这种规则就是整个女性所要遵守的了。但是除非严格遵守这种规则才能达成这种结果。事实上各地的女人倒真的在小心翼翼的维系着团结精神。任何女人若违反了这个规则，就是背叛了整个的女性，因为如果每个女人都像她一样的话，整个女性的利益就要瓦解了。因此如果一个女人没有羞耻心的话，就是失掉了荣誉，任何其他女人就会把她看成瘟疫一样，不敢和她接近了。离婚的女人也是会遭受这样命运的。因为离婚就是表示那个女人没有能力，不能使丈夫向自己投降，这就意味着她妨害了所有其他女人的利益。而且这种违害婚约的行为，不仅是因为女性个人要受到处罚，且涉及到大家的荣誉。这一点说明我们不太重视少女的羞辱，而重视一位妻子的羞辱。因为前者还可以婚姻来补救，而后者是无法来弥补她婚姻的破裂的。

一旦认识了这种团结精神是女性荣誉的基础，且为女性利益和谨慎的一种必要安排后，就可认识荣誉对女性福祉的极端重要性。不过其所具有的价值仍是相对的。因为荣誉并没有绝对的目的，并不能超过生命自身的存在和价值。如果把女性的荣誉过分扩大，这就好像在图手段时而忘记了目的，而这却又是许多人所常犯的错误。因为夸大女性的荣誉就意味性的荣誉的价值是绝对的，而事实上是女性的性的荣誉，和其他事比起来，只不过是一种相对的事而已。从汤姆森时代一直到宗教改革，在各个国家中，法律承认不法的男女关系，而并无损于妇女的荣誉，有人也许会进一步的说，妇女的荣誉只不过是约定俗成的事罢了。

当然在人民生活的某种环境中，常使结婚的某种外表形式变的不可能，特别是在信奉天主教的国家是如此，在这些国家根本没有离婚这件事。我认为在一个国家内，除了可怜的王子外，每个男人都要有选择妻子的自由。男人的双手是属于国家的，结婚也只是为了国家。此外，男人就是男人，做一个男子汉，就要有男子汉的威风。在这件事上，禁止王子自己的意向，那根本是古板的、不正当的事。当然，不论怎么样，女人对国家的政府是没有影响的。从女人自己的观点来看，女人具有一特殊的地位，而这种地位不受性的荣誉的通常规则支配，因为她只是把自己奉献给爱她的男人，即使不能结婚，她也是爱他的。一般说来，女性的荣誉在自然中并没有它的起源，这可从许多肉体牺牲的事例中看出来，诸如屠杀婴儿和母亲自杀等。说真的，一个女人违反婚约，这就是对整个女性的一种背叛。不过一位女人对这个女性的忠诚，只是秘密的被承认，并不是一种誓言。因此，在许许多多的情况中，女人的命运是极为悲惨的，而其愚蠢却又往往胜过她的罪过。

相对于男人有关性的道德来说，这也是从我讨论的女人的性荣誉中引出来的，那就是女性的团体精神，这种精神使男人和女人结婚，而使征服者（女人）占了很大的便宜，这时男人和女人维持婚约关系时就须特别小心。一方面不可放弃婚约的任何拘束力，男人放弃一切后，最低限度也不可轻易放弃他的占有品——老婆。男人如果宽恕女人冒犯自己，其他男人就会认为他是可耻的。不过这种羞耻并不像女人失掉荣誉一样。女人失掉荣誉所遭受的污辱是很深的，而因为男人和女人的关系，相对于男人一生的其他重要事项来说并不是最重要的，因此女人对某个男人的冒犯所形成的羞辱就不如女人失掉荣誉所形成的羞辱那么大了。

我上面所讨论的荣誉是以各个不同的形式和原则存于各个时代和国家中的。不过在历史上女性荣誉的原则曾在各个时代遭受地方性的修正。另外还有一种与此完全不同的荣誉，这种荣誉是希腊人和罗马人所没有的，到现在为止，中国人、印度人或阿拉伯人也全然不知道，这是中世纪时所出现的一种荣誉，且在基督教的欧洲所产生，只存于少部分的欧洲人之间，那就是社会的上层阶级和适于做上层阶级的人。这种荣誉是一种武士式的荣誉，它的原则是与我先前所讨论的荣誉完全不同的，且在某些方面甚至与它相反，但它能产生一种侠义精神，为了与武士的礼仪一致，且让我来解释这种荣誉的原则：

一、首先要了解的是，这种荣誉不是存在于他人说我们有什么价值的意见中，而完全在于他们是否有这种意见。不管别人是否有任何意见，要紧的是让别人知道是否有这种荣誉的理由。对于我们的所作所为，别人也许有最恶劣的批评，对我们抱种种轻视，且无任何人敢表达不同的意见，我们的荣誉仍是崇高的。假定我们的行为和本质使别人不得不给以最高的敬意，别人又毫无意见的给了这种敬意，但有人却贬斥我们，除非我们能使他产生敬意，那我们的荣誉就遭到侵犯了。武士的荣誉不在乎别人所想的是什么，而在乎别人所说的是什么，这一点可从下列事实来说明，那就是别人侮辱我们，如果必要的话，就得请他道歉，道了歉也就不成其为侮辱了。至于他们是否修正自己所说的，或者为什么要那样说，那都是不重要的，只要道歉，一切也就摆平了。这种做法的目的不是在赚得崇敬，而是非要他崇敬不可。

二、其次这种荣誉不在乎一个人所作的是什么，而在乎他所遭遇的苦难是什么，困难是什么。这种荣誉是与其他一切荣誉不同的，它不存在于自己所说或所作的是什么，而在于别人所说和所作的是什么。因为一个人的整个作为可能是依照最公正的和高贵的原则，他的心灵也可能是最纯洁的，理知是最清明的，然而若有任何人随意侮辱他，他的荣誉就随之消失了，若遇到这种情形，自己并未违反荣誉的内容，对于侮辱自己荣誉的人，也就只有把它当作是最无价值的匪徒，或者是最愚昧的野兽、懒虫、赌鬼，简言之，一个丝毫不值得我们去计较的人。通常也就是这种人惯于侮辱别人的，正如赛尼卡所说的，越是随意恶口伤人的，就越是可贱的和令人嘲笑的，这种人对他人的侮辱多指向我上面所描述的人，因为趣味不同的人是不能成为朋友的，而世间一些豪杰之士就最易引起这类人的无理怒气。歌德说得好，对你的敌人抱怨是无用的，因为如果你的存在对敌人成为一种责难，敌人是不能成为你的朋友。

很明显的是，这类毫无价值的人是有好的理由谢谢荣誉的原则，因为荣誉的原则使这些人与有荣誉的人相形见绌。如果一个人喜欢侮辱别人，这种人实是具有坏的品质的。而在事实上这种看法也是大家可立即承认的。品质恶劣的人就喜欢侮辱别人，这几乎是一种铁则，而且具有这种品质的人，若不勇敢的纠正自己，那么，我们的判断任何时候都是有效的。换句话说，一个遭人侮辱的，即使他是世界上最不幸的人，也不论他所遭受的侮辱是什么，只要别人认为他是一个具有荣誉的人，那他就仍是具有荣誉的人。我相信具有荣誉的人是能忍受别人侮辱的。这样说来，所有具有荣誉感的人，对于品质恶劣的人是不屑一顾的，只不过他把他当作一个患癞病的人，不屑与他为伍。

我认为这种聪明的分析历程可以追索到从中世纪到十五世纪的事实上，这个时期在任何审判程序上，并不是原告要证明被告的犯罪，而是要被告证明自己是无辜的。被告可以发誓并没有犯罪，而支持他的人也必须发誓说明他不可能伪誓，如果没有人支持他，或者原告反对被告的支持人，那就只有诉诸上帝的裁判了，通常也把它称作重审。因为被告此时陷于不名誉的状态中，他必须清洗自己。在此便是不名誉这一观念的由来，其时整个系统还在今日具有荣誉的人之间流行，只不过把发誓省掉而已。这一点也可解释为什么具有荣誉的人对于说谎极为愤怒。说谎是应该斥责的，必须勇敢的纠正过来。虽然如此，人的说谎却是随处可见的。事实上，一个人威胁要杀戮另一说谎的人，自己就不应该说谎，在中世纪的审判中也以一种简短的形式承认了这一点。在回答控告时，被告说：那是说谎。如遇到这种情形就只有留待神来审判了。因此，武士的荣誉信条规定，当遇到人说谎时，就只有诉诸武力了。其实遇到别人侮辱自己，也该是如此的。

三、从第三方面来看，这种荣誉是否在他心内或是否为他自己是绝对无关的，换句话说，与他的道德是否能变得好或坏没有关系，因为这种荣誉是不需要如此迂腐的探求的。如果你的荣誉遭受了攻击的话，或者外表看来已没有荣誉可言的话，只要迅速的采取彻底纠正的方法，很快就可恢复荣誉，那就是决斗。但是如果攻击者不认识武士荣誉规则的话，或他自己曾经违反武士的荣誉，那就有另一种不费吹灰之力的安全方法来恢复你的荣誉——立即给对方一拳罢了。

不过若担心造成任何不愉快的结果，或不知对方是否能服从武士荣誉的规则，因而希望避免采取此类极端步骤的话，就有另一种方法使自己处在健全的立场上，那就是比胜。比胜在以牙还牙，你来八两，我还一斤。

四、接受侮辱是不体面的，给人侮辱则是有荣誉的，现让我来举一个例子。我的对手在他的立场来看是有理由的、对的、真的。好吧，老子侮辱你。这样他就没有荣誉和对的理由了，荣誉和对的理由反而到我这边来，他想法恢复他对的理由和荣誉，但所用的却是用粗暴的方法。这样一来，粗暴取代了荣誉，粗暴胜过了一切，最粗暴的便永远是对的，既然如此，你除了要粗暴外，还要什么呢？不论某个人是如何的恶劣与愚昧，一旦他以粗暴来做买卖，他的一切错误也就合法化而可原谅了。如果在任何讨论或谈话中，别人比我表现得更有知识、更为爱好真理、更具健全的判断和理解，或普遍的表现出一种理智的特质，因而使我暗淡无光，只要我们马上攻击他和侮辱他，我们便马上打消了他的优越性，而使自己超过他。因为粗暴是比任何论证为好的一种论证，它可完全使理智无光。如果我们的对手不关心我们的攻击方法，或不以更粗暴的方式来还击我们，因而把我们当成不高贵的比胜对手，那我们总是胜利者和具有荣誉者。当需要无比的傲慢时，就让我们丢掉真理、知识、悟性、理智与机智。

一个有荣誉感的人，当有人说出与自己违逆的话或显示出有更多的才智时，我们便应该马上武装自己。同时若在争论中，别人无法回答我们，因而也诉诸粗暴时，这就表示他也和我一样了。现在已经很明显的是，人们称赞荣誉的原则，认为荣誉可使社会高贵，这是很正确的。这种原理是从另一种形式引出来的，此种形式成为荣誉整个规则的灵魂和核心。

五、荣誉的规则包含着一种意义，那就是荣誉是最高的法庭，一个人与任何人发生争论，因而涉及到荣誉时，我们必须诉诸有形的力量，那就是蛮横。严格的说来，任何种粗暴也就是诉诸蛮横，是宣告理智和道德已不足以决定问题，斗争必须由有形的力量来解决，富兰克林说人是制造工具的动物，而实际上人是由人所制造的武器决定的。用蛮横来决定问题，一旦决定就不能改变。这是大家所知道的强权原理，当然这是一种讽刺的说法，就好像说蠢材也有机智一样。

六、最后像我们在前面所说的，在你的和我的事务之间，市民的荣誉是过于谨慎的，他们过于尊重职责和诺言，另一方面，我们在此所讨论的荣誉规则，则具有极高贵的自由性。只有一个词不可以撕毁，那就是荣誉，像人们所说的，老子的荣誉，这就是说一切诺言都可撕毁，惟独荣誉不可撕毁。而且如果万一撕毁了荣誉的话，有人讽刺我们，那我们就应用普遍的方法——决斗和他硬干一场来恢复自己的荣誉。再而言之，人是有债务的，只有一种债务是必须要付清的，那就是赌债。其他一切债务你都可以不付，你甚至可以欺骗犹太教徒和基督教徒，这对你的荣誉并没有什么污点，不付赌债那是不荣誉的。

没有偏见的读者，也许会认为这是一种奇特的、野蛮的令人嘲笑的荣誉规则。没有人性的基础，在人的事务之健全的观点中，也找不出正当的理由。在其极为狭隘的可行范围内，只能用来强化人的感受，这种感受也只流行在自中世纪以来欧洲的上层阶级、官员和兵士中，以及试图模仿这种荣誉的人民中。希腊人和罗马人是完全不知道荣誉的规则原理。就是亚洲古代或近代高度文明的国家，也不知道这些。在这些人中，他们除了认识我所指出的第一种荣誉外，并不认识其他的荣誉，由第一种荣誉他们以行动来表现自己。他们认为一个人的所想所为也许可影响自己的荣誉，但并不能影响别人的荣誉。遭人打击也只不过是遭人打击，在某种情况下也许会使人愤怒及采取立即的报复，但并无关荣誉。这些国家的人多不会去计较打击所受的侮辱。然而，在个人的勇敢和轻视死亡一事上，这些国家古代人士所表现出来的，并不会亚于基督教的欧洲。你可以说希腊人和罗马人从头到尾是勇敢的，但他们并不知道荣誉的意义。如果他们有任何决斗观念的话，这也与高贵的生命完全无关。决斗也只是展示被雇佣的人格斗，判刑的奴隶，罪犯和野兽拚命一场，制造一个罗马式的假日。基督教升起以后，格斗没有了，代之而起的才是决斗，这是由神的审判来解决问题的一个方法。如果格斗是为伟大的观念之欲望所作的一种残忍牺牲，决斗就是为既存的偏见而不是为罪犯、奴隶的一种残忍的牺牲，也就是为自由与高贵所作的一种残忍的牺牲。

有许多迹象显示古代的人是完全免于这些偏见的。例如有一个条顿族的酋长召唤马里乌斯决斗，但马里乌斯回答说，如果酋长对自己的生命感到厌倦的话，他去上吊好了，同时他推介一位老练的格斗者，去与酋长作几回格斗。有一个近代的法国作家宣称如果有人认为德谟斯尼斯是一个具有荣誉的人，那他的无知就会使人有可怜之感了，而西塞罗也不是一个具有荣誉感的人。在柏拉图《法律》一书的某几段中，这位哲学家一再谈到恭行一事，这就充分清晰的指出古代人对于此等事是没有任何荣誉感观念的。有一次有人踢苏格拉底，当时苏格拉底对侮辱所表现出的忍耐使得他的朋友也为之惊奇。苏格拉底说：“如果一个驴子踢我，你以为我要恨他吗？”在另一场合上，有人问苏格拉底：难道那人不是侮辱你和骂你吗？苏格拉底说：没有，他所说的不是针对我而说的。斯托伯斯从莫索尼乌斯所保存的很长记录中，使我们知道古代如何对待侮辱。他们知道除了法律所提供的解决方法外，没有其他的方式能令人满意，但聪明人甚至轻视这一点，如果希腊人被人打了，透过法律来解决他们也就满意了，这一点可在柏拉图的著作中苏格拉底所表示的意见看到。

令人赞美的犬儒学派哲学家克纳特曾经被尼可姆斯打了一拳，脸被打得变成紫色，肿起来了。克纳特却在额上作一个被尼可姆斯打了记号，有一玩横笛的人看了感到非常的羞耻，这位玩横笛的人曾对一个人使用过暴力，而这位被揍的人竟是所有雅典人所尊敬且当作家神的人。戴奥吉尼斯在给他的朋友麦莱西普斯的信中告诉我们，一群雅典人喝醉了酒打了他的儿子，但他说这种事是不重要的。

很明显的是，武士荣誉的整个规则是古代人所完全不知道的，因为简单的理由是，他们对于人的事情常采取一种自然的和没有偏见的观点，不允许此类恶劣的，可恶的愚昧来影响自己。被人掴了一记耳光，他们认为只不过是一记耳光，一个没有什么了不起的肉体上的伤害而已。而近代人却认为这是一件非常了不起的事情，是悲剧的一种题材。如果法国国会有某人挨了一记耳光，它的回响也许要从欧洲这一端传到那一端。

从我已经所说到的应该很明白的了解，武士的荣誉之原则，在人的自然性中并没有一种本质上的及天然的源起。武士的荣誉是一种人为的结果，而其源由是不难发现的。武士荣誉的存在很明显的是人们习于用拳头甚过用脑时就开始的，当牧师的方术缚紧了人的理智，在中世纪所流行的武士制度，就使得武士的荣誉开始流行了。其时人们不仅让上帝照顾自己且由上帝来为自己作判断。遇到困难的时候，多由神来作判断。只有很少的例外，那就是决斗，当时高贵的人士不仅重视决斗，就是一般的人民也重视决斗。在莎士比亚《亨利六世》一剧中，对此就有很好的说明。每一个审判都诉诸武斗，实际即是诉诸肉体的力量和活动，也就是诉诸动物的自然性，以动物的自然性代替了审判中的理性，决定事物的对与错，不以人所作的是什么来决定，而以他所能抵抗的力量来决定，事实上，这也就是今日所流行的武士的武士荣誉之原则的系统。如果有人怀疑这是近代决斗的实际起源的话，就请他去读米林公所写的一本好书《决斗史》（The Listory of Duelling by J. B）吧。而且在支持这一系统的人士中，你也可以发现他们通常并不是受教育很高或有思想的人，他们有些人常将决斗的结果当成在争论中一个实际的神圣的判决。

不过撇开决斗的源流不谈，现在我们应该明白的是，这一原则的基本倾向是用有形的威胁来达成一种在实际上很难达到的外表上的尊敬。这种程序有点像下面所说的事情一样，那就是要证明你的房间内的温暖度，你用手握着温度表，因而使温度上升。事实上，这种事情的核心是这样的：一般人的荣誉之目的在与人能和平的交往，因为我们无条件的尊重别人的权利，我们就值得别人的充分信任。

另一方面，武士的荣誉则是不顾一切的使我们产生恐惧，因而使我们不得不由恐惧而折服。

如果我们生活在一种自然的状态中，每一个人都要自己保护自已以及直接的维持自己的权利，则对人的诚实、正直性就不能过分的信任，以及武士荣誉的原则使人所产生的恐惧远超过使人所能产生的信赖，也许这种看法并不是错误的。不过，在文明的生活中，国家保护着我们每个人和财产，武士荣誉的原则就不能再加以运用了。在文明的社会中这个原则就像某个时代的城堡和望塔一样，在其中是耕种得很好的田野，平坦的道路甚至铁道，因而城堡和望塔也就成为废物了。

这样说来，若仍承认这种原则，则这种武士荣誉原则的运用也只能限于个人殴打的较小事件上，且这种殴打只会遭到法律上的轻微处罚，或甚至不会遭受处罚，只是一种小的错误，当作闲话谈一谈就罢了。武士荣誉原则之有限应用的结果是，因为人的价值，反而强迫性的夸张了它的可敬性，这种可敬是完全远离自然性或人的命运的。夸张武士荣誉的原则，几乎把它当作一种神圣的事物看待。

为了减轻这种轻率的傲慢，人就习于在每一件事上让步。如果有两个勇猛的人相遇，彼此都不让步的话，彼此之间的些微差异就可能引起一连串的咒骂，然后是比拳，最后是致命的一击。因此，如果免掉中间的步骤而直接诉诸暴力，在程序上也许更为恰当。诉诸暴力有其自身的特别形式，这些形式后来发展为森严的规范和法律系统，然后一起形成为庄严的但又可笑的闹剧，那就是使蠢人所献身的一种荣誉，他们把这种荣誉当作一种流俗的庙堂。因为如果两个勇敢的人为了一些小事争论（比较重要的事由法律来处理），其中比较聪明的一位当然会让步，同时他们也会同意彼此的差异。这是由一种事实来证明的，那就是一般人或者社会上各类不了解荣誉原则的人，多让争论任其自由发展。在这些人中，杀人者比起尊敬荣誉原则的人要少得多，你打我骂的事也不会常常发生。

因此有人说在良好社会中人的风度和谈吐最终是建立在这种荣誉的原则上。荣誉的原则和决斗就成为反对粗暴和野蛮屠杀的主干。不过雅典、科林斯和罗马可以说是一个好的甚至极佳的社会，人的风度和谈吐都是极良好的，却并未对武士的荣誉有任何支持。有一件事是真实的，在古代的社会中，女人所占有的地位并不像今天所占有的地位一样，现在的女人东家长西家短的，使得现今的社会完全与古代不同。这种改变对于今日社会上所看到的一种倾向，那就是个人宁愿选择勇敢甚过其他的物质，实是有极大贡献的。事实上是，个人的勇敢实是一种从属性的德性，比低等动物都不如，我们没有听说过人能像狮子一般的勇敢。武士的荣誉决不能作为社会的一种支柱，但它为诈欺、邪恶，缺少考虑和风度确确实实的提供了一种救济办法。因为没有人愿意冒死来纠正别人粗鲁的行为，粗鲁的行为也就常在人的沉默中过去了。

根据我上面所说的，决斗的方法在有杀人狂的地方极为风行，特别是在政治和经济记录上并不怎样荣誉的国度里风行，读者也并不会觉得有什么奇特可言。这种国家喜欢什么样的私人生活，这个问题最好让有这种生活经验的人去回答。他们的温文有礼和社会的文化，已经很久没表现出来了。

因此，在这种口实中，实是没有什么真理可言的。我们可以用更具正义的话来作主张，那就是当你对一只狗咆哮时，它也会反过来向你咆哮，你摸摸它，它就摇尾巴了。同样的，在人性中也是如此，多是以牙还牙，以暴易暴，你给我半斤，我就给你八两。西塞罗说：在嫉妒矛头中有某种刺透人的东西，就是聪明和有价值的人也会发现令人痛楚的伤处。在这个世界上，除了某些宗教外，没有地方会默默地接受侮辱的。

为了完成此节的讨论，现让我来谈一下国家的荣誉。国家的荣誉是在许多国家中，一个国家应有的荣誉来说的。因为国家并没有什么法庭可以申诉，而只有力量（武力）的法庭；每一个国家应准备维护自己的利益，一个国家的荣誉，包含着一种意义，就是所提出的主张，不仅要人们信赖，而且使人畏惧。攻击国家的权利就必须加以制裁，国家荣誉是一般人民和武士荣誉的结合。

⑤名　声

前面在“如何面对他人对自己的评价”一项下，我们曾提及“名声”，现在就来讨论此项。

名声和荣誉好比双生兄弟，像双子星座的卡斯特和波勒士，他们二兄弟一个是不朽的，另一个却不是永恒的。而名声也就是不朽的，不像它的兄弟荣誉一样，只是蜉蝣一现。当然，我说的是极高层的名声，也就是“名声”一词的真正意义，“名声”是有许多种的，其中有的也稍显即逝。荣誉是每个人在相似的情况下应有的表现，而名声则无法求诸于每个人。我们有权赋予自己有“荣誉感”的品格，而名声则需他人来赋予。我们的荣誉最多使他人认识我们，而名声则有更高远的成就，它使我们永远为人怀念。每个人皆能求得荣誉，只有少数人才可获得名声，因为他们是极具特殊卓越成就的人。

这类成就可分为立功、立言两种，立功立言是通往名声的两条大道。在立功的道路中，具有一颗伟大的心灵是他的主要的条件；而立言则需一个伟大的头脑。两条大道各有利弊；主要的差异在于功业如过眼烟云，而著作却永垂不朽。极为高贵的功勋事迹，也只能影响短暂的时间；然而一部才华四溢的名著，却是活生生的灵感泉源，可历千秋万世而长新。功业留给人们的是回忆，并且在岁月中逐渐消失和变形，人们逐渐不再关心，终至完全消失，除非历史将他凝化成石，传留后世。著作的本身便是不朽的，一旦写为书篇，便可永久存在。举例来说，亚历山大大帝所留在我们心目中的只是他的盛名与事迹，然而柏拉图、亚里士多德、荷马、荷瑞思等人今日依然健在并活跃在每个学子的思潮中，其影响一如他们生时。梵书与奥义书仍然留传于我们周围，可是亚历山大当时彪炳印度的功业事迹却早已如春梦无痕地消逝了。

立功多少需要依赖机运才能成功；因此得来的名声一方面固然是由于功业本身的价值，另一方面也的确是靠风云际会才能爆发出光辉的火花。再以战争中的立功作例子，战功是一种个人的成就，它所依据的是少数见证人的证词，然而这些见证人并非都曾在现场目击，即使果然在场目击，他们的观察报道也不一定都公正不偏。以上所说有关立功的几个弱点，可以用它的优点来平衡，立功的优点在于立功是一件很实际的事，也能为一般人所理解；所以除非我们事先对于创立功业者的动机还不清楚，否则只要有了正确可靠的资料，我们便可以作公平的论断。若是不明动机，我们便无法真正明白事功的价值了。

立言的情形恰与立功相反。它并不肇始于偶然的机运，主要依靠立言者的品德和学问，并且可以长存不朽。此外，所立之言的真正价值是很难断定的，内容愈深奥，批评愈不易。通常，没有人足以了解一部巨作，而且诚实公正的批评家更是凤毛麟角。所以，立言所得的名声，通常都是累积许多判断而成的。在前面我已提过，功业留给人们的是回忆，而且很快就成为陈年旧物了；然而有价值的著作，除非有丧失的章页，否则总是历久弥新，永远以他初版的生动面目出现，永远不会在传统下古旧。所以，著作是不会长久被误解的，即使最初可能遭到偏见的笼罩，在长远的时光之流中，终会还其卢山真面目。也只有经历了时光之流的冲激与考验，人们方有能力来评论著作，而它的真正价值也才会显露出来；独特的批评家们谨慎的研究独特的作品，并且连续着发表他们有分量的批判。这样无数个批判逐渐凝聚成对该作品的公正不倚的鉴定，此种鉴定有时需要好几百年方能形成，不过此后任凭更长的光阴也无法将其改变了，立言的名声就是这样的安全和可靠。

作者能否在有生之年见到自己的盛名，这是有赖环境和机缘，通常愈是重要和价值高的作品，它的作者愈不易在生前博得名声。圣尼卡说的很好：名声与价值的关系就好似身体与影子，影子有时在前，有时在后。他又说：

“虽然同时代的人因为妒忌而表示一致的沉默，但是终有一天，会有人无私的评判它的价值。”

从这段话里我们发现，早在圣尼卡的时代（公元前四世纪），已有坏蛋懂得如何以恶毒的方式来漠视和压制一部作品真正的价值了。他们也晓得如何在大众前隐藏好的作品，好使低级作品能畅销于世。在现代，我们依然可以发现这种手法，它通常表现在一种嫉妒的沉默中。

一般说来有所谓“大器晚成”，所以越是长存不朽的名声，发迹也就越迟，因为伟大的作品需要长时间的发展。能够遗传后世的声名就好像橡树，长得既慢，活得也就久；延续不长的名声好比一年生的植物，时期到了便会凋零；而错误的名声却似菌类，一夜里长满了四野，很快便又枯萎。

人们不免要问这究竟是为什么？其实原因也很简单：所谓属于后世的人，其实是属于人性全体；他的作品不带有特殊的地方色彩或时代风味，而是为了人群大众所写，所以他的作品不能取悦他的同时代人，他们不了解他，他也像陌生人一样生活在他们之中。人们比较欣赏能够窥见他们所处之时代的特色，或者能够捕捉此一刻的特殊气质之人，然而如此得来的声名却是与时俱亡的。

一般艺术和文学更显示了人类心智的最高成就，通常在最初提出时多不获好评，一直在阴暗处生存，直到他获得高度智慧之士的赏识，并借助他的影响，方能得到永垂不朽的地位。

如果你还要问造成此种现象的原因何在，那就说来话长了，要知道人真正能够了解和欣赏的，到头来还是那些与他气味相投的东西。枯燥的人喜欢无味的作品；普通人也爱看普通的文章；观念混乱的人只欣赏思路不清的著作；没有头脑的人所看的也必是空无一物的书籍。

人们常自我陶醉并且还理直气壮，原是一件无足惊异的事；因为在一只狗的心目中，世上最好的东西还是一只狗，牛，还是牛，其他可以此类推，这就证明了“物以类聚”的道理了。

即使最强壮的手臂也不能给轻如羽毛者一点力，因为后者自身没有启发动力的机关，所以不能奋力前进击中目标，很快的磨尽了他那一点儿能量便会掉落下来。伟大的，高贵的思想也是这种情况，而且天才的作品也是如此，常常没有能真正欣赏高贵思想和天才作品的人，有的也只是一些脆弱而刚愎的人来欣赏而已，这种事实原是各个时代的聪明人不得不叹息的。约瑟之子，耶稣曾经说过：“对一个笨人说故事，就好比说给睡梦中的人听一样，因为当故事说完了，他还会反问你，到底是怎么一回事？”哈姆雷特也说：“在愚人的耳中，不正当的言词可以使你入睡。”歌德同样也认为在愚笨的耳前，即使最智慧的言辞也会受到嘲笑。不过我们不该因为听众愚蠢便感到气馁，要知道朽木原是不可雕的，投石入沼泽是无法激起涟漪的，里登堡也有类似的见解，他曾说过：“当一个人的脑筋和一本书起了冲突时，那显得空洞无物的一方该不会老是书本吧？”此外他又说：“这类的著作就好比一面镜子，当一个笨驴来看时，你怎能期望反照出一个圣人呢？”吉勒在美好又动人的挽歌中提到，最好的礼物往往很少人赞美，人们老是犯了黑白颠倒的过错，这种过失就像不能治愈的痼疾一样日复一日的扰人。我们该做的事只有一件，但却是一件最困难和不能办到的事，那就是要求愚笨的人变得聪明，而这根本是不可能的事。肤浅愚蠢的人从来就不晓得生命的意义，他们只知用肉眼而不知用心眼，因为善对他们而言是陌生的东西，所以他们就只有赞美那些老生常谈的事物。

不能认识和欣赏世上所存在的美善原因，除了智能不足外，便是人性卑劣的一面在从中作梗，这便是一种卑劣的人性。即是一个人如果有了名望，他便在同乡中出人头地了，其他人相形之下自然变得渺小。所以俗语说一将功成万骨枯，任何显赫的功勋都要牺牲其他人的功名才能成就；因此歌德也说：“赞美他人便是贬低自己”。每逢有杰出的事件出现，不论是那一方面的杰出，伪君子和一般大众都会联合起来排斥甚至压制它。连那些本身已有薄名的也不喜欢新的声誉人物产生，因为别人成功的光辉会将他掷入黑暗。所以歌德宣称，假使我们需要依赖他人的赞赏而活的话，就不如不要了；别人为了想表示自己的重要性，也不得不根本忽视你的存在！

荣誉与名声不同，通常人们肯公平的称颂荣誉，也不会妒忌别人的荣誉，只因荣誉是每个人都可以有的，除非他自己不要。

荣誉是可以与他人分享的东西，名声却不能轻易获得，想获得的人既多，又需防他人的侵害。再者，一部作品的读者之多寡正与作者的名声大小成正比，于是著作学问的人想要获得名望，便比通俗小说家来得困难。而最困难的便是哲学作品，因为它们的目标晦涩，内容又没有用处。所以他们只能吸引工作于同一层次的人。

从我以上所说的看，我们不难看出，凡是为野心所驱使，不顾自身的兴趣与快乐，没命苦干的人多半不会留下不朽的遗物。反而是那些追求真理与美善，避开邪想，公然向公意挑战并且蔑视它的错误之人，往往得以不朽。所以谚语云：“名声躲避追求它的人，却追求躲避他的人。”这只因前者过分顺应世俗而后者能够大胆反抗的缘故。

名声虽然很不容易获得，却是极容易保存的。这又是名声与荣誉对立的地方。我们可以设想荣誉是人人具备的，毋须苦苦去追求，却要谨慎莫失去，这就是困难所在了，因为一失足成千古恨，一件小小的错误便可使荣誉永远沉沦。然而名声却不会轻易消失，无论是立德还是立言，只是有所立便不会失去，即使作者再没有更好的作为，他原有的声名依然会存在。只有虚假的、无功而受的名声才会消失无影，这是名声完全受到一时的高估所致；至于黑格尔与里奇登堡所描叙的名声，就更肤浅了。

名声实在仅是人与他人相形比较的结果，而且主要是品格方面的对比，所以评价也就因时、因人而异；当别人变得与他同样有名时，他原有的名望无形中便给“比下去”了。惟有直接且存于自身的东西才具有绝对的价值，因为此种东西在任何情况中都不会为他人剥夺。所以伟大的头脑与心灵是值得追求而且可以增进幸福的东西，至于因此而得的名声却只是次要的事。我们应当尊重那致使成名的因素，不必太沽名钓誉，前者是基本的实体，后者只是偶然的机运下显现前者于外的征象，它的好处是能够证实人对他自身的看法。没有反射体我们看不到光线，没有喧嚣的名声我们认不出真正的天才。许多的天才在默默无闻中沉没了，然而名声并不代表价值，勒辛便说过：“有些人得到了名声，另一些人却当获而未得。”

若把价值或缺乏价值的标准放在别人的想法上，活着便很可怜了；但这是一个依赖名声，也就是世人的喝彩声而活的英雄与才子的日子。每个人生活、生存是为了自己；同时重要地活在自己之中，他成为什么，他如何生活，对自己比对他人要紧的多，所以假使他在这方面不能得到自己的尊重，在别人眼里他也值不了多少了。其他人对他的评价是二等和次要的事，并且受到生命里一切机运的支配，并不会直接影响他。别人是寄存我们真正幸福的最坏之所，也许可能寄存想像的幸福在他人身上，但真正的幸福必须存在自己之中。

让我们再来看看生活在“普遍名声之殿”中的一伙人是多么复杂！有将军、官员、庸医、骗子、舞者、歌者、富翁，还有犹太人！在这个殿堂里，获得严肃认可与纯正声望的就是这些人的伎俩，而不是优越的心智成就。至于后者，即使是极高的杰作，也只能博取大众口头的赞许。

自人类幸福的观点着眼，名声仅仅是少许用以满足骄傲与虚荣之口味的东西，这少许东西又是极珍贵和稀有的。在每个人心中都有需求这种东西的口味，不管隐藏的多么好，此种口味的需求依然十分强烈，尤其是在不顾一切代价只求出名的人心中。这种人在未出名前需要经过一段等待期，此时他极不稳定，直到机会降临，证明了他对自己的看法，也让他人看看他究竟是不错的；不过在此之前他总会有生不逢时的愤慨[①]。

在本章开头，我已经解释了人们很不合理地重视他人意见的现象。郝布思因而说过：“人们心灵的快慰和各种的狂喜，皆起于我们把自己与他人比较后，觉得自己可以以己为荣。”他的这段话的确不错。所以我们可以了解人们何以如此重视名声，只要有一丝获得的希望，牺牲再大亦在所不惜——米尔顿在《cida》中有云：

我们也会明白世上虚荣心强的人常把“荣誉”挂在嘴边，心中暗暗相信着它，以此为成大事大业的鼓励。不过，名声到底只是二流的，是回响，是反映，是真正价值的阴影与表象；况且，不管怎样说引致赞美的因素言词更为可贵。令人幸福的不是名声，而是能为他带来名声的东西；更正确地说，是他的气质及能力，为他造就了学术和德性

---

① 我们受赞美时是最快乐了。不过赞美我们的人，不论我们多么好，总迟迟表现他的感情。所以当他人不理他，而他仍能设法很认真地欣赏自己的人该是幸福的人。——原注

上的名声，也令他真正幸福。本身的优良本性对自己十分重要，对他人则不太重要，所以自己对自己的看法比他人对自己的评价更为紧要，他人意志仅处于附属的地位。应得而未得到名声的人拥有幸福的重要因素，这该可以安慰他未获得名声的失望吧！我所说的不是被盲目而迷惑大众所捧出来的世人，而是真正的伟人，伟大的令人羡慕。他的幸福不是由于他将遗名后世，而因为他能创造伟大且足以留存万世永远研读的思想。

再说假如一个人有了这种成就，他们保有的是别人夺不走的，是完全依赖自身的，不像名声要依靠他人。如果获得赞美是他主要惟一的目标，他自身必没有可以赞美之处了。“虚名”便是这样，徒有虚名之人，本身没有坚硬的“托子”作为名声的背景，他终于会对自己不满，因为总有一天，当自恋造成的幻梦消失，他便会在他无意爬上的高处眩晕了，或把自己视为假钞，或者害怕着当真相大白时的贬诋，他几乎可以在当时的聪明人之额前，看到后世对他的辱骂，他就像一个由于假遗嘱而得到财产的人那样惶惶不安。

真正的名声是死后方得的名声，虽然他没有亲自领受，他却是个幸福的人。因为他拥有他赢得名声的伟大品质，又有机会充分发展，有闲暇做他想做的事，献身于他喜爱的研究中。惟有发自心灵深处的作品才能获得桂冠。

精神的伟大，或者睿智的富有是使人幸福的东西，睿智一旦印记在作品上，便会受到未来无数代的赞赏，曾使他幸福的思潮也会带给遥远之后的高贵心灵同等的喜悦与研究兴趣。身后之名的价值乃在于它是纯正不伪的，它也是对伟大心思的报答。注定要得赞赏的作品能否在作者身前获得，全凭机会，所以并不重要。普通人都没有鉴赏力，无法领会巨著的难处。人们大都追随权威人物，在万口同赞声中，百分之九十九的人是依赖信心。在生前名声散播的既广又远之人若是聪明，便不要太重视这个，因为它只显示在少数几个人偶然一天对他很赞好，于是引起了其他人的盲从。

如果一个音乐家晓得他的听众几乎都是聋子，而且为了掩饰己身的不确定，他们看到有一、二人在鼓掌便也用力拍手，他还会为了他们热烈的掌声而喜悦吗？假使他又晓得了这领头的一、两人原来是受贿专门为差劲的演奏者制造热烈的掌声的人，他又有什么话可说呢？

我们不难了解为什么生前的赞誉很少发展成死后的名声。在一篇对文学声誉之殿堂有极好的描写的文章里DAlemlert指出：在这所殿堂的圣厅里住着的高手是伟大的死者，他们在活着的时候从未享过名誉，少数在这圣厅里的活人，一旦死了，几乎全部都会被逐出此地。让我顺便说说，在生时被立有纪念碑的人，后代都不会相信这种评价。即使有人侥幸在生前看到了自己真正的声誉，也多半是年老之时了，只有少数艺术家和音乐家是例外，但哲学家却很少有例外。以其作品著称与世人所见其肖像也证实了这点；因为肖像多半是在成名以后才画的，而我们所见到的肖像，多半是描绘着灰发的长者，尤其是以一生经历写成书的哲学家之肖像。从理性幸福的观点着眼，这种平衡的安排的确很恰当，因为让一名凡人同时享有青春和声名实在太多了些。生命好比一门不兴隆的生意，所有的好东西必须非常经济地分配使用。在青年时代，青春的本身足够享用，所以必须满足了。当风烛残年，生命里一切的快乐和欢娱都像秋天的叶子自树上飘落，名声便适时的开始发芽生长，好似风雪里长青的植物。名声就是那需要整个夏季的生长，方能在圣诞节享用的水果。倘使老年人能感到他青年时的精力已完全注入了永远年轻的作品里，这将是他莫大的安慰。

最后，让我们仔细的检视各种学艺睿智活动可能获得的名声，与我的论述直接有关的也是这类名声。

我想，概括地说，学术的优秀性是在理论的建构上，所谓建构定理就是将现有的事实做新式组合；事实的种类很多，不过，愈是平常人所熟知的事情，理论化后博得的名声也愈广大而普遍。假使所谈的事实是数、线、或者某专门科学，诸如物理学、植物学、解剖学、或残章断句之考据，或不明文字的研究，或历史上可疑之点的探索，正确地操纵这些材料所享得的名声只能传播及少数对此已有研究的人，他们又大多数已退休了，正羡慕着这些能在他们的专门科里享有成就的后辈。

假使建构定理所依据的是人皆耳熟能详的事实，例如：人类心灵的特征是万人皆同有的，或是不断在眼前展现的物理景象，或自然律的一般规则，那么建成的定理所获得名声将会随着时间散播于每个文明世界里，因为既然每个人都能把握这些事实，那么定理也就不难了解了。名声的范围与所克服的困难也有关系；愈是普通的事实，愈不容易建构新且真实的定理；因为已有多少人士曾思索过这个问题，因此想再说些前人未说过的话实在不太可能了。

另一方面，若是根据的事实，并非人人可以了解，惟有相当的劳苦努力方能获得，那么新式组合和定理的建构便比较容易；因为有了对此事实的正确了解和判断——这些并不需要很高的智能——一个人可能很容易便幸运地发现一些同样为真的新定理。然而如此得来的名声所传播的范围也只限于对所谈论的事实，已有相当程度之了解的人。解决此类相当高深的问题，无疑需要许多苦读以获得依据的事实；可是在获取极广大而普遍名声的路途上，依据事实之获得常不需任何劳力。不过努力愈少，所需才华和天分便愈多；而这两种品质——努力和天才，无论在内在价值和外来评价上，都无法比较。

所以凡是觉得自己有坚实的智能和正确的判断力，可是却缺乏高度心知能力的人，就不要畏惧苦读，因为凭它的帮助你可以提升自己于一般仅知其所见的大众之上，而获得只有博学的苦役方可接近的隐避所在。在这个领域里，对手永远很少，并且只需中等的智能便有机会宣布既真且新的定理；实际上这种发现的价值一部分是系于获得依据事实的困难。不过来自少数具备同样知识的同行弟子的掌声，对远处大众而言实在微弱极了。如果我们遵循着这条路子走去，最后终会到达一点，毋须建构定理，单单达到此点的困难便可带来名声了；举例说，**旅行到边远不知名的国度里，所看到的一切已足以使人成名，不再需要思想**

了。这种声名最大的好处便是他与人所见到的事物有关，所以比思想容易传授给他人，人们易于了解描述，却不易懂得观念，前者较后者现成的多；Asmns 说：

——每当人远航归来，
他总有故事可说。

假使某人发现自己具有伟大的心智，他便该独自寻求有关自然全体和广大人性的问题之答案，这些是所有问题中最困难的，惟有才份很高的人才能涉入，这种人最好把他的看法延伸到每个方向，不要迷失在错综的支路上，也不要探涉偏僻的地区；换句话说，他不该把自己涉入专门科目或某些细节的探讨上。他不必为了逃避成群的敌手而钻入冷门的科目里；日常生活便能作为他建构严肃而真实的新定理的材料；而他所付出的服务会受到所有了解他所依据事实的人士之欣赏，这种人占了人类的大部分。由此我们可以看出学习物理、化学、解剖、矿物、植物、语言、历史，与研究生活中的伟大事实之人，诗人与哲学家，是多么不同了。

5. 人的本性

物质世界的真理，可能非常具有客观外在意义，却丝毫没有主观的内在意义。后者是心智和道德真理的特权，心智和道德真理涉及意志客观化的最高阶段，而物质世界的真理，则只涉及意志客观化的最低限度。

例如：我们推测，太阳的活动，在赤道上产生热电；产生地球磁场；地球磁场又产生北极光。这种看法一直到现在为止，还只是臆测，如果我们可以把这些臆测确立为真理，那些真理，从客观外在立场看，意义很大，可是，从主观内在立场看，却没有什么意义。另一方面，我们可以从许多伟大而真正的哲学体系，所有伟大悲剧的结果，甚至从对人类道德和不道德两种极端行为及其善良邪恶性格的观察中，找到主观内在意义的实例。因为，所有这些，都是同一“实在”的不同表现，这个实在所具有的外表形态，和客观世界是一样的，同时，在其客观化的最高阶段中，显示出它的最内在本质。

如果我们说，客观世界只有物质意义而没有道德意义，那是一切错误中最大的和最致命的错误，是根本的错误，是人类心灵和气质的真正荒谬。

不管我们多么确定地感到生命和世界的道德意义，解释和说明道德意义，解决这意义与实相世界之间的矛盾，却仍然是个艰巨的工作；的确，这个工作相当艰巨，可能还要提出真正而惟一健全的，超乎时间空间的道德基础，以及由此而带来的种种结果。道德方面的现实情况，很多都能证明我的看法，所以，我不怕我的理论会被任何其他理论取代或推翻。

可是，如果大学教授们仍然不重视我的道德学说，那么康德的道德原则，便会仍然在大学中流行。在这些道德原则中，目前最流行的一个是“人的尊严”。我在一篇名叫《道德基础》（Foundation of Morality）的论文中，早就指出了这种看法的荒谬性。所以，这里我只要说，如果有人问，所谓人的尊严基础是什么，我们会很快回答，说它是基于人的道德。换句话说，人的道德基于人的尊严，而人的尊严又基于人的道德。

除了这种循环论调以外，我觉得，尊严这个观念，只能在一种讽刺意义下，用在一种像人类这种具有罪恶意志、有限智力而体质柔弱的东西身上。若人的观念是一种罪行，人的诞生是惩罚，人的生命是劳苦之人的死亡是必然现象的话，人有什么地方值得骄傲呢！

所以，针对着上面所述的康德道德原则，我想建立下列法则：当你与人接触时，不论是什么样的人，都不要根据他的价值和尊严对他作客观的评价。不要注意他的恶意或狭隘的理解力和荒谬的观念；因为前者容易使你憎恨他，后者则容易使你轻视他。只要注意他的苦难、他的需求、他的焦虑、他的痛苦，那么，你就会常常感到和他息息相关；你会同情他；你所体会到的，就不是憎恨或轻蔑、而是同情怜悯，惟有这种同情怜悯，才是福音所要求于我们的安宁。抵制憎恨和蔑视的方式，当然不是寻求人的尊严，相反的，而是把他当作怜悯的对象。

佛教徒在道德和玄学问题方面，持有较深刻的见解，因此，他们从根本罪恶出发，而不从根本德行出发；因为德行的出现，只是作为罪恶的相反事物或否定。根据修密德（Schmidt）《东方蒙古史》（History of the Eastern Mongolians）中的看法，认为佛教所谓的根本罪恶有四：

欲望、怠惰、嗔怒和贪欲。但是，我们也许会以骄傲代替怠惰；因为，在《Letters edifiantes et curieuses》（一八一九年版，卷六第三百七十二页）中，就是这样的，这里，将嫉妒或憎恨当作第五种罪恶。我很相信，我应该修正修密德的说法，因为事实上，我的做法符合回教中信奉禁欲主义者的看法。回教中信奉禁欲主义派，当然，是受婆罗门教和佛教影响的。这派也认为有四种根本罪恶，他们把四种罪恶配成两对，因此，欲望和贪欲相连，嗔怒和骄傲相连。与此相反的四种根本德行则是贞洁与宽大以及仁慈与谦逊。

当我们将东方国家所奉行的这些道德观念，与柏拉图一再述说的主要德行——正义、勇敢、自制和智慧——比较一下，我们就了解了，后者并非基于一些肤浅甚至显然错误的理由而选择的。德行应该是意志的性质，而智慧则主要是理智的属性。西塞罗所谓的“节制”（temperantra），是一个非常不确定而含糊的名词，因此它可有各种不同的用法：可以指谨慎明辨、或禁戒、或保持健全头脑。“勇敢”根本不能算是德行；虽然，有时候勇敢是实现德行的工具；可是，也会成为卑鄙的仆人。实际上，它是节制的一种性质。甚至吉林克斯（Geulinx）在《伦理学序言》中，也批评柏拉图所列举的德行，并以下述种种德行代替：勤俭、服从、公正、仁爱；这些德行，显然是不理想的。中国人把主要德行区分为五种：仁、义、礼、智、信。基督教的德行是神学的，非主要的，共有三种：信、爱、望。

我们对别人的基本倾向是羡妒还是同情，这一点决定了人类的美德和恶德。每个人都具有这两种完全相反的性质；因为这些性质产生于人在自己命运和他人命运之间所作的无可避免的比较。依这种比较结果对他个性的影响如何，决定他采取那一种性质作为自己行动的原则。羡妒在人与人之间，建立一道坚厚的墙；同情则使这道墙变松变薄，有时候，甚至彻底把它推倒；于是，自我与非我之间的区别便消失了。

曾经被视为德行的勇猛（Valour），或者说得更正确一点，作为勇猛之基础的勇敢（因为勇猛只是战争中的勇敢），应该加以更进一步的考察。古人把勇敢列在德行中，而把怯懦列在恶行之中；但在基督教教义中，却没有如此的观念，基督教主张博爱和坚忍，禁止敌意存在，甚至不准抵抗。结果，对现代人说，勇敢不再是一种德行。然而，我们必须承认，怯懦似乎与任何性格的高尚并不相违——如果只是因为对一个人自己显示太多忧虑的话。

不过，勇敢也可以看做一种准备克服目前具威胁性的不幸，以期避免未来的更大不幸；而怯懦所表现的，正好与此相反。可是，这种“准备”与坚忍属于同一性质，因为坚忍就是了解未来有比现在更大的灾祸，并且了解我们强烈的企图逃离或避免不幸，可能带来其他的不幸。因此，勇敢将是一种坚忍；同时，由于它使我们忍耐和自制，所以，透过坚忍的媒介，勇敢至少接近德行。

可是，也许我们可以从一更高观点去看勇敢。在任何情形下，对死亡的恐惧，都可以归因于一种对自然哲学的缺乏了解，若了解的话，使人就会相信自己活在一切外物中正如活在自己身上一样，因而身体的死亡对自己没有多大损害，恐惧死亡只是建立在感情上的。但是给人类英雄式勇敢的，正是这种信心；所以，读者可以从我的伦理学中知道，勇敢、公正和仁慈的德行，都是来自于同一根源。我承认，这是对本问题采取一种崇高的观点，除此以外，我无法解释为什么怯懦是可鄙的而勇敢是高贵优美的；因为，更没有其他观点可以使我们了解，为什么把自己看得重于一切的有限个人——不，甚至把自己看成其余世界存在的基本条件——竟然不把保存自己置于其他目的之上。因此，如果我们认为勇敢只基于效用，如果我只赋予它经验性而不赋予它超越性，那么就只对它作了不充分的解释。也许是基于这种理由，卡尔德隆（Calderon 一六〇〇——一六八一，西班牙剧作家兼诗人——译注）在关于勇敢问题方面，曾经表示过一种怀疑但却明白的意见，不，实际上是否认它的存在；并以一位年老而有智慧的首长之口，对年轻的属下讲话时，表示他的否认。他说“虽然自然的恐惧，所有人都是一样，但是，一个人却可以使自己看不到它而变成勇敢的；这就是形成‘勇敢’的东西。”

至于古人与现代人在其对勇敢的评价之间的差别方面，我们不要忘记，古人所谓的德行，是指本身值得赞美的一切优点或性质，可能是道德方面或智慧方面的，也可能是肉体方面的。但是，当基督教表示人生的基本倾向是道德时，于是，只有道德上的优越才属于德行观念。同时，过去的惯例，仍然存在于前辈拉丁语学者的著作中，也存在于意大利作家的作品中，“巨匠”（Virtu so）这两个字的公认意义，证明了这一点。学者们应该特别注意古人之间这个德行观念的广大范围，否则，可能很容易造成困惑混乱。我可以举出斯托巴斯（Stobaeus）留下来的两段话，这两段话有助于我们达到这个目的。其中一段显然是从毕达哥拉斯学派哲学家墨托波斯（Metopos）著作中引来的，这段话表示，我们肢体每部分的均匀，被认为是美德。另一段则表示，鞋匠的美德是把鞋子做好。这也可以帮助我们解释为什么古代伦理学系统中所提到的美德和恶德，在我们这个时代伦理学中没有地位的缘由。

正如勇敢在美德中的地位还是一个尚无定论的问题，同样，贪欲（Avarice）在恶德中的地位，也是如此。不过，我们不应把贪欲和贪婪（Greed）相混，贪欲是拉丁文 avaritia 这个字最直接的意义。现在让我们对“贪欲”问题提出并考察 pro et contra 论证，最后的判断让每个人自己去作。

一方面，有人认为，贪欲并非恶德，是与奢侈浪费相反的。奢侈浪费是由于只顾目前肉欲的享受，与这比起来，只存在于思想中的未来，根本不算一回事。奢侈浪费建立在一种错觉上面，认为感官逸乐具有积极性或实际价值。因此，将来的贫乏和不幸是浪费者换取空虚、短暂以及仅为想像中逸乐的代价；或养成他对那些暗中讥笑自己的寄生者卑躬屈膝的得意的无意义和愚鲁的自负，或对群众的注视和那些羡慕他富丽堂皇者的自负。因此，我们应该避开浪费者，就当他患了鼠疫一样，同时，在发现他的恶德以后，及早和他断绝来往，免得将来因浪费而带来的结果来临时，还要替他承担责任。

同时，我们不要希望那愚笨地浪费自己财产的人，有机会保管别人财产时不会动用别人的财产，塞勒斯特将 Sui profusus 和 alieni appetens 结合一起是非常正确的。因此，奢侈浪费不但带来贫穷，而且会导致犯罪；在有钱阶级中，犯罪几乎总是奢侈浪费的结果。所以，《可兰经》说，一切浪费都是“撒旦的兄弟”，这句话是相当合理的。

但是，贪欲所带来的是余裕，谁不欢迎余裕呢？如果一种恶德能产生良好结果，这种恶德一定是好的恶德。贪欲之产生，基于一个原则，就是认为一切快乐在效用上只是消极性的，而包含一连串快乐的幸福则是幻想；相反的，痛苦却是积极性的，也是极端真实的。所以，贪欲的人抛弃前者以便可以从后者保存更多一点，于是，容忍和自制便是他的座右铭。而且，由于他知道不幸的可能性是如此的无穷无尽，危险的途径是如此的多，所以，他增加避免危险和不幸的手段，以便在可能时为自己建立一道坚固的护墙。因此，谁能说预防不幸的小心谨慎是过分的呢？只有那知道命运的恶毒何处达到极限的人，即使是过度的小心谨慎，最多也只是一种只会害及小心谨慎者的错误，而不是有害于他人的错误。如果他从来不需要自己所收藏的财富，总有一天，这些财富将会有益于那些别人。在那时以前，他把金钱从流通中收回，这件事也不是什么灾祸；因为金钱并非消耗物：金钱只代表某人实际上可能拥有的财货，本身并非财货。货币只是筹码；它的价值是它所代表的东西；而它所代表的东西是不能从流通中收回的。而且，把钱收回来，其他还在流通中的钱的价值，便因此而提高了。即使像别人所说的情形一样，很多守财奴最后为金钱而爱金钱，同样，另一方面，很多浪费者，他们花钱和浪费，也没有更好的理由。与守财奴交朋友，不但没有危险，而且还有好处，它能为你带来很大的利益。因为无疑的，那些和守财奴最接近最亲密的人，当守财奴死去后，会获得守财奴克己的结果；甚至在他活着的时候，如果迫切需要的话，也可以从他那里得到一点接济。无论如何，我们从他那里得到的比从浪费者那里所得到的，总可以多一点，因为浪费者本身也处于无助和举债的境况中。西班牙有一句谚语说：硬心肠的人会比身上不名一文的人多给一点。从这些情形看来，贪欲并不是恶德。

从另一方面说，贪欲是一切恶德的根源。当肉体的快乐引诱一个人乖离正道时，他的肉欲性——他身上所包含的动物性部分——该负责任。它的吸引力深深地影响他，使他屈服于当下的印象，他的行为根本不考虑后果。可是，相反的，当他因年老或体弱而达到一种境况，这时，他过去戒绝不了的恶德，现在自动离他而去，追求肉体快乐的能力也没有了——如果他这时转向贪欲，则心智上的欲望比感官上的欲望，保留的时间久。代表世界上一切财货也代表抽象的金钱，现在变成了满布着肉体上熄灭的欲望的干枯躯体。这些欲望在爱财的方式下重新复活。感官上短暂的快乐，已变成对金钱的深思熟虑的贪求，这种对金钱的贪求，像贪求金钱所表示的目的物一样，在性质上是象征性的，也是无法消灭的。

这种对现世快乐的持久的贪爱——似乎是一种经过长久时间以后便自动失去的贪爱；这种显然根深蒂固的罪恶，这种肉体上高尚文雅的欲望，是集一切欲望的抽象形式，一切欲望对这抽象形式的关系，就像特殊事物对一普遍观念的关系。所以，贪欲是老年人的恶德，正如奢侈浪费是年轻人的恶德一样。

这种赞成和反对的争论，是人们设想出来使我们接受亚里士多德 Juste milieu 的道德；也是下述思考所支持的一种结论。

人类每一种完美，都与一种本身势将形成的缺点联在一起；但是，如果我们说每一缺点都与某种完美联在一起，也是对的。因此，我们时常发现，如果我们对某人发生误解，那是因为当我们开始认识他时，把他的缺点和这些缺点联在一起的完美混在一起。我们似乎觉得谨慎小心的人是懦夫；节俭的人是守财奴；浪费者是慷慨大方；粗鲁者是直爽诚恳；而鲁莽者是带着非常自信而工作的人；还有许多类似的例子。

凡是活在人类世界中的人，都会一再地感觉到，道德的低落和心智的无能，是彼此密切相关的，好像是从一个地方产生出来似的。不过，我已经详细地告诉过大家，情形并非如此。为什么看来如此，那只是由于一个事实，即我们时常发现两者在一起，而环境也需要我们拿两者之一的经常出现来加以解释，因此，我们很容易看到，两者不得不出现在一起。同时，我们不要否认，两者彼此互利。一个没有智慧的人，易丁表示出自己的不义、卑鄙和恶毒，可是，一个聪明的人，则知道如何掩饰这些性质。相反的，内心的邪恶是如何地常常使人看不到真理，看不到自己智慧所能把握的真理！

然而，任何人都不应说大话。正如每个人，甚至最伟大的天才，在某一知识范围内，都有其非常确定的限度，因而与本质上邪恶而愚笨的人类大众本源相同，同样，每个人，在本性上，也都有某种绝对邪恶的一面。即使最好的性格，不，即使最高尚的性格，有时候，也会因隔离的堕落腐败的特性而使我们感到吃惊；好像它和人类是密切相关似的。而且残酷——就是要在那种情形下发现的。因为，正由于他身上具有这种东西，具有这种邪恶原则他才必然地成为人。基于同样理由，一般世界，也是我对它的明白反映所表现出来的情形。

但是，尽管如此，一个人与另一个人之间的差别，还是很大的，许多人在看到别人和自己的实际情形一样时，会觉得很可怕。呀，为道德上某种邪恶心理，不但要使他所喜爱者看透一切遮盖物，而且要揭起伪装、欺骗、虚伪、借口、虚假和诈欺的面幕，这面幕是遍布在一切事物之上的！要显示出这世界的真正坦诚是多么的少！而在一切道德的外衣后面，在最内在的深处，是如何地常常隐藏着不义邪恶！正因为这个理由，才使许多好人与禽兽为伍：因为，如果没有狗类可以让人类毫无怀疑地看着它们忠诚的脸面，一个人怎能摆脱人类无穷的假装、虚伪和恶毒呢？

因为，我们文明世界除了一大伪装以外，还有什么东西呢？在文明世界里，你可以遇到武士、僧侣、士兵、学问家、律师、传教士、哲学家以及其他各种各样人物！但是，他们并非真正像他们所伪装的那样；他们只是我们的假面具，通常，在这些假面具之后，都是些赚钱的人。我想，有人戴上法律的面具，只便于自己可以给另一人一顿痛殴；另一个人则以同样意向选择爱国者的假面具和大众福利的假面具；第三个人则选择宗教或教义为假面具。人们往往戴上哲学甚或慈善事业及其他种种名义的假面具，来追求各种目的。女人的选择范围比较小。通常，她们是利用道德、谦恭和家庭生活的假面具。因此，有很多一般性的假面具，未带任何特殊性。我们到处可以看到这种面具，在这种面具中，人们所喜欢的是正直的行为、诚实、礼貌、真挚的同情心和微笑的友谊。我已经说过，通常，所有这些面具，只是某些工商业或投机买卖者的伪装。在这方面，只有商人才形成坦诚阶级。他们是惟一把自己本来面目表露出来的人；所以，他们来来去去，根本没有任何面具，因而社会地位也低。

一个人在一生中应该及早知道，自己所处的世界原是一个伪装的世界，这一点是非常重要的。因为，如果不这样的话，就不会了解和忍受许多事情，甚至对这些事情完全感到迷惑。

这就是“邪恶”所喜欢的东西，在同样职业的那些人手中，甚至最珍贵和最伟大的东西也受到忽视；对真理和伟大能力的憎恨；学者们在自己领域内的无知；真正货物几乎经常受到轻视只成为特殊需要东西。所以，即使年轻人，也应该及早告诉他，使他知道，在这个伪装的世界里，苹果是腊制的、鲜花是丝制的、鱼是纸板制的，一切东西——是的，一切东西——都是玩具和没有价值之物；他可能看到的两个从事交易的人，一个拿假货来卖，而另一个用伪钞来付货款。

但是，还有更严重的问题需要加以考虑，也有更坏的事情需要记载下来。人根本是野蛮的，是可怕的野兽。只要我们看看我们所谓的文明如何驯服和约束他，就可以知道这一点。因此，我们害怕不知道什么时候，他的本性会爆发出来。不论什么时候，不论什么地方，只要法律的链锁和秩序松弛下来而代之以无政府状态，他就会露出本来面目。可是，我们不必等待无政府状态来临以了解这个问题。无数新旧资料使我们相信，人的无情残酷方面，毫不下于老鼠和土狼。最有力的一个例子，是一八四一年出版的一部书中指出的，这部书的名称是《奴隶制度与北美合众国内奴隶贸易》，答复英国反奴隶制度协会对美国反奴隶制度协会所提之问题。这本书是对人类提出最大控诉的一部书。没有一个人能在读了这部书时不感到恐惧，很少人在读这部书时不落泪。因为，不管读者对于奴隶制度的不幸状况所听到的或想像的或幻想的是什么，或对于人类一般的残酷所听到的或想像的或幻想的是什么，如果你读到这些披上人类外衣的恶魔，那些固执成见、上教堂、守安息日的恶棍——尤其是英国教士——对付那些落入他们残酷控制之下的无辜黑种兄弟的方式，那么，上面所述的情形，就微不足道了。

其他例子是从柴哈第（Tschudi）《秘鲁游记》（Travelsin

Peru）和麦克劳德（Macleod）《东非游记》（Travelsin eastern Africa）中引出的；前者描写秘鲁军官对待士兵的情形，后者告诉我们在莫桑比克的葡萄牙人如何冷酷残忍地对待他们的奴隶。但是，我们不必到地球另一边的新世界去找寻例子。一八四九年时候，在英国，短时期内，有成百的丈夫毒杀妻子，或妻子毒杀丈夫，或丈夫和妻子共同残杀他们的子女，或以饥饿和虐待方式慢慢折磨子女至死，他们的目的无他，只是为了领取埋葬金，因为他们曾为死者向埋葬会所（即现代的保险公司——译注）保有死亡险。为了这个目的，一个小孩往往向几处地方保险，甚至有的同时保险二十处之多。

这种情形确实属于人类犯罪记录上最悲惨的一页。但是，这是人类内在固有的天性。每个人身上所具有的，首先是强烈的自我中心主义，这种自我中心主义以最大的自由突破公理和正义的约束，像日常生活中小规模表示的以及历史上各时期大规模表示的一样。对欧洲势力均衡的公认需要以及保存这种均衡的急切情形，不是证明了人是残忍的野兽吗？不是证明了人一看见较弱者接近自己便立刻扑上去吗？同样情形不是可以用在日常生活中的琐事上吗？

但是，在我们本性中的无限自私以外，每个人心胸中多少都有一些憎恨、愤怒、忌妒、怨恨和恶毒积在一起，就像毒蛇牙齿上的毒液一样，并且，只等待发泄自己的机会，然后，像不受羁束的魔鬼一样，咆哮狂怒。如果一个人没有大机会逃避，最后他会利用最小机会之助，并且借想像力使最小的机会渐渐成为大机会；因为，不管它多么小，都足以引起他的愤怒。

然后，他会尽其所能地把它扩大。我们在日常生活中发现这种情形，这里，这种突然的爆发没有遇到阻碍，那么，爆发的主体，一定会感到对它们比较好些。所谓发怒并非没有快乐，这是一个真理，甚至亚里士多德也描写这个真理；亚里士多德并从荷马书中引出一段话，荷马告诉我们，发怒比蜜糖还要甜。但是，不仅在发怒中如此——在憎恨中也是如此，憎恶与发怒的关系，就像慢性病与急性病间的关系，一个人可以恣意憎恨而获得最大的快乐。

> 既然憎恨是最久的快乐，
> 人们在匆忙中爱，却在悠闲时憎恨。

高宾诺（Gohinean）在其《Les Races Humaines》一书中，称人为“L’animal méchant par excellence”。人们不满意这种说法，因为他们觉得这击中了他们要害；但高宾诺的说法是很对的，因为人是惟一使别人遭受痛苦而不带其他的目的的动物，人使别人痛苦，没有旁的目的，只是为了使别人痛苦。其他动物，除了满足自己饥饿或在悍斗中以外，决不会如此的。如果有人说，老虎杀死的比吃掉的多，那么，我们可以说，老虎杀死它的牺牲者，只是为了吃它；如果它不能吃它，惟一的解释是法国人所说的“Ses yeus sont plus grandsque son eatomac”，没有一个动物，只为折磨而折磨另一动物，但人却如此，正是这种情形，构成人类性格中的残忍特质，这种残忍特质比纯粹兽性更坏。我曾经在广泛意义下说到过这个问题；但是，甚至在微小事物上，这种情形也是很明显，每个读者都有机会看到这种情形。例如，如果两条小狗一起玩耍——看到这种情形是多么的令人愉快，多么可爱——如果有个三四岁的小孩加入它们，小孩一定会用鞭子或棍子打它们，因此，即使在那种小小年纪，就表现出自己是 L’animal mecharrt par excellence。喜欢嘲弄别人，喜欢使用诡计，这是相当普遍的现象，这种现象也可以归溯于同一来源。例如，如果一个人表示讨厌别人的打扰或其他小小的不便，不会有人因这种表示就不带来骚扰或不便的：animalméchant par excellence！的确，一个人应该小心谨慎，不要对任何微小的不幸灾祸表示憎恶。相反的，在另一方面，他也应小心；不要对任何琐事表示喜乐，因为，如果他这样做，人们的行为就像狱卒一样，当狱卒发现囚犯辛辛苦苦驯服一只蜘蛛，而以看着它来取乐时，立刻把它踏在脚底下：L’animal méchant par excellence！ 这就是为什么所有动物都害怕看到人类甚至害怕看到人类足迹的理由，annral mèchant par excellence！并不是它们的本能欺骗它们；因为，只有人类才打猎，打猎对他没有什么用，不过也没有什么害。

因此，事实上，在每个人的内心都藏有一头野兽，只等待机会去咆哮狂怒，想把痛苦加在别人身上，或者说，如果说别人对他有所妨碍的话，还要杀害别人。一切战争和战斗欲望，都是由此而来。如果要减轻这种趋势并在某种程度以内对它加以控制的话，便要充分地运用智慧。如果高兴的话，可以称此为人性的根本邪恶。不过，我认为，人生不断痛苦的煎熬，想在别人身上产生痛苦以减轻自己痛苦的，就是生活意志。但是，在这种方式之下，一个人便渐渐在自己身上显出真正的残忍和恶毒。我们也可以说，根据康德的看法，物质只透过扩展和收缩两种对立势力而存在，同样，人类社会也只透过憎恨、愤怒和恐惧等对立势力而存在。因为在我们每个人的生活中，总有一个时候，本性的恶毒，会使我们从事谋杀行为，如果不会带来太大恐惧的话；并且，如果愤怒不是早已存在他心中，那么这种恐惧会使一个人成为孩子们取笑的对象。

但是，人性中最坏的特点是 Schadenfreude，又对别人的不幸遭遇幸灾乐祸。这是一种非常接近残忍的感情，也是从残忍中产生出来的。说真的，只是从实际中产生的理论。一般看来，关于这点，我们可以说，它占住了本为怜悯应占的地位——怜悯是这种感情的反面，也是所有真正正义和慈悲的根源。

嫉妒与怜悯也是相反的，只是另一种意义下的相反而已；换句话说，嫉妒产生于一种与产生幸灾乐祸心理直接相反的原因。怜悯和嫉妒的对立以及怜悯和幸灾乐祸心理的对立，主要是基于产生它们的时机。在嫉妒情形下，嫉妒只是我们感觉到的原因的直接结果。这就是为什么嫉妒虽是一种不好的情感却可以解释的理由，一般地说，嫉妒是一种非常合乎人情品质；而幸灾乐祸心理则是残酷可怕的，幸灾乐祸所带来的笑骂，简直是来自地狱的笑声。

以前我说过，幸灾乐祸心理取代了本为怜悯应占的。相反的，嫉妒所占的，只是没有引起怜悯的地方，或者说得更正确一点，嫉妒所占的，只是引起与怜悯相反感情的地方；嫉妒发生在人类心胸中，就只是作为这种相反的感情。所以，从这个观点去看，嫉妒仍然可以算是一种人类的情操。恐怕没有一个人能够完全避免嫉妒。因为，当一个人看到别人享受某些东西而自己没有这些东西时，就会更加感到缺乏这些东西，这是一种自然现象；或甚至是一种必然现象。但是，这种情形本来不应该使他憎恨那个比自己幸福的人。可是，真正的嫉妒正是这种憎恨。当某人的幸福并非幸运所赐或由于机会或由于别人的恩惠而是由于自己天赋的才能时，我们就不应该嫉妒他；因为，一个人固有的一切东西是基于形而上学的，也有更高的证明；我们可以说，这是神的恩宠赐给他的。但是，不幸的正是在这个人利益的情形下，嫉妒是最不能相容的。于是，一个有智慧甚或天才人物，只要他所处的地位不能高傲而大胆地藐视这个世界时，如果他不为自己的存在求恕的话，便无法为这世界所容。

换句话说，如果嫉妒之产生，只是由于财富、地位或权力，那么，这种嫉妒常常可以被一种自私心理所压倒。这种心理以为，只要有机会，便有希望从那嫉妒者得到帮助、快乐、支持、保护、改进等等，或者以为，和优于自己的人接触，至少可以从他身上反射出来的光彩中得到光荣。这里，还有一个希望，就是，也许有一天自己会获得这些益处。可是，相反的，如果嫉妒的对象是天赋的才能或个人的优点，如女人的美丽或男人的智慧，便没有任何安慰或希望。因此，便只有痛恨那享有这些优点的人；于是，惟一的希望便是报复他。

但是，这里嫉妒的人处于不利的地位；因为，一旦当我们知道那些打击是从他而来，这些打击便没有力量。所以，他小心地隐藏他的感情，好像这种感情是隐秘的罪恶似的。因此，为了能在不知不觉间伤害他嫉妒的对象，便变成一个不断想出诡计、策略来掩饰和隐藏手段的人。例如，由于假装毫不关心，他会故意忽视那些使他深觉忧伤的长处；既不会看它们，也不会认识它们，也不会观察甚至听到它们，于是，使自己变成一个精于掩饰的人。他会以最大的技巧完全忽视那些光辉品质啮蚀着他内心的人，并且，他的行动好像表示他是一个完全不重要的人；他会毫不注意他，有时候，甚至根本忘记他的存在。但是，在暗中，却摆开一切而小心翼翼地尽力设法剥夺那些表现这些长处而成为众所周知的机会。于是，他暗中以不友善的批评、讽刺、嘲笑和诽谤等方式来攻击这些长处，就像从洞穴中喷出毒汁的蟾蜍一样。他会热烈地赞扬不重要的人们，甚至在这方面还做出一些漠不相干的或恶劣的动作。总之，他会变成阴谋诡计中善变的人，以求伤害别人而不让别人知道。但是，这有什么用呢？尽管如此，眼光厉害的人，一看就可以看出来。即使别的东西不能使他显露本相，然而，他偷偷地避开和逃避自己嫉妒对象的方式，也会使他显露本相，他愈是孤独，便愈是显著；这就是为什么漂亮女孩们没有同性朋友的缘故。他所表现的无缘无故的憎恨，也显露出他的本相——这种憎恨在任何环境中的激烈爆发中发泄出来，不管这些环境是多么微不足道，虽然这些环境往往只是自己想像的结果。这世界有多少这种人，可以赞美他是中庸之道，就是说，有多少人具有一种为平凡人们而设想的美德。然而，这正是需要加以注意的美德。

对我们的自觉和荣誉而言，没有东西比看到藏在意识深处并表现意识倾向的羡妒更令人喜悦；但是，千万不要忘记一个事实，即凡有羡妒的地方，就有憎恨，同时，更不要错把任何羡妒的人当作朋友。所以，我们应该对它加以研究，去发现它的秘密，因为它无所不在，并且潜伏在暗中；或者，正如我以前所说的，像一只藏在黑暗角落里的有毒蟾蜍。它既不值得宽恕，也不值得同情。但是，由于我们永远无法调和它，所以，我们的行为规范是应该蔑视它的，同时，由于我们的幸福和荣誉，对它来说，是一种桎梏，所以，我们乐于蔑视它。

我们一直在观察着人类的邪恶方面，因此使我们充满着恐惧感。但是，现在我们要看看人生的不幸；而当我们看到人生的不幸也为这不幸的情景而感到可怕时，便要回头再看看人类的邪恶。我们将会发现，人生的不幸和人类的邪恶彼此相互影响。我们将感到事物的永久正义公理，因为我们将认识，世界本身就是对它的最后审判，而我们也将开始了解为什么凡是有生命的东西必须付出生存的惩罚，最先是活着的时候，然后是死亡的时候。因此，惩罚的不幸和罪恶的不幸是一致的。从同样的观点来看，我们对生活中经常使自己感到厌恶的极大多数人们所具有的那种智能，失去愤慨了。在佛家所谓的 Samsara 中，人的不幸，人的邪恶和人的愚痴完全是彼此相应的，并且大小一致。但是，如果由于某种特殊动机，只注意其中一个，并对它加以特别观察时，那么，便似乎凌驾其他两个之上。不过，这是一种幻象，也只是它们广大范围的结果。

万事万物都显示这个 Samsara，尤其是人类世界。在人类世界中，从道德观点看，是非常卑鄙和自私的；从理智观点看，是非常无能和愚钝的。然而，尽管是间歇性的，尽管是新奇的，但也表现出诚实、善良、甚至高贵；并且表现出大智，有思想的头脑和天才。这些决不会完全消灭，却只像从巨大黑暗物体发出的点点光线一样。我们应该把它们当作一种保证，即，这个 Samsara 含有善良的补偿原则。这补偿原则能够突破整个 Samsara，也能充塞和解放整个 Sansara。

读过我所著《伦理学》的读者们都知道，道德的最后基础是吠陀和吠擅多哲学中所建立的神秘公式即“这就是你自己”所表现的真理，这个真理是对一切生物而言的，包括人类和动物。

基于这个原则而产生的行为，例如慈善家的行为，的确可以视为神秘主义的起源。所有纯粹善意产生的善举都显示着，凡是从事这种善举的人，都与现象世界直接冲突。因为他把自己和另一人视为一体，其实，两者是完全分别存在的。因此，一切公正无私的善良都是无法解释的，它是一种神秘，为了要解释它，便必须诉诸种种虚构想像。

当康德推翻了所有其他关于有神论的论证时，只承认一个论证，即对这种神奇行动以及类似于它们的其他行动给予最好解释和解决的那种论证。因此，他认为它是一种在理论上无从证明的假设，可是从实际观点看，却是有用的。但是，我却可以怀疑，到底他是不是真正重视这一点。因为，将道德建筑在有神论上，其实是把道德变为自我主义；诚然，虽然英国人和我们社会上最低等阶级并不觉得更有任何其他基础的可能。

我们上面所谓在另一个客观出现我们面前的人身上认识自己真实生命的说法，在下述情形中以一种特别美妙而明显的方式表现出来，即，一个注定要死而没有任何得救希望的人，全心全意为了别人的幸福而牺牲自己，并希望拯救别人。在这种事例中，有一个大家都知道的描写一个仆人半夜在院子里被疯狗咬伤的故事：她认为自己没有希望了，所以便抓住疯狗把它关进畜舍，不让它再咬别人。在那不勒斯，还有一个故事，蒂斯奇宾（Tischbein）曾在他的一幅水彩画中描写过这个故事：有个儿子背上背着父亲逃开一股汹涌奔向大海的急流，在这个吞噬着一切的自然力量之间只留下一片狭长的陆地时，父亲命儿子把自己放下来以免儿子被洪水卷去，否则，两个人都会同归于尽，儿子听从父亲的话，当他离去时，对父亲投以最后的一瞥。史考特（Scott）在其《米德洛松的中心》一书第二章中以巧妙方法所描写的历史环境也是完全相同的：书中描写两个被判死刑的囚犯，由于其中一人的笨拙使得另一个人被捕，所以，他很高兴地在小教堂接受最后祈祷以后击倒卫兵而使他脱逃，这时，他根本没有替自己设想一下。在一幅也许为西方读者所不喜欢的版画中描写的情景，也应该属于这个范围——这里，我是指描写一个跪着等待枪毙的士兵，挥舞着布片来吓走想要跑到自己面前的狗。

在上面所说的所有事例中，我们看到一些面对某种直接毁灭性，而不想再救自己欲将自己全部力量去救别人的人。被毁坏的只是一种现象，而所谓毁坏本身也只是一种现象，相反的，另一方面，遇到死亡者的真正生命并没有接触到死亡，继续活在别人身上，继续活在那现在还感觉它存在的人身上，对于这种意识，如何能有更明白的表现呢？因为，如果不是这样，如果将要毁灭的是他真正生命，那么，他怎能尽自己最后的努力来对别人的幸福和存在表示明显的同情心呢？

一个人有两种不同的方式感到自身的存在：一方面，他可以对它具有经验的知觉，正如它的外在表现一样——这是一种小到几乎接近消失的东西，它置身于一个在时空方面属于无限的世界里，只是短暂地活在这个世界而且每隔三十年又要重新更换一代的千百万人类中的一个。另方面，一个人也可以由于发掘自己的本性而认识自己是完全的——事实上，他是惟一的真正生命，并且，这个真正生命再度在别人身上发现自己的存在，别人从外界出现于我们之前，好像是我们的镜子。

在这两种人类借以认识自己到底是什么的方式中，第一个方式只把握到现象，这只是个体化原理的结果；可是，第二个方式使人直接认识自己就是“物自体”（the thingin-itself)。康德的思想支持我这个看法的第一方面，吠陀思想支持我这个看法的两方面。

的确，有人反对第二种方式。这可以说是假定同一生命能够在同一时间内存在于不同的地方，而且在每个地方都是完全的。虽然从经验的观点看，这是最显而易见的不可能的事——甚至是荒谬的事——然而，对物自体而言，却是真实的。从经验上看，它的不可能性和荒谬不合理性只是由于现象所取的形式而与个体化原理是一致的。因为物自体、生活意志，整个不分地在于每一样东西上，包括一切曾经存在过的东西，现在存在的东西以及未来将要存在的东西，甚至在最微小的东西上面，情形也完全一样。这就是为什么每个东西，甚至最小的东西，也会对自己说，只要我自己安全，就让整个世界毁灭也在所不惜。事实上，纵使只有一个人留在世上而其余的人都要毁灭，那个还留在世上的人仍然会完整无损地拥有这个世界，并且会嘲笑世人的毁灭是一种错误幻象。这里，可能还有一个相反的结论和这个结论对立，就是说，如果那最后留在世上的人也要毁灭的话，那么，这整个世界也会由于他的毁灭而和他一块毁灭。神秘主义者西利西斯（Angelus Silesius）就是在这种意义之下表示，如果没有他的话，上帝无法留存片刻，并且表示，如果他要毁灭，上帝也必然要死。

但是，经验的观点，在某种范围以内，也可以使我们认识，我们自身确能存在于其他在意识上和自己分立而不同的人们身上，或者说，至少是可能如此的。梦游者的经验便显示这种情形，虽然他们仍然保留着自我的同一性，可是，当他们醒来时，对自己在不久之前所说的，做的和遭遇的一切，却一无所知。同样，个人意识也完全是一种现象，所以，即使在同一自我中，也能产生两种意识，而彼此互无所知。

二、劝诫与格言

1. 人生基本规则

在我看来，指导人生智慧首要的或基本的规则，似乎可以得自于亚里士多德在《尼各马可伦理学》中作为插句所提出的一个观点，这个观点可以这样表述，即“贤哲所追求的不是享乐，而是源于痛苦的自由”。

这句话的真谛在于指出了快乐的否定特征——事实上，快乐是痛苦的否定，而痛苦是人生绝对的因素。尽管我在我的主要著作①中已对这一命题作了详尽的论证，但在这里，我仍可提供一份更翔实的说明，这一说明取自日常的生活实例。假定，我们除了身体的某个部位有一伤口疼痛难忍外，其他均处于良好的健康状态，那么，这一痛处将会吸引我们的全部注意力，使我们失去那种安宁或幸福感，并破坏了我们生活的舒适愉快。同样，如果我们所做的事中惟有一件不尽如意，那么这惟一缺憾将因我们目标的受挫而使我们陷入一种无休止的苦恼之中，哪怕它是一件微不足道的小事。我们将会为它而忧心忡忡，却无暇顾及另外一些更重要的并且取得成功的事情。上述两种情

① 《作为意志与表象的世界》（Welt als Wille und Vorstellung）第一卷，第 58 页。——原注

况所遇到的阻力都是意志，在一种情况下，意志体现在机体中；另一种情况，意志则显示于生存斗争中。显然，在两种情况下，意志惟有畅行无阻、随心所欲，方可得到满足。因此，意志的满足是这样一种满足，它是不能直接感受到的，至多，只有当我们思考我们的境况时才能逐渐意识到它。但是，妨碍或阻止意志行为的是某种现实的东西，这种东西通过阻碍意志而显示存在。惟有铲除这种障碍——换言之，使我们摆脱它的控制——才可得到一切快乐。因此，快乐是这样一种状态，它只是暂时的，瞬间即逝的。

这便是前面引用亚里士多德著名论断的那条绝妙准则的真正基础，他命令我们不要把获得生活的舒适愉快作为追求的对象，而要尽量避免生活中的不幸，直驱我们的真正目标。倘若这不是一条正确的道路，那么伏尔泰（Voltaire）的名言“幸福不过是一场梦，不幸才是真实的”也同样是错误的。然而，事实上它却是正确的，真实的。一个人若想编写他自己的人生之歌，并确定其一生中幸福何在，那么，他在书中所描述的必然是他曾经逃避的不幸，而不是他曾享受的欢乐。这就是幸福论的方法。因为，所有的幸福论都必须认识到它不过是一种委婉的说法，认识到“幸福地生活”仅仅意味着“少一点不幸地生活”——亦即过着一种坚忍的生活。毫无疑问，生活赋予我们并非让我们去享乐，而是要我们去搏斗——去战胜厄运。对此可以用许多不同的表达方法来说明它——例如，可以用拉丁语说，“degere vifam，Vitadefung”或者用意大利语说，

“si scamps cosi”、也可以用德语说，“man muss suchen durchzukommen ；er wird schon durch die Welt konnen”如此等等。在古代，想到生活和操劳就要结束，忍耐已到尽头，这确实是一种宽慰。最大的幸运不是享受强烈的狂欢和巨大的喜悦，而是没有任何剧痛地——无论是肉体上还是精神上——落下生活的帷幕。以一个人生活的舒适和愉快去衡量其幸福与否，这实际上是诉诸一种错误的标准。因为愉快不仅现在是而且今后也仍然是具有否定性质的东西。认为幸福来自于舒适和愉快，这是由妒羡而产生的一种误解并将受到惩罚。感觉到的痛苦是某种现实存在的东西，因此，这种痛苦的消逝才是幸福真实的标准。倘若我们摆脱了痛苦的折磨，也没有令人厌烦的事，那么，也就获得了世俗幸福的最根本的条件。至于其他一切都是虚假的梦幻。

由此可见，一个人决不应当以牺牲痛苦为代价去得到愉快，或者冒险去招致痛苦。这样做实际上正是追求某种否定的和虚幻的东西，而牺牲愉快以避免痛苦才是有百利而无一害的。愉快先于痛苦，抑或痛苦先于愉快，这是两种截然相反的情形。试图将悲惨的境地变成幸福的乐园，竭力追求欢乐的愉快而不是躲避痛苦，这实在是自然秩序的颠倒——但是，有多少人恰恰是这么做的！——把世间看做地狱，只求获得一席立足之地，这却是不乏智慧之光的悲观论点。傻瓜对生活的愉快紧追不舍，却发现自己受了愚弄；智者力图避免傻瓜的厄运；虽然他小心翼翼，但仍遭到不幸，这种不幸是命运之神的安排而非他自己的过错。就他自己努力获得了成功而言，也不能将他的生活固置于梦幻之中，因为他所遭受的不幸是极真实的。即使他远远地躲开以避免不幸，并对愉快作了不必要的牺牲，事实上，他仍然未能因此而逃避厄运；因为一切愉快都是虚幻的，哀叹愉快的逝去，是一件毫无意义的、甚至荒谬可笑的行为。

没有认清这条真理——由乐观主义导致的失败——是许多不幸的根源。在没有痛苦的时刻，我们无尽的希冀出现了——仿佛在镜中一般——一种幸福的影像，这种幸福现实中是无可比拟的，它诱使我们去追寻它。一旦我们受它诱惑便会招致痛苦的降临，这是无可争辩的事实。最后，我们终于遗憾地面对已经错过的无痛苦状态；它是我们曾经轻易放过的伊甸园；它不再属于我们，我们只能虚枉地渴求这发生过的一切再重新开始。

有人也许会认为这些充满希冀的幻想是某种邪恶精神的作品，是为了将我们从无痛苦状态——更将形成我们最高幸福——引诱开来而设想出来的。

一位粗心的年轻人可能认为世界就意味着去享乐，仿佛世界上的真实的幸福俯拾皆是；然而，恰恰这些人得不到幸福，因为他们的才智尚不足以使其战胜生活道路上的种种困难。当他阅读富有诗意和浪漫主义的作品时，那种观念便牢牢地在他的心灵中扎下了根，实际上他被外部世界的现象欺骗了——这个世界具有彻头彻尾的虚伪。对此，我马上还有些话要说。结果，他的生活或多或少总要寻求那现实的幸福；并且，他所理解的幸福就是一连串确定的快乐。在追寻这些幸福的过程中，他遇到了危险——一个不应被忽略的事实。他搜寻着那并不存在的猎物，于是，他遭受了种种真实的不幸——诸如苦痛、穷困、疾病、失败、匮乏、忧烦、耻辱以及人生中的其他一切艰难困苦。他终于识破了蒙骗他的命运的恶作剧，然而，太晚了。

但是，倘若遵循我在前面提及的规则，并选定一种以避免痛苦为目标——换言之为预防以各种形式出现的希望、疾病和烦恼起见——的人生计划，则目的是真实的；人生计划越是不为追求现实幸福的妄想所纷扰，实现其目的的可能性便越大。这与歌德在《有择亲和力》中表述的看法不谋而合，在那里，歌德通过米特勒（Mittier）——一个总是试图给人取乐的人——的嘴说出了下列这段话："驾驭厄运的欲望是一种确定的目标，但是，贪心不足则是愚昧无知的。"在一则巧妙的法国谚语中也表达了同样的道理："适可而止"——亦即勿画蛇添足。正如我在我的主要著作中所提出的，这也是犬儒学派哲学体系的主导思想[①]。因为，事实上，倘若痛苦并不总与快乐密切相关，那么，又是什么驱使犬儒学派拒斥任何形式的享乐呢？对于他们来说，远远躲开痛苦要比获取快乐容易得多。由于快乐的否定本性和痛苦的现实性给他们留下了如此深刻的印象，以至于他们持续不断地竭尽全力以逃避痛苦，根据他们的看法，达到上述目的第一步是完全地、慎重地拒斥快乐，因为这种快乐只是为了让他落入痛苦的缧绁而设置的陷阱。

① 《作为意志和表象的世界》，第二卷，第16章。——原注

如席勒所说，我们都生于阿卡狄亚[1]。也就是说，我们出生在一个充满着要求得到幸福和快乐的呼声的世界，并且抱着更加美好的梦想。然而命运照例迅速地使我们大致明白，我们真正一无所有；而命运则因其无可争辩的权力统治着世界上的万事万物，不仅支配我们希望得到的一切——妻子、儿女——而且支配着我们的肢体，我们的胳膊、腿、眼睛、耳朵，甚至我们脸中间的鼻子。但是，不久，经验又使我们懂得，幸福和愉快是一种海市蜃楼，可望而不可及；与此相反，不幸和痛苦才是实在的，无需任何中介，我们便可感到它的存在，由于它的作用，我们才陷入不必要的幻想中或编织起愚蠢的希冀之网。

倘若经验的教训使我们明白了许多道理，那么，我们很快就会放弃对幸福的追寻，转而更多地考虑如何防止或避免痛苦和不幸的袭击。我们看到，世界不得不呈现的最佳境况是一种远离痛苦的存在——一种宁静的、说得过去的生活；并且，就我们更有希望实现的事物而言，我们的要求仅限于此。要想使生活不至于太悲惨，最可靠的办法是不要期望太大的幸福。歌德青年时代的朋友默克（Merck）认识了这条真理，他写道：“正因为人们要求获得幸福，才铺设了一条悲惨的、多少与他们的欲望相一致的悲惨道路——它使世界上一切事物都趋于毁灭。一个人若能放弃对幸福的要求，除了眼前所能看到事物，别无他

① Arcadia，古希腊一山地牧区，以境内居民生活淳朴与宁静著称，借喻世外桃源。——译注

求，那么，他将获得成功[①]。”因此，恰当地限定我们对快乐、财产、地位、荣誉等的欲望是适宜的；因为正是这种欲望和努力——即希望获得幸福、使世界光明灿烂、让生活充满欢乐——引起了巨大的不幸。如果仅仅由于导致不幸的生活太容易，而得到幸福又不仅确实困难而且几乎不可能，那么，依我看，放弃对幸福的要求则是慎重而明智的。诗人公正地颂扬了生存的智慧：宝贵的中庸是最佳选择——生活怡然，不为住所简陋的困窘所扰，不至成为人妒羡的对象。正如木秀于林风必摧之，遭雷电击中的是最高的顶部一样，所以轰然倾覆的也是高耸的塔楼[②]。

大凡倾心于我的哲学思想的人都知道，我们的整个存在是某种变化无常的、还是不存在为好的东西，而最高的智慧便是拒绝和否定。因此，他对生活中的任何事物都不应抱有过多的期望；既不对世界上的任何事物倾注其热情，也不会在他的事业遭到挫折时感到过多的悲哀。他一定会感悟到柏拉图的话所道出的深奥哲理，柏拉图说：“没有一件人间俗事值得我们为它牵肠挂肚[③]。”或者如波斯诗人所说：

虽然，世间万物从你手中逃走，
也不必为此悲伤，因为它们一文不值：
虽然，世界在你手中，

① 《与默克通信集》。——原注
② 贺拉斯：《颂诗》，第二卷，第十章。——译注
③ 《理想国》，第十卷，第604页。——译注

也不必为此高兴，因为世间万物毫无价值。
既然，更美好的世界已赋予你，
那么，过去的事就让它过去吧，
因为它毫无价值。

阻止我们按照这些有益观点行事的主要障碍在于世间的虚伪——我在前面早已暗示过，这是一种应当及早告诉年轻人的虚伪。世上大部分荣华富贵都不过是外部世界的现象，就像舞台上的场景一样：没有什么真实的东西。轮船剪彩时，总要悬挂燕尾旗，点燃蜡烛，彩灯，敲锣打鼓，欢呼、掌声——所有这些都是外部世界的记号、虚饰和暗示，就如同难解的象形文字一样。然而，恰恰在这里，我们通常寻找不到欢乐，欢乐只是在节日里降临的贵客。惟有在这里才能真正发现这位客人，它常常不期而至，并且，常常又不打招呼便悄然而去；它总是出现在极不重要的寻常状态下和最普通的交往中——简言之，除了那些非凡显赫之处，欢乐可以出现在任何地方。欢乐如同澳大利亚的金矿里的黄金——只能通过反复无常的机遇而不是什么法则或规律，不时地被发现；并且，最常见的是微小的晶粒，绝少见到成堆的大块。我所描述的外部世界呈现的一切，只不过试图让大家相信那是喜庆节日中的欢乐，这种欢乐使人深信不疑，以为它就是现实中的全部欢乐。

至于悲伤，也完全如此。长长的送葬队伍如此缓慢地蠕动，看来是那样的凄惨哀戚！还有那一眼望不到头的马车！然而，仔细地打量他们——原来全是假的，全城的马车夫是死者进入墓地的仅有的送葬者。好一幅世间友谊和尊重的画面！这便是人类俗事的虚假、欺骗和伪善！

另举一例——满屋盛装的宾客受到了极为隆重的款待。你几乎相信这是一个高雅的社交场合，但是，这些宾客事实上是迫不得已的、痛苦和烦恼的。因为，在这类场合，很多人都是应邀而来的，都是一群乌合之众——即便他们个个衣冠楚楚也是如此。真正优雅的社交场合无论在哪里其规模都很小。在那些奢华嘈杂的宴会上，常使人产生一种空虚感。有一种错误的观点，即认为这样一种聚会与我们生存的痛苦和无聊形成了一种奇特的对比，这种对比使真实的生存处境变成了更大的宽慰和调剂。上述聚会还得益于外部世界；并且，这正是他们的目的。商福特[①]（Chamfort）得出了一条著名的论断：社交——如社交圈、沙龙、应邀聚会——是一种痛苦的游戏或拙劣的表演，本身毫无趣味，在它的背后是某种偶发的念头、习俗和背景。

哲学讲座和学术团体也是这样。你可以在室外挂个招牌，说智慧在此。然而，智慧是一位不请而至的客人，你可以在任何地方发现她。钟声的机械重复，基督教会的女帽，献身的姿态，疯狂的举动——这些都是一种虚饰，是虔诚的一种错误的表现。如此等等，不一而足。世界上的万事万物就像一个无仁的核桃，到处不见一点果仁，并且

① 尼古拉斯“商福特”Nicholas“Chamfort”（1741—1794年），法国多才多艺的作家，他的精彩谈话具有讽刺的魅力和警句式的力量，连同他的传奇生涯，使他成为最吸引人和最著名的作家。叔本华无疑受其影响很深，他曾多次提到他。——英译注

即使它真的存在，你也仍然不可能在壳中找到它。你可以到别处去寻觅，然而通常只有碰巧才能找到它。

□

从幸福与否的角度判断一个人的状态，必然需要询问的不是究竟什么使他愉快，而是什么使他烦恼；这些事物在他那里越是平凡细微，他也就越是幸福。一个人如果为日常琐事所激怒，那么，他必定非常富有；因为对于一个不幸者来说，是不会觉察到那些琐碎小事的。

□

应当考虑到生活的幸福不是以财富的丰厚为基础的——为了获得幸福，就不能要求过多，因为建立在那样一种基础上的幸福最容易遭到破坏。这就在于偶然事件常提供许多机会，来破坏幸福，而偶然事件又经常发生。幸福的构建遵循一条规则，在这方面，恰恰与其他任何情况下（在那里，最丰厚的财产提供最大的保障）正相反。因此与你的其他任何一种方法相比较，把你的种种要求降至最低可能的限度，将是使你避免极大不幸的最确实可靠的方法。

对生活抱有种种期待并精心筹划——不论采取何种方式——都是最可笑、最常见的愚行之一。首先，这种期待或筹划是希望长寿，亦即活到自然赋予他的最后年限，然而，这一期望实在太渺茫了！而且，即使达到了可能的寿命，对于一个已经做好种种筹划的人来说，仍嫌过于短暂；

因为要将它们完全付诸实现，所需时间要比起初设想的时间多得多。何况在生活的道路中还有多少灾难和障碍！人类事务中能够实现的目标实在太少了！

最后，即使目标实现，时间使我们产生的种种变化已在我们身上留下了障碍：我们的能力——无论是进取还是享乐——是不能持续终身的，而我们却忘记了这一点。所以，我们常常为之操劳的事情，一旦得到它们，它们便不再适合于我们了；而且，我们在筹划某些事务中所耗费的时光，使我们不知不觉地丧失了将这些事务进行到底的能力。

人们常常会看到这种情形：一个人遭受了极大的苦难和疾病的折磨之后便无法再享受到健康的快乐了，他的劳动果实为他人据为己有；或者，他曾为之辛劳和奋斗多年而获得的地位他自己不能占有。命运对他太苛刻了，与此相应，他的运气太不济了，——例如，当他想有所成就时，也就是说，想在艺术或文学中取得成功时，公众的欣赏口味却可能已改变了；新的一代已经成长起来，他们对他的作品不感兴趣；而其他人则走捷径，先发制人，超过了他。当贺拉斯为一切忠告均无效而深感遗憾时，这些一定是他早已预见到的生活的严酷现实：“为何因小利而费精神[1]？”

所有这些最寻常的愚行，其原因在于人们由于自身的遭遇而产生了一种精神的幻觉，使生命在其开始之时显得如此漫长，而一旦人们临终回首往事时，它又显得那样短

① 《颂诗》，第二卷，Xi。——原注

暂！有时，幻觉有某种益处，但却无益于任何伟业。

人生宛如一次旅程——对未来的希望与其最终的呈现是大相径庭的，一旦人们趋近它时，它又发生了变化。这便是所发生的一切——尤其是当我们满怀种种期望时所发生的一切。我们还常常发现其他一些东西，甚至可以说是某种比我们所期待的要更加美好的东西；我们可以通过不同于那条将我们引入徒劳追寻的歧途的另一条道路，发现我们所渴求的东西。我们将得到经验、洞见和知识——而不是像我们曾经期待的那样，发现幸福、愉悦和欢快——这不是转瞬即逝的、虚幻的，而是真正的、永恒的祝愿。

它犹如一部音乐作品中的低音部，是贯穿于《威廉·麦斯特》的思想。在歌德的这部作品中，我们所读到是一部理智的小说，因此，是一部比其他所有作品甚至包括司各特[①]的作品都要优秀的著作，后者几乎都是伦理小说，换言之，它们都仅仅从意志的一面去看待人性。所以，《魔笛》是一部风格奇特，仍然有重要意义的，甚至可以说有某种神秘色彩的作品——也表现了同样的思想。但是在整个作品的描述中，常常会出现一些粗俗的短诗。在这里，如果说塔米诺最终将放弃占有塔米娜的欲望，那么，符号的作用就是万能的；并且，应当正式收入智慧神庙玄奥的秘囊之中。得到帕普盖娜（Papasena）是帕普盖落真正的权利。

任何稍有头脑的人最终将明白，他们都是受命运支配

① 瓦尔特·司各特，Sir Walter Scott（1771—1832 年），苏格兰诗人及小说家。——译注

的，是由命运塑造而成的，为此他们极虔诚地感谢命运的教诲。他们认识到人生的果实是经验而非幸福；他们渐渐习惯并满足于以希望换取识见；最后，他们能够用彼特拉克文体说：他们所关注的一切只是学习——

除学习之外的愉快，别无它求。

也可能，他们在某种程度上仍然追寻着过去的希望和目的，他们漫不经心，如同儿戏，仿佛为了装点门面。然而，真正说来，他们仅仅是为了寻求命运的教诲，为了给自己增添几分天才的风度、高尚的品质和某种沉思者的特征。

就在这一切发生的同时，炼金术士发现了另外一些东西——火枪、瓷器、医药。如果大家都成为炼金术士，那将有意义得多。

2. 了解自己

建造一所房子的工匠可能对这所房子的总体规划一无所知，或者，至少他可能没有时时刻刻考虑到它。对于一个人来说也是如此：在其生命时光的流逝中，他很少将生命作为一个整体来考虑其特征。

倘若一个人的生涯中有某种有价值的或重要的东西，倘若他为某项具体工作煞费苦心，那么，不时地将注意力转向其生活或工作的规划亦即它的一般轮廓的缩影，不仅更为必要，而且也更为适宜。当然，要做到这一点，他必然要运用“认识你自己”的格言，他也必须熟稔了解自身的技艺。他必须知道，生活中最主要的、最真实的目标是什么；也就是说，为了得到幸福，他最需要的是什么。并且，在他的思想中依次占有第二、第三位的目标是什么。他必须发现，总体上，他的天职是什么，他应尽的责任是什么，以及他与世界的一般关系是什么。如果他为自己的重大工作作了大致规划，那么，只要对其生活蓝图瞥上一眼，就能激励他，使他变得高尚和完满，使他避免走上错误的道路。

此外，正如一位登高的旅游者，只有越过他脚下蜿蜒曲折的道路，放眼望去方可得到一个通盘的概观；所以，只有当我们走完人生旅途中的某个阶段时，我们才能认清我们全部行为之间的真实联系——亦即我们做了什么，并得到了什么。只有那时，我们才能明白精确的因果链条和我们一切努力的价值所在。因为只要我们事实上沉湎于日常的生活琐事，我们就总是按照自己的天性在行动，总是受情感的左右或能力的限定——简言之，我们自始至终都受着自然规律的制约，无时无刻不在进行我们认为是正当的事业。只有在后来，当我们回首整个人生旅程及其总体结果时，我们才能最终明白其全部奥秘。

当我们事实上正在进行某项伟大事业或创造某个不朽作品时，并没有意识到这件事的本身。我们所考虑的只是达到眼前的目的，是完成当时的计划，做目前的事。只有当我们最终把人生看做一个联系着的整体，我们的品质和能力才展示其真实面貌；我们也才能明白在形形色色的情景中，仿佛是某种幸福的灵感引导着我们在千百条可能使我们趋向毁灭的道路中选择那惟一真实的路途。这是一种引导我们的创造力，既可以在理智的事物里被感知，也可以在世间的事物中被察觉，并且，由于其自身的不足而以同样的方式导致不幸和灾难。

□

理智行为的另一个重要因素是在现在与将来这两个着眼点之间保持恰当的比例，以免由于过多地关注其中之一而损害另一个。有许多人——我指的是那些无足轻重的人——仅仅生活于现在；而另一些人则又沉湎于未来，总是忧心忡忡，愁思满腹。很少有人能够在两个极端之间保持平衡，那些寄希望于未来，为之奋斗并仅仅生活于未来的人，对那种即将来临的事物总是翘首以待、急不可耐，仿佛这是某种一经到手便可获得幸福的东西，尽管那些人聪明绝顶、气质非凡，严格地说，不过像人们在意大利看见的短尾猿，一种希望最终得到它的冲力支撑着他们，使他们始终急急忙忙，紧追不舍。那事物总是恰好在他们的前面，而他们则一直试图得到它。这种人就其整体存在而言，他们置身于一种恒久虚幻的情景之中，继续不断地生活于一种短暂的临时状态，直到最终走完其人生的旅途。

因此，我们既不应该让未来牵挂而思绪不宁、焦虑企盼，也不应该沉湎于对往事的追悔惋惜，而应该牢牢记住，惟有现在才是实在的确定的；未来总是无一例外地使我们的希望落空，过去也常与我们曾经预料的相去甚远。总之，无论是未来还是过去都不及我们所想像的。同样的物体，由于间距，在肉眼看来要小一些；但思想则可以把它想像得很大。只有现在是真实可行的；它是惟一富有现实性的时刻，正是在这绝无仅有的时刻，我们的生存才是真实的。因此，我们应当永远为此而充满欢乐，给它以应有的欢迎，并尽情享受这每一时刻——由于充分意识到它的价值而摆脱了痛苦和烦恼——的快乐。倘若我们对过去希望的落空愁眉不展，而对未来的前景焦躁不安，我们将无法做到这一点。拒斥当下的幸福时刻，或由于为陈年往事懊恼、为未来忧心忡忡，而妨碍了眼前的幸福，均属愚蠢之至。当然，人一生中总有深谋远虑和抱憾终身的时候。但是，往事一旦成为历史，为缓和我们的情绪，我们就应该想想，逝者如斯，而向它道声再见——（必须克服心灵对过去发生之事的悲伤，而保持心灵愉快）[①]。至于未来，我们只能认为它超乎人为，惟有神知之——（实际上此种事在神的掌握之中）[②]。至于现在，则让我们记住塞涅卡的忠告，愉快地度过每一天，我们的全部生命仿佛就在这每一天中：“让我们尽可能愉快地迎接它，这是我们惟一真实的时刻。”

只有那些必然在某个不确定的时刻降临于我们的不幸才会侵扰我们，然而，能够对此做出完满说明的人又寥若晨星。因为不幸或灾难有两种类型：或者仅仅是一种可能，哪怕是极大的可能；或者是不可避免的。即使是那些难以避免的灾难，其发生的具体时间也是不确定的。一个人倘若总是处于一种戒备状态，那么，他便永无安宁之时。所

① 《伊利亚特》，第 14 章，第 65 节。——原注

② 同上，第 17 章，第 514 节。——原注

以，如果我们并不因为对灾难——其中有的本身就是不确定的，有的将在某个时刻发生——的恐惧而放弃生活中的全部乐趣，我们就应该或者把它们看做绝无可能发生的灾难，或者把它们看做不会很快发生的灾难。

于是，一个人心灵的宁静越是不为恐惧所侵扰就越是可能为欲望和期待所骚动。这便是歌德那首诗——这适合于一切人——的真实含义："我已抛却一切。"一个人惟有当他抛弃一切虚伪自负并且求之于非矫饰的赤裸裸的存在时，方可达到心灵的宁静，而这种心灵的宁静正是人类幸福的根基。心灵的宁静！那是任何片刻享乐的本质；并且，人生之乐稍纵即逝，须抓紧当下的分秒片刻。我们应当不断地记起：今日仅有一次且一去不返。我们总以为它明天会再来；但是，接踵而至的明日已是新的一日，并且，它也是一去不复返的。我们常常忘记每一天都是一个整体，因此也是生命中不可能替代的一个部分，而是习惯于将生命看做恰似一束观念或名称——这些观念或名称是无法体验的——倘若如此，包容个体于自身之中的生命便遭到了破坏。

在那些幸福而充满生气的美好的日子里，我们应当尽情地欣赏和享受；即使在悲苦忧愁的时候，我们也应当回想那过去的寸寸光阴——在我们的记忆中，它们似乎远离痛苦与哀伤——是那样的令人妒羡。往昔犹如失却的伊甸园，只有在此时，我们才能真切地体会到它们是我们的朋友。然而，我们欢度幸福时刻并不珍惜它，只是当灾难逼近我们时才希望它们归来。无数欢快和愉悦的时光都消磨在无聊事务之中；我们常常因种种不愉快的琐事而错过这些愉快的时刻，一旦不幸降临，却又为之徒然空叹。那些当下时刻——即使它们决非平凡普通——往往被漫不经心地打发过去，甚至急不可耐地置之一旁，而它们正是我们应当引以为自豪的时刻；人们从未想到流逝的时光不断使当下变为过去——在那里，记忆使之理想化并闪烁着永恒的光芒。后来，尤其是当我们处于窘境之时，面纱才被揭去，而我们则为之抱憾终身。

□

幸福总是有限的。我们的幸福与我们的视域，与我们的工作范围，与我们同世界的视点谐调相称，并受其制约和界定。这些限定的范围越广，我们的担忧和焦虑越甚；因为这意味着我们的烦恼、欲望和恐惧不断增长和强化。这便是为什么愚昧无知者并非如我们想像的那样不幸的原因，否则他们脸上的表情就不会如此温顺、安详了。

幸福之所以是有限的另一个原因，是人的后半生要比其前半生更为凄凉冷寂。随着年华的流逝，我们的视域不断扩展，我们与世界的触点继续延伸。童年时代，我们的视野囿于周围狭小的范围；青年时代，便有了引人注目的拓展；到了中年，我们的视野已包容我们活动的所有范围，甚至伸向遥远的界域——例如，对国家或民族大事的操劳忧烦；而人至老年，还包括对子孙后裔的牵挂。

即使在理智活动中，我们对幸福的追求也必然是有限的。因为，意志越是不易激动，我们遭受的痛苦也就越少。

我们明白，痛苦是某种肯定的东西，而幸福则是一种否定的状态。对外部活动范围的限定是为了突出意志的内驱作用，而对理智能力的限定则突出了意志作为内驱动力泉的作用。这后一种限定常常会遇到麻烦，即它为那些令人厌恶的事物敞开了方便之门；为了摆脱这些烦扰，一个人将利用种种便利的方法——诸如闲荡、社交、挥霍、娱乐、饮酒等等，这类方法将导致灾难、堕落和不幸。一个人若无所事事则很难保持其心灵的宁静。那种对外部活动范围的限制有助于幸福的获得，甚至可以说是人类幸福的必然条件。人们也许留意到一个事实：描写人们生活幸福、心境安宁的诗——我指的是那种质朴宜人的田园诗——所表达的常常是在单纯狭小的生活环境中的人，而这一点恰是田园诗意境中的本质核心。同时，它也是一种情感，即我们在欣赏所谓风俗画时所体验到的那种愉悦的本质。

因此，生活方式的简陋质朴，乃至单一不变，倘若它并不使我们感到厌烦乏味，那么，还是有益于幸福的；因为，正是在这种境况中，生活，连同其不可避免的重负，至少可使人们感受到：它像一泓涓涓细流的小溪，悄然无声地流逝，它是那样的平静，甚至没有一丝波纹或漩流。

□

一个人是幸福的还是痛苦的，取决于他倾注全力的是什么事物。在这方面，纯然的脑力工作——这是精神自身能力的发挥——一般来说，要比其他任何形式的生活实践享受到更多的幸福，因为后者往往沉陷于成功与失败的无休止的更迭，以及由此产生的种种不安宁和痛苦的折磨。需要指出的是，从事这种脑力工作必须具备杰出的理智能力。对此需要做点解释，一个人倘若致力外部世界的活动，将会分散他的注意力，使人不能专心从事理智研究，而且还将使他失却心灵的宁静，而这种心灵的宁静正是脑力工作所必需的；另一方面，长期的纯理智思索也将使他难以适应现实生活的喧嚣嘈杂。因此，如果环境允许的话，也就是说：如果某些世俗事务无需较高的理智能力的话，使脑力工作暂停片刻也是适宜可取的。

□

为了使我们的生活更富有理智，更细致周密，并且，也为了从生活中汲取更多的经验，我们就必须不断地反省生活，亦即对我们所做的事、所留有的印象和情感进行概括，然后与我们现在的判断加以比较。这种对生活的反省既有对我们曾从事的工作和进行的奋斗的思考，也有对我们已往获得的成就的评价，更有成功后喜悦的享受。对生活的反省可以说是对个人生活经验的一种生动的再现，而这种经验将有益于我们每一个人。

对于人生的经验可以被看做一本教科书，通过对它的反思、评判，我们将获益匪浅。只要不断地进行反省并从中获取大量的知识，那么，其结果就会如同那些书——每页上只有两行课文，却有四十行注释。如果仅有丰富的经验而不对之进行反省，也得不到大量的知识，那么摆在我们面前的将是这样一些拜庞蒂那版[1]的图书，这些书中没有注释，大部分内容深奥难解。

这里，我们要提出一个忠告——它与毕达哥拉斯提出的一条法则颇为相似——每晚入睡前反省你白天所做的一切。终日在工作与音乐的嘈杂纷乱中昏昏庸庸地度日，却从不反省过去的一切——仿佛一架嗡嗡作响的纺车，连续不断地扯出生活之线——不知道自己究竟在干些什么。一个人若处于这种状况，他的情感就是混沌模糊的，他的思想则是紊乱无序的。并且，他的谈话也因此而颠三倒四，支离破碎，全然一副装腔作势的模样。一个人的生活若忙忙碌碌，那么他将不得不面对这种命运，他的头脑里充塞着各种各样的印象，已无余力再进行理智的判断活动。

关于这一点，仔细观察是非常适宜的。即那些曾经影响过我们的事件和境况随着时间的推移而逐渐隐没于心境和情绪中。但是，我们能够想起我们曾就这些事情和境况所说的话与所做的事，于是它们原本只是形式，却成了表达或评判这些事件的结果。所以，我们应当注意在人生的重要关头保持思想的记忆。由此看来，坚持记日记是大有裨益的。

□

自给自足，自己就是一切，无所欲求，才能够说“余

① 自1779年开始于帕拉蒂赖特（Palatinate）出版的希腊文、拉丁文和法文古典丛书。参见布特尔（Butter）《论拜庞蒂那和拜庞蒂那版丛书》。——英译注

只占有自身之一切”。毫无疑问，这就是幸福最主要的品质。因此，我们毋须过多重复亚里士多德的名言：“幸福意味着自我满足。”事实上，在商福特那措词极为巧妙的话语中也出现过同样的思想：“幸福决非轻易获得的东西，在别处不可能找到它，只有在我们自身中才能发现它。”

然而，当一个人确信除了他自己以外不能依靠其他任何人时，生活的重负和不利的处境，危险和烦恼——这些全都产生于与他人的交往中——就不仅是难以数计的，而且是不可避免的。

追逐名利，饮酒狂欢，生活奢侈，所有这些都是通往幸福之路的最大障碍：虽然它们会改变我们悲惨的生活，使我们享受到种种乐趣、欢快和愉悦，但是，这也同样是一个危险的过程——一个不可能不导致期望和幻想的过程；在这方面，不断变幻的谎言同样是不可避免的附属物[1]。

一切社会必须包括——作为其生存的首要条件——成员之间的互相适应和社会对其成员的制约。这意味着，社会的规模越大，越令人乏味。一个人惟有当他独自一个时，他才是他自己；倘若他不喜欢独处，那么，他必不热爱自由；因为只有当他孤独无依时，他才真正是自由的。在社会中，常使人感到压抑和紧张，这种压抑感如同社会

① 正如我们的衣服遮掩了我们肉体那样，谎言也使我们的精神蒙上一层面纱。面纱总是存在的，并且只有通过它，我们才能时而猜出一个真实思想；就像我们往往根据一个人的衣服大小来判断他的体型的一般状况一样。——原注。

必然的附属品一样，使人无法摆脱。一个人的独立性越强，越难成为与他人交往关系的牺牲品。对于独居，是欢迎、忍耐还是逃避，要依据一个人的个人价值的大小来决定，——当一个人独自一个时，可怜的人体验到的是他的全部不幸，而聪明人喜欢的却是独居的高尚伟大；简言之，每个人都将成为他自己。

进一步说，如果一个人在自然禀赋中居于较高的地位，那么，他感到寂寞冷落是自然而然且不可避免的。如果他周围的环境干扰了他的上述感觉，那么，这个环境对于他就是不适宜的。如果他不得不会见许多性格与他不同的人，他们将会对他施加种种影响，破坏其精神的宁静。事实上，他们将使他失去自我，却又拿不出东西来补偿他的损失。

但是，当大自然在人与人之间的肉体和精神两方面确立了广泛的差异时，社会却漠视或试图消灭这些差异。或者，毋宁说它建立了种种人为的差异——身份和地位的等级，这种等级常常与那些大自然设定的各种差异正相反。这种分类的结果是抬高了那些被大自然置于低等地位的人，而降低了极少数在自然中居于高等位置的人。在社会中，只要多数粗鄙者掌握权力，少数优秀者通常总是对这个社会退避三舍。

在社会中，对伟大理智的冒犯就是权利的平等，由此而必然导致要求的平等。凡夫俗子对此则欢呼雀跃。同时，能力的不平等意味着相应的社会力量的悬殊。所谓善的社会——这是一种非法的产物——承认一切权利要求，却否认理智要求；在这种社会中，人们被期待对于任何形式的愚钝的麻木、堕落和沉闷表现出无限的耐力；而个人的优点若要得以表现就不得不以谦卑的面孔出现，或者，只得藏而不露。理智的优越性之所以冒犯众怒，并非出于本意而仅仅由于它自身的存在。

在所谓善的社会中，最糟糕的不仅是它让那些既不为我们所赞赏也不使我们动情的人作我们的朋友，而且在于它扭曲了我们的人性，不让我们自然地发展。为了协调起见，它使我们枯萎衰竭，或者完全改变我们的模样。理智的对话——无论它是严肃的还是幽默的——仅仅适合于理智的社会；它完全不适合普通人。对于后者来说，它绝对必然是陈腐不堪、令人乏味的。这就要求我们有一种自我克制的行为，我们将不得不丧失四分之三的自我以变得像其他人那样。毫无疑问，这种交往可能会受到谴责以弥补我们在这方面的损失；然而，一个人的价值越大，他越是发现他所得到的远不及他所失去的多，而获利的则是对方；因为他与之交往的那些人一般来说都是道德沦丧、名誉扫地者——这就是说，从他们那儿所能得到的，除了无聊、烦恼、厌恶或者自我克制（它反映了一种必然性）外，别无他物。因此，大多数社会正是为了让这样一些人得益而建立的，这些人将以其孤独来换取社会所提供的裨益。

不仅如此，为了给真正的——我指的是理智的——优越性找到一个替代物（这种替代物很难碰上，即使偶然发现，也是令人难以忍受的），社会曾异想天开地采纳一种虚假的优越性，这种优越性本质上是约定俗成的，并且是以一任意规定的原则为基础的，仿佛是一种传之于较高层次的传统，它就如同一道可供替换的口令一样；我所说的是指上流社会的时尚。无论何时，这种优越性只要与真正的优越性发生冲突，其弱点便会暴露无遗。进一步说，这种好的时尚的出现恰恰意味着好的理智的匮乏。

一个人不可能与除他自身外的任何人——甚至包括他的朋友或生活的伴侣——完全和谐一致。个性差异、气质迥然常常或多或少会引起不和——尽管这种不和可能是极轻微的。思想真正的平静，灵魂深处的安宁以及身体的健康，所有这一切是世间所能给予的最大幸福，而这一切也只有在独居中才能获得，并且，这种平静和安宁作为一种持恒的心境，惟有身处绝对幽静之处方可达到。因此，如果说人自身之中有什么高贵而有价值的东西的话，那么他的这种生活方式本身就是在这个悲惨的世界中可能找到的最大幸福。

直截了当地说吧，无论友谊、爱情、婚姻的纽带多么牢固，一个人最终所能关照的只有他自己的福利，至多还有他的儿女。一般来说，你与他人的关系越密切——无论这种关系是工作关系还是私人友情——你的生活就越糟糕。孤独和寂寞确实有其不利之处，但是，倘若你不能突然感受到孤独的不利，至少，你能发现这种不利的存在。在这方面，社会是狡猾的；它使你与他人的社会交往显得仿佛是一种令人愉快的消遣，它所造成的危害是巨大的，并且常常是难以弥补的。因此，应当让年轻人从小就接受独处的训练，因为这是通往幸福和心灵宁静的必经之路。

由此就导致了一个人若完全依赖他自己所拥有的财

富，并且只看重他自己，那么，他就能生活得十分幸福。对此，西塞罗说："一个人在这样的条件下必定生活得很幸福。"一个人在他自己心目中的地位越高，别人的地位就越低。啊，自我满足的情感！正是这种情感制止了那些自身具有巨大的个人价值的人去作如此巨大的牺牲，——这种牺牲是由个人与社会之间的交往所要求的——更不用说，一意孤行，真的实行自我克制了。普通人都是喜欢社交、讨好卖乖的，这完全是另外一种情感。对于这些人来说，陪伴别人要比独自一个容易得多，因而他们宁愿与人相交。此外，在这个世界上，真正有价值的人得不到应有的尊重，而那些无足轻重的人却备受赏识。于是，隐退立刻成为一个人具有高尚品质的证明和结果，并且，还将是那些自身具有某种价值的人所表现出来的真正的智慧。限制一个人的种种欲求，并且——既然他必须与他的同伴建立各种关系——尽可能地使他与其同伴疏远，才能保卫或扩展其自由。

我曾经说过，人都是喜欢群居的，这就是说，他们有自己的社会。他们变得厌恶自己。正是这种精神上的空虚驱使他们与其同类进行交往。——比如说，去其他国家旅游。他们的思想僵化呆滞，缺少自身的运动，所以，他们试图赋予它一些活力——例如，饮酒以寻求刺激。有多少人仅仅因为这个原因而酣畅痛饮！他们一直试图寻找某种能够经受得起的最强烈的刺激——来与他人和谐一致，就像与自然和谐一致那样；倘若没有达到这种境界，他们就会因不堪重负而沮丧衰退，坠入巨大的冷漠之中[①]。可以说，这样的人只有些微人性碎片；需要将碎片聚合起来弥合成完整的人性，——以达到能像大家一样思维。人，就其完整的意义而言——都是出类拔萃的——不是分数，而是整数：他自身是完满的。

在这方面，大众社会颇似一支由俄国管组成的乐曲。每只管仅有一种音调，而所有的管互相配合、彼此谐调，便奏出了这支乐曲。单独一只管仅奏出千篇一律的音调，从这里你可以清楚地说明大多数人的思想将会产生什么样的结果。罢黜百家、独尊一门的现象实在太常见。我们很容易理解为什么人们如此厌烦，为什么他们喜爱结交，为什么他们愿意成群结队——为什么人类如此善于社交。一个人正因其自身性质的单一，才使他发现独处不堪忍受。荒唐愚蠢才真正是其自身的重累。把众多的人汇拢起来将会产生某种结果——某种类似于管弦乐队奏出的乐曲！

有才智的人就像一位杰出的艺术大师，无需任何帮助，

① 这是一个众所周知的事实，即我们能够比较容易地忍受种种不幸和灾难——这些不幸和灾难降临于包括我们在内的绝大多数人身上。例如，烦恼似乎就是这种不幸之一，人们联合起来共同抵制它。对生命的热爱归根到底是对死亡的恐惧；同样，社交的驱动并不直接依赖于对社会的热爱，而是出于对孤独的恐惧；它并非是人们梦寐以求的与人相处的迷人魅力，而是人们力图避免的独处时凄凉冷寂的可怕压力（如他们自我意识的单调贫乏）。他们千方百计逃避孤独，甚至迁就行迹恶劣的伙伴，容忍一切社会都存在的那种压抑感。但是倘若对社会的厌恶超过了对于孤独的反感，他们就会渐渐习惯于独自一个并对其直接后果漠然置之。他们不再认为孤独是件坏事，也不再渴望与人相交，面对孤独，他们泰然自若，安详愉快；——这一方面是因为他们仅仅间接地需要伙伴，另一方面也因为他们已经习惯于独处的裨益。——原注

只要一种乐器，比如说，一架钢琴（它本身就是一支小型乐队）就可奏出协奏曲。这样的人本身就是一个完满的微型世界。通常需要各种乐器互相配合方可产生的效果，他只需自己的意识整体便能单独达到。当然，仅靠一架钢琴无法演奏交响乐，但是，他是一位独奏者，可以自己单独表演，——可以说，这也是一种独处；或者，倘若与他人合作他也必须是主奏者；或者，创立某种演奏风格，就像建立某种演唱风格那样。无论如何，那些时时刻刻渴望交际的人或许能从上述比喻中有所裨益；并且，我们常常碰到这种情况，即以量的陡增来弥补质的不足，对此，上述比喻也可作为一条普遍的规则。如果一个人聪明机智，那么，一个伙伴便足矣；但是，如果你只与普通人打交道，那么，拥有大量的伙伴就是恰当的，这样你就可以让他们协同工作以获得更大的利益，这正是从管弦乐队中得到的启发。但愿上帝赐予你忍受如此苦役的耐力！

我所暗示的那种精神的空虚和灵魂的荒漠是造成另一种不幸的原因。当优等阶层的人为实现某个方面的理想而组成社会时，结果几乎总是无数的民众如同害虫般蜂拥而来，而且不论在哪里都是如此，他们的目的是为了摆脱烦恼，或者有的根本就是随波逐流；他们不加任何识辨，盲目地对一切事物一哄而上。他们有的人急急忙忙挤进这个社会，有的则身不由己地被推入这个社会，尔后，又一起毁坏它，或者使它变得面目全非，成为与其初衷完全相悖的东西。

关于社会的驱动力问题，这还不是惟一的观点。寒冷的严冬，人们拥聚在一起以使身体暖和起来；你也可以用同样的方法激发你的精神——即与他人进行思想的交流。但是，一个聪明绝顶、精神亢奋的人则无需这么做。我曾经写过一则短小的寓言说明这一点，不过，在别处也能找到这则寓言[1]。作为一条一般规则，可以说，一个人的社交性格与他的理智才能几乎成反比：亦即，说某某人不善社交也就等于说他是一位伟大的天才。

孤独对于这样的人具有双重用处。首先，它使他与自己保持一致；其次，它阻止他与别人意见相同，而后者是一个极重要的有利之处；因为，在与社会的一切交往中都存在着如此之多的制约、烦恼甚至危险。拉布吕耶尔[2]说："爱交际才真正是危险的，甚至是致命的。"因为它意味着社交与人的本性的密切关系，而人的本性的绝大部分在道德上是恶的，在理智上是愚钝的或乖张的。孤独与这样的人是无缘的，并且，无需与他人为伴，仅仅依靠自己是交

---

① 叔本华在这里指是《附录和补充》，第二卷，第413页（第四版）。这则寓言说的是一个冬日，几只豪猪为了取暖而挤在一起，但是，它们身上的刺彼此戳痛了对方，于是，它们不得不散开。然而，寒冷迫使它们再次聚拢起来，刺痛又使它们分开。最后，经过多次聚合，分开，它们认识到它们最好在彼此之间保持一定的距离。同样，社会的需要驱使人类像豪猪一般走到一起——却又由于他们本性中的许多敏感而令人讨厌的品质而互相排斥。最后，他们发现适度的距离是相互间交往的惟一可以接受的条件，也是一个人举止高雅，规矩礼貌应遵循的准则。如果有人违犯这个准则，将会受到严厉斥责——用英语表达即"请勿靠近"。这样一来，彼此取暖的需要不仅获得适当的满足，而且也不再会被刺痛。一个身上有点热量的人宁愿待在圈外，这样，他既不会刺痛别人，也不会被别人刺痛。——英译注

② 拉布吕耶尔（La Bruyere），1645—1696年，法国作家。——译注

好运的重要因素；因为，几乎我们遭受的全部不幸都源于与他人的交往，正如我曾说过的，这种交往破坏了思想的平静，而在幸福的种种要素中，身体健康是首要的，其次便是思想的平静。若无适度的孤独，思想的平静也是不可能的。犬儒学派[①]的门徒们放弃全部私人财产，以求达到无任何烦恼的至福；而拒斥社交也是一个人所能够做的最明智的事情。圣·皮埃尔[②]有一句非常精彩而透辟的著名论断：节省食物是强健身体的手段，舍弃社交是心灵安宁的途径。对孤独表示友好或视其为挚友如同得到一座金矿，但这并非所有人都能做得到的。社会交往的首要缘由是相互之间的需要，一旦这种需要得到满足，烦恼会驱使人们再次走到一起。倘若不是这两个理由，一个人很可能会选择独处；倘若仅仅因为独处是生活的惟一条件，这种生活使一个人的自尊自傲无限膨胀——仿佛他是世界上独一无二的人！那么，现实生活的纷乱紧迫将很快会粉碎他的幻想，而他所得到的将是痛苦的失望。从这一点，可以说独处是人类原初的、自然的状态，在这种状态中，人如同亚当那样，其欢乐完全是出于他的本性。

然而，亚当不是没有父母吗？关于独处的另一种看法认为它并非人类的自然状态；因为，人一来到这个世界上就是与父母、兄弟、姐妹在一起的，也就是说，他是处于

① 犬儒学派（Cynic），古希腊哲学家派，主张克己自制，独善其身而无所求。——译注

② 圣·皮埃尔（Bernardin de Saint—Pierre），1737—1814年，法国感伤主义代表作家，深受卢梭的影响。——译注

社会之中而非独处的。因此，不能说喜爱独处是人类本性的一种原始特征，毋宁说是经验和反省的结果。随着时光的流逝，人的经验随着理智能力的发展而日渐丰富，他对自身经验的反省也随之越发深刻。

一般说来，社会性格与年龄呈反比。如果让一个小孩单独待哪怕几分钟，他也会吓得大声啼哭；过后，让他自己停止啼哭就是对他的严厉惩罚。年轻人很快就能彼此建立友好亲密的关系；在他们中间仅有极少数心地高尚的人常常独自一个，不与他人交往；——但是，倘若整天如此，也是令人不愉快的。一个成年人能够很容易地做到这点，对于他来说独自生活烦恼很少，并且年龄越大，烦恼越少。一位比他的很多朋友活得更久的老人，对生活的乐趣或者毫无感觉，或者漠不关心，他只是生活在自己那孤独狭小的范围内。在单个的情况中，隐退或隐居的倾向总是与理智能力有着直接的关系。

正如我曾指出的，这种倾向并非一种纯粹出自本性的东西；它并不是作为人性的直接需要而进入经验之中的；毋宁说它是我们所经历的全部经验的结果，是对我们真正需要的东西的反省的产物，尤其是对大多数人所经受的不幸遭遇的洞见——无论你考虑的是他们的道德抑或理智——中所获得的裨益。最糟糕的是，个人互相利用对方道德上或理智上的缺点，由此而导致了种种不愉快的后果，这不仅使大部分人的社会交往不仅是令人厌烦的，而且是使人难以忍受的。因此，在这个世界中，尽管存在许多多不尽如意的事情，但最糟糕的当推社交。甚至连伏尔泰这最善交际的法国人也不得不承认到处都有不值一提的凡夫俗子：“地球上挤满了密密麻麻的人群，但却没有值得与之谈话的人。”彼特拉克①为希望成为孤独者也曾提出过相似的理由——啊，多么敏感细腻的精神！他对隐居的热望竟然如此地强烈而持恒。他说：惟有那潺潺的清流、空寂的荒野和莽莽的林海，才真正知道，他是如何地渴望逃避那些迷失天堂之路的无可救药的愚人啊！在他的那部让人爱不释手的著作《生命的孤独》中，他采用了同样的风格。这部著作似乎为齐默曼（Zimmerman）那大名鼎鼎的论孤独的书提供了基本的观念。商福特曾在下列的落段中委婉地提及孤独，认为这只是喜爱隐居的一种次要的和间接的特征，这一看法隐含在他那嘲讽的风格中：“当人们说，一个人因独居则不喜欢社交，就如同人们说，一个人喜欢散步，但他不愿意晚上在朋迪森林里散步一样。”你会发现在波斯诗人萨迪②的诗集《蔷薇园》中也表达了同样的情调。他说：“自那时起，我们便告别了社会，踏上了通向隐居的小路；因为，独处才有安全。”安吉利斯·赛勒修斯③一位温文尔雅的基督教作家——以他神秘的语言表露了这一情感。他说：“希律王是我们共同的敌人；上帝警示我们有危险，于是我们与约瑟夫一起从伯利恒来到

① 彼特拉克（Francesco Petrarch），1304—1374 年，意大利诗人，欧洲文艺复兴时期人文主义先驱之一。——译注

② 萨迪（Sadi），约 1203—1292。——译注

③ 安吉利斯·赛勒修斯（Angelus silesius），为约翰尼斯．谢夫勒（Johannes Scheffler）的假名，他是 17 世纪（1624—1677）一位医生和神秘主义诗人。——英译注

埃及，我们远离尘世寻找那隐居之处，否则，等待我们的将是痛苦和死亡！”

布鲁诺也声称自己是隐居之友。他说：“在这个世界上那些一直渴求预先体味神圣生活的人总是齐声地呐喊：

看哪！我将漂流远方
我将独栖荒野[①]。”

在我曾引用的那部著作中，萨迪说到自己：“我厌恶大马士革的朋友，我逃进耶路撒冷周围的荒原，去寻觅那野兽的世界。”简言之，普罗米修斯赋予其以优良禀赋的那些人，都已谈及这同一个问题。这些英才在与凡夫俗子的交往中会得到什么乐趣呢？他们之间惟一的共同之处恰恰是后者身上所具有的少得可怜的崇高品质——就后者言，他们所表现出来的主要是陈腐、浅薄和粗俗。英才们想与那些无法升华至较高水平的市井之徒交往吗？——对于后者来说，只要赚别人的钱就行了，因为这就是其原因所在。这是一种贵族式的情感——这种情感正是导致隐居和独处风气的根源所在。

流氓恶棍倒总是喜欢社交——这更为不幸！一位品质高尚的人，其主要标志是他并不从与他人的交往中得到快乐。他越来越宁愿独处，并且随着时间的流逝，最终认识到一边是孤独，另一边是粗俗，除此而外别无选择。这听起来是一件令人难以忍受的事；但是，甚至连安吉

① 《诗篇》第55章，第7节。——原注

利斯·赛勒修斯——一位充满高贵而挚爱的基督徒情感的人——也不得不承认其真实性。他说:“无论孤独如何令人痛苦，也要小心不要变得粗俗；因为，无论你在何处，都能找到一片荒漠。”伟大的天才——人类真正的导师——从不关心他人之间的那种持久的交往关系，这是天才的秉性；正如学校的老师从不过问他周围的喧闹的孩子们的欢跃嬉戏一样。这些伟大天才们的天职是引导人类越过茫茫的谬误大海而达到真理的殿堂——亦即将人类从荒蛮粗鄙的黑暗深渊之中拯救出来，使之吮吸文化的甘泉。进而得到净化和升华。伟大的天才人物生活于这个并不真正属于他们的世界中；所以，从他们的幼年时起，他们便感到自己与他人之间的显而易见的差异。但是，只是随着时光的流逝，他们才最终清楚地明白自己的地位。他们在现实中隐退的生活方式使其理智的隔绝进一步得到强化；对于那些尚未摆脱普遍流行的粗鄙庸俗的人们，他从不与之交往。

由此可见，喜爱孤独显然并不是人性中一种直接的原始冲动，而毋宁说是某种从属的渐次生成的东西。它是伟大人物的高雅气度，若要具备这种气质必须战胜种种自然的欲望，并且要不断地抵制曼菲斯特的诱惑——他蛊惑你抛弃忧愁郁闷和毁灭灵魂的孤独，以换取与人们共同生活，换取社交；他说，即使糟透了，也能给你一种人类的友情：

“不要再玩弄你的忧伤，
它像秃鹰吞噬你的生命；

即使你跟下等的人们来往，

也会感到并没有离群[①]。”

然而伟大人物命中注定要成为孤独者——尽管他也多次为此命运而深感痛苦，却又总是选择它，因为成为孤独者的命运，毕竟要比成为粗鄙者的命运要少一些痛苦。随着年龄的增长，可以更容易地说，“敢于成为智慧的人”。[②]六十岁之后，对孤独的偏爱渐渐成为一种真正的、自然的天性；因为，在这个年龄，一切爱好与兴趣都溶为对孤独的偏好。甚至最强烈的冲动——与女人交往的爱好——也很少有或者根本没有作用了；这是暮年的无性状态，它为某种自我满足提供了基础并逐渐解除了与他人交往的全部欲望。一旦克服无数幻觉和愚蠢，生命的富有朝气的年华便逝去了，一个人不再有任何希冀、谋划和目的。他所归属的那一代已经消失，而新的一代已经成长起来并认为根本不属于富有生气的一类人。于是，当我们步入垂暮之年时，时光飞逝，我们宁愿为理智奉献自己的余年，而不愿沉湎于生活的现实之中。因为，已经得到明证的是：只有连续不断地使用我们已经获得的全部知识和经验，才能够使精神保护其种种机能，从而使我们更有兴趣去研究任何问题。无数原来朦胧不清的事情渐渐变得明显而清晰

① 歌德：《浬士德》，第一部第 1281—1285 行。——原注

② Sapere aude，语出罗马诗人贺拉士的《诗论》（1，2，40）；德国启蒙运动重要组织“真理之友社”于 1736 年用此作为该社口号；康德在“什么是启蒙运动？”（1784 年）一文中引用该语。——译注

了，结果是使我们感到所有的困难都已解决。根据人们的长期经验，我们不再对他们期望过高；我们发现人们从亲近的朋友那里一无所获；我们还发现——除了少数偶然例外——我们碰到的都是一些不完美而有缺陷的人。我们不再对生活抱有拙劣的幻想；并且，我们只要从某一个体的人那里了解到人的形成，就会立刻感到无需与他建立较为亲密的关系。最后，间隔——亦即我们自己的社会——逐渐成为一种习惯，尤其是如果我们从小便与之建立了友好关系，社会便仿佛成了我们的一种附属的性质。对孤独的偏爱从前只是沉溺于对社会的奢望中，而现在则变成我们自然属性——如同鱼儿离不开水一样，这些自然属性也是我们生命的要素——的品质。这就是为什么一个具有独特个性的人——他不与其他任何人雷同，因而是孤独的——当他逐渐步入暮年而感到不再年轻时那样令人烦恼苦闷的原因。

事实上，这是一种真正享有特殊荣誉的年龄，处于这一年龄的人，只有具备丰富的才智才能享受到晚年的欢乐与幸福；每个人或多或少都认识到这一点，尤其是在精神力量所在之处，人们更是对此倍加赞赏。只有那些贫乏粗俗者，无论在其青年时代还是在其老年时代，都同样爱好交际。但是，一旦他们成为社会的累赘亦即他们不再造福于这个社会时，最多为社会所容忍，而从前，他们却是极被需要的。

问题的另一面是年龄与社交性格成反比——通过这种比较将会促进教育的发展。人越是在年轻的时候，越是渴望得到一切知识；并且，恰恰是在青年时代，造物主为我们提供了一种互相教育的体制，以便让我们与他人交流自己接受的知识。从这一观点来看，人类社会颇似一所巨大的专门学校，它所依据的教学法是“倍尔—兰喀斯特制”①。这种教学与以书本及学校为手段的教育制正相反——后者作为某种人为的东西违背了造物主提供的教育制。因此，相互教育体制是一种非常恰当的安排，每一个人在其青年时代都利用造物主亲自提供的学习场所，成为一个刻苦勤奋的学生。

然而，生活总是不尽如人意的——正如贺拉斯所说：“幸福并不意味着事事如意”；或者用一句印第安谚语来说：“没有不长茎的莲花”。与世隔绝有许多长处，也有若干缺憾与烦恼；但是这种缺憾与烦恼与社会的缺陷相比，毕竟是微不足道的；因此，任何真正具有自身价值的人，独自一人生活要比与他人一起生活好得多。在与世隔绝的种种长处中，有一点最易被我们所认识，这就是：“当人们整日闭门不出时，他们的身体变得极为敏感，以至于哪怕极轻微的气流也足以使其生病；我们的情绪也同样如此，长期的与世隔绝使之变得如此敏感，以致最偶然的一件小事，最寻常的一句话，最不经意的一瞥，也能激动我们或伤害我们的感情——而这一切则从不为那些生活于纷繁嘈杂之

① Yhe Bell and Lancaster System，亦称导生制，由英国牧师倍尔和教师兰喀斯特所创。根据这种教学制，老师选择一些年级较高而成绩优秀的学生充任“导生”以作为助手，向他们讲授教材内容，再由他们转教其他学生。——译注

中的人所留意。”

当你发现社会不尽如人意，感到自己遁入孤独更为恰当时，你显然并不是一个能够经受得起长期独处的考验的人，这种情况可能发生在你年轻的时候。那么，我奉劝你养成在社会交往中保持某种孤独的习惯，亦即学会在人群中保持一定程度的孤傲。另一方面，既不要拘泥于别人所说的话，也不要立刻和盘托出自己的思想。并且，不要对他人期望过高——无论是在道德上还是在才智上，而应强调自己与别人意见的差异，这是实行一种值得赞许的宽容的最佳途径。倘若你这么做了，你就不会与他人有过于密切的联系和交往，却又显得似乎生活在他们中间；你与他们的关系将会有一种纯粹客观的特征。这种预防措施将使你与社会保持适当的距离，并且可使你因此而避免遭受其浸污和伤害①。就此而言，社会恰如一团熊熊烈火——聪明人因与之保持适当的距离而得以取暖；傻瓜则不是因靠得太近而被灼伤，就是抱怨火的灼烫而逃逸，以至于孤伶伶地忍受严寒的煎熬。

□

忌妒是人的天性，它可以很快变成一种邪恶并导致不

① 这种受制约的或者仿佛被禁锢的社交性格已经戏剧性地在一出值得我们一读的莫拉丁著的剧本中——这部戏剧的名字叫做《咖啡与新喜剧》——主要由剧中人之一堂·佩德罗在第一幕的第二场及第三场中予以说明了。——原注

幸和痛苦[1]。我们应当把它当作幸福生活的大敌，像压抑制止任何恶念一样熄灭中烧的妒火。这是塞涅卡给予我们的忠告；正如他正确地指出的那样，“拿自己的命运与别人的幸运相比，是一种自我折磨，若能避免此种苦行，我们将会满意自己所拥有的一切。”[2] 并且，“如果别人生活得似乎比我们要好，那么，想一想还有多少人身陷窘境。”[3] 事实上，当真正的灾难降临于我们时，最见效的安慰——虽然它也产生于像忌妒这样的同样根源——恰恰是想到了还有比我们遭遇更不幸的人；其次是想到世界上那些与我们处于相同命运的人——他们分担了我们的不幸和灾难。

至于忌妒，我们可以认为是针对别人的。如果我们遭到别人的忌妒，应当永远记住：没有哪一种仇恨像因忌妒而引起的仇恨那样难以和解；因此，我们应该小心谨慎，避免遭人嫉恨；并且，正如其他许多形式的不幸一样，由于其后果的严重性，我们也绝不要玩弄可恶的忌妒之火。

有三种类型的贵族：(1) 出身和地位上的贵族；(2) 财产上的贵族；(3) 精神上的贵族。其中真正最高贵的是第三种，人们最终将会认识到它荣居首位的资格。像弗雷德里克大帝这样卓越的国王也承认这一点——当他的内侍对下列一事表示惊讶时，即大臣和将军们都要屈位于内侍之下而伏尔泰却享有与国王和皇室人员同坐一桌的特权，

① 忌妒显示了人们是多么不幸，他们不断地注意别人做了些什么没做什么，显示了他们是多么的烦恼。——原注

②《论愤怒》，Tii，30。——原注

③《书简》第 15 章。——原注

弗雷德里克大帝便对其内侍说："精神上的出类拔萃是至高无上的。"

上述三种类型的贵族都置身于忌妒艳羡的人群之中。不论你属于哪一种类型，都将遭到他们隐秘仇恨的攻击；除非由于恐惧的威慑，否则，他们就总是因担心你明白你比他们优越而焦虑不安。这种焦虑不安使他们对现实存在的人们的忌妒心理暴露无遗，而正是这一点使你认清了他们的面孔。

倘若遭人忌妒，你就应当与心怀妒意的人保持一定距离，并且，尽可能避免与之发生联系。这样，在你与他们之间便形成一条难以逾越的鸿沟；这一点若做不到，那么，就泰然自若地迎战他们的攻击。在后一种情况下，以其人之道还治其人之身是最好的办法。一般来说，人们都是这么做的。

上述三种贵族之间通常是彼此相安，和谐共处的，他们之间不存在忌妒，原因在于他们各自的优越性会导致一种均衡。

□

在你将一个计划付诸实施之前，需要经过周密而审慎的考虑；并且，即使你经过深思熟虑，人类本身的不完善性也会造成种种局限；因为意外情况总会发生，比如各种无法预见的事故常常会突然发生，使你的精心谋划落空。这是从反面对问题的考虑——它告诫我们不要在重要问题上做一些徒劳无益的事——勿扰乱宁静。然而，一旦做出决定并可能开始工作，你就必须坚持到底并做出成就——既不要让新的想法干扰已经作出的决定，也不要对可能遇到的危险顾虑重重，而要让你的思想完全摆脱这些问题，不再去深究它们，要相信你已经适当的时间对这些问题作了慎重的考虑。一则意大利格言也提出了同样的忠告，歌德把它译为："欲骑须仔细备鞍，上马则勇往直前[1]。"

如果你失败了，那也因为人类事物本身就是充满侥幸和失误的游戏。连苏格拉底这位最伟大的智者也需要他的守护神的忠告，以便在有关他自己的个人事务中正确行事，或者，至少不要犯错误。这证明人类理智不能完全胜任它所承当的重担。有一种说法——据说最初源于蒲柏[2]的作品——认为，当不幸和灾难降临于我们时，至少在一定程度上，应由我们自己负责。如果说，并非绝对每次都是如此，那也肯定在绝大部分情况下都是如此。看起来，这好像与人们为逃避不幸而竭尽全力的努力有很大关系，由于他们惟恐自己所遭遇的不幸会暴露他们应承担的责任，他们总是对面临的灾难抱着乐观的态度。

□

在灾难已经发生、因而无法改变的情况下，你就不应再悔不当初，更不应去想用这样或那样的方法或许就能避

① 附带地提及一下，读者可能已经注意到，歌德以《格言集》为标题而提出的许多格言，都是从意大利文翻译过来的。——原注

② 蒲柏（Alexander Pope），1688—1744，英国启蒙运动时期古典主义诗人。——译注

免它；因为这种反省只能徒增自己的痛苦而使之无法忍受，这样，你将会变成一个自我折磨者。我们还是学学大卫国王的样子吧，只要他的儿子生病卧床不起，他就连续不断地祈祷，恳求耶和华让他儿子痊愈；但是当他儿子死去时，他却打一个清脆的响指，便不愿再多想这件事了。如果灾难降临时我们无法保持无忧无虑，那么，就只能求安慰于宿命论了，我们将清楚地明白所发生的一切都是必然性的结果，因而是不可避免的。

无论这一忠告多么真实可靠，它也是片面的，不完整的。当你灵魂得到解脱，获得片刻安宁时，这一忠告的作用无疑是巨大的；然而，当你的不幸来自你自己的轻率或愚昧时，或者，至少是部分地由于你自己的错误所导致时，考虑如何去避免这种轻率或错误则是有益的，尽管这是个极敏感的问题，但经常反省思考——一种自律的恰当形式——将会使我们今后变得更加聪明，更加完美。倘若我们发现了错误，就不应当——像通常所做的那样——文过饰非，或托辞辩解；而应当承认我们犯了错误，认清这些错误所导致的一切恶果，以使今后杜绝此类错误的重犯。毫无疑问，这是一种极大的痛苦。但是，我们应当记住：孩子不揍不成器。

□

在所有关乎我们幸福与痛苦的事物中，我们应当注意的是不要受幻想的驱使去建构那虚无漂缈的空中楼阁。首先，其代价是昂贵的，因为我们不得不立即推倒它们，由此便会导致种种痛苦和悲哀。我们还应提防不要在想像那种子虚乌有的灾难时伤心难过。如果这是些纯属虚构的或者可能性极小的灾难，我们就应当立即从梦幻中清醒，认识到事情的全部只是一种幻觉；我们将更加热爱现实生活而不是虚假的梦幻，幻象至多会告诫自己还存在着发生不幸的可能性——尽管这种可能性极其微小。无论如何，这些并不是想像力所钟爱的玩物，而只是我们在百无聊赖之际构思的空中楼阁，并且总是呈现出一幅令人愉悦的画面。那种可能产生可怕的梦魇的事物才真正是在一定范围内威胁我们的灾难，尽管它离我们还有一段距离；想像使我们透过虚幻的纱幕去看待可能发生的灾难，从而使它们显得要比现实中的灾难更加严重，更加可怕。这是一种奇特的梦幻，它不像那种使人愉快的美梦那样一醒过来便可使人摆脱；因为，甜美的梦很快就在现实中破灭，至多留下尚在可能之中的一丝淡淡的希冀。只要我们沉湎于悲观沮丧之中，幻觉——它不会如此轻易地消失——便产生；因为幻觉总是可以被人们认识到的。但是，我们常常无法估计可能性的精确范围，因为可能性轻而易举地就会变成可能的事物；于是，我们便自我折磨起来。因此，我们千万不要杞人忧天，徒伤脑筋；而要沉着冷静、从容不迫地考虑问题，虽然这个问题并不具体地与我们有关。在这里，我们不应当发挥想像的作用；因为，想像不是判断——它仅仅能产生幻觉，而这些幻觉往往导致一种无益的、甚至是极端痛苦的心情。

在这里，我坚持认为尤其应注意的是夜晚。因为黑暗使我们胆小如鼠，仿佛到处都是幽灵在游荡，这好比思想愚昧晦黯时产生的情景一样；那忽明忽暗、摇曳不定的灯光常使人感到危机四伏，胆战心惊。因此，夜晚，当我们思想松弛，判断力衰退时——此时，夜似乎更显深沉——我们的才智也会变得迟钝，容易产生混淆，无法把握事情的本质；在这种情况下，倘若我们思考相关于我们自己的个人利益的事物时，这些事物便以一种危险而恐怖的形象呈现出来。深夜，我们躺在床上时多半会出现这种情况，因为，这时精神已完全松弛，判断力根本不能履行其职责；而想像力则依然清醒活跃。黑夜使一切都蒙上了一层纱幕，使人不明就里。这就是为什么在我们入睡之前或处于似睡非睡状态时，我们的思想常常是这样混乱并把事实与梦境相颠倒的原因；此时，如果我们的思想专注于我们自己的事情，这些事情一般都显得可怕极了。一到早晨，所有这些恐怖都像梦幻般地消逝殆尽，正如一则西班牙谚语所说的那样：夜晚是五彩缤纷的，而白昼是无色透明的。

但是，即使在暮霭笼罩的黄昏，只要点燃烛光，思想就像眼睛那样，看事物不再如白天那样清晰；此时，不宜进行严肃的沉思，尤其是不宜思考那些令人不快的问题。惟有清晨才是沉思的恰当时机——当然，也应竭尽全力，无论是精神上的还是肉体上的。因为，早晨是一天之始，万物都是那么清新而富有生机；这时，我们感到自己强健有力，各种能力运用自如。因此，要珍惜早晨的宝贵时光，不要贪睡懒觉，不要将它空耗在无益的事务或无聊的空谈之中。在某种意义上，清晨时光就是生命的本质。我们的一切言谈举止都像是步入垂暮之年：无精打采、唠唠叨叨、头昏眼花，如此等等。每一天都是一次短暂的生命：万物苏醒、获得一次新生；每一个清晨都是一次初始，尔后万物都要静止安息，睡眠如同一次暂时的死亡。

然而，诸如健康、睡眠、饮食、温度、气候、环境等条件都纯粹是外在的条件，一般说来，会对我们的情绪乃至我们的思想产生重要的影响。因此，无论我们对事物的看法还是我们的行为举止，在很大程度上都受时间和空间的制约。所以，千万珍惜愉快的心境，它是多么难得！[①]关于我们的周围世界，我们不可能任意形成新的观念或自由发挥独创的思维：一切都必须顺其自然。所以，关于我们的个人事务也是如此，虽然我们已经决定预先考虑并竭尽全力去实现它，但是，我们仍然未必就能不失时机地把握它。因为，思绪经常会在没有任何外在契机的刺激下突然活跃起来；这时，我们可能会以强烈的兴趣狂热地任其在头脑里驰骋。在这种情况下，我们往往难以自制。

我所说的这种对想像的抑制，将会阻止我们扬起记忆的风帆，驶向那令人痛苦的往昔，或者冲淡我们曾经蒙受的伤害、不公正、侮辱、蔑视和烦恼等损失；因为，这样做将会振奋我们的精神，开始新的生气勃勃的生活，而所有那些可恶的情感——尤其是侵扰和败坏我们品性的愤怒和怨恨的情感——将被彻底埋葬。新柏拉图主义者普罗克勒斯[②]在一则脍炙人口的寓言中指出，在每座城市里，普

① 歌德语。——原注

② 普罗克勒斯（Proclus），前 410 ？—485 年希腊哲学家。——译注

通民众总是与那些富有而高雅的显贵们相邻而居，这样，便不再有什么高贵或威严，人人都一样。因为，在他们的本性深处都有各种低极粗俗的欲望。从而使其形同动物。听凭民众造反或任其在暗地里蛊惑人心，是不行的，那是一种可怕的情形，而这种情形是我所描述的那种想像力的爆发所致。哪怕最微小的不顺心——不论它来自于我们的同伴还是周围的事物——也可能被夸张为巨大的烦恼和痛苦，从而使自己落入智穷才尽、不知所措的境地；因为我们一味地沉湎对所处困境的郁闷焦虑的考虑之中，过分地渲染了所感受的种种困难。对那些令人不快的事采取一种漠然置之的态度则要明智得多。惟其如此，我们才能在困难面前应付自如。

如果你把一个小物体放在眼前，这样便挡住了你的视线，使你无法看见这个世界。同样离我们最近的人或事物——尽管他们微不足道——往往具有一种虚假的吸引力，可恶地占据了我们的头脑，使我们无暇顾及那些严肃的问题和重要的事情。我们应当抵制这种倾向。

□

当我们看见那些并非属于我们的事物时，极容易产生这样的想法：唉，要是我的，该多好！这时，我们往往深感自己的匮乏。与此相反，如果我们更经常地把自己置于另一种情况下：唉，要不是我的多好，或许更为恰当。我的意思有时是，我们也应当以这样的观点看待自己的所有物，即我们一旦失去便不可复得；无论它们可能是什么：

财产、健康、朋友、妻儿或其他我们所爱的人、马、狗等——通常只有在我们失去它们时才意识到它们的价值。倘若我们最终依我建议的方式看待事物，毫无疑问，我们将成为胜利者；我们将因此而立刻获得更多的愉悦，并且，我们还得竭尽全力以防失去它们；例如：不冒丧失财产的风险，不冒惹怒朋友的风险，不冒让妻子被引诱的风险或者不关心孩子健康的风险等等。

我们常常对未来寄予莫大的希冀，预测将来大功告成，并借此驱散心中的忧郁和愁闷；这是一个引起我们无限遐想的过程，其中不乏幻想错觉。一旦这些美好的希望被残酷的现实生活所破灭，我们必然陷入绝望之中。

如果把可能发生的不幸作为反省的主题，则要有益得多；因为，这样做时，我们已为自己提供了防范的措施，并且，如果灾难并未出现，更是令人喜出望外。事实上，当我们度过一个令人焦虑的时期后，难道不总是感到一种显著的精神上的升华吗？更进一步说，偶尔地考虑一下可怕的灾难也是有益的——这样一些灾难时常可能会发生的——尽管实际上它们已经发生了，因而我们对现实生活中经常发生的小灾小难更容易承受得多。这也是我们回想那从未发生过的灾难时聊以自慰的东西。但是，在贯彻这一规则时，必须注意不要忽视了我在前一节中曾说过的话。

□

吸引我们注意力的事物——无论工作要务抑或寻常琐事——都是千姿百态、形形色色的，如果单独并且以非固定的次序或关系来看，它们表现为一个反差强烈的混合体，并且无一雷同，不仅如此，它们影响我们的方式也是特定的。如果我们的思想与思想的种种问题协调一致，那么，在这些思想与思想的问题在我们心中引起的忧虑之间必然存在一种相应的不一致。因此，当我们着手进行某一事情时，第一步就是将我们的注意力从其他事物那儿收回：这将使我们不失时机地处理每一件事，并且，无论我们是喜欢它还是厌恶它，都要排除任何其他杂念的干扰。如此一来，我们的思想便仿佛被分别置入许多小抽屉中，我们既可经常打开其中的任何一个，同时又不侵扰其他。

通过这种方式将使我们从沉重的忧思——它严重地妨碍了我们当下的愉悦，剥夺了我们片刻的安宁——中解脱出来；否则，我们对此一事的忧虑将会干扰对彼一事的思考，对某一重要事务的关注可能忽略了许多偶然发生的无足轻重的小事。对于每一个思想高尚的人来说，最重要的是避免被个人事务和世俗烦恼所纠缠而不能自拔，从而排斥更有价值的事物；因为，那才真正失去了生活的目的。

正因为这一点——正如因为其他缘故一样——自制是极为必要的；没有它，我们就不能以正确方式——亦即我曾描述过的方式——对待自己。如果我们考虑到每个人都不得不服从于他周围的环境，自制可能就不显得那么困难了。并且，缺乏自制，任何形式的生存都是不可能的。进一步说，适当的自制可以预防来自他人的巨大的强制；正如在一个圆中，靠近圆心的一块极小的部位与圆周附近的部位相比，差约近百倍。没有什么东西能使我们免受外部力量的制约，正如我们不能没有自制一样。塞涅卡说，服从理智就是使万物从属于你。自制也是我们自身力量的体现。万一发生最糟糕的情况，使我们遭受不幸，我们也能缓和、减轻其严重性。倘若其他人必须运用强制手段而无视我们的情感，则他们将会冷酷无情地对待我们。因此，通过自制而预防强制是明智之举。

□

我们必须限定我们的希冀，抑制我们的欲望，缓解我们的愤怒；并且，要永远记住，个人所能得到的仅是他应具有的东西的极少的部分。另一方面，每个人在其一生中都必然遭受若干次灾难的折磨。总之，我们必须**忍耐和克制**。如果我们没有注意到这一点，那么，健康和能力都不能使我们摆脱痛苦的体验。这便是贺拉士提醒我们进行刻苦而细致的研究、锲而不舍地追寻宁静淡泊的生活的最佳途径是什么的含义，而不总是被那些徒劳无益的欲求、恐惧和希望骚扰，毕竟这些都是不足道的。在一切有识之士中，凡能合理支配的人，皆平和地度过一生之时光，不要总是让贪欲来烦恼你。

□

亚里士多德说：生命在于运动。显然，他是正确的。从肉体方面看，我们存在是因为我们的机体是不断运动的；从理智方面看，我们借以存在的是连续的占有——无论其形式是实际的活动还是精神的活动。我们常能看到这样的情形，当人们无所事事或焦虑不安时喜欢用手指、小棍或其他任何伸手可得的东西得得得地敲桌子。这正表明人性的特征从本质上来说是骚动不宁的：我们会立刻对无所事事感到厌倦。这是令人无法忍受的烦躁，它促使我们去调整自己的活动，引入某种方法，从而使自己获得更大的满足。活动！——我们若要有所创造，无论如何，就得学习，就要工作——太幸运了，没有活动我们就无法生存！一个人想要发挥其潜能，如果他能做到的话，那么，看看这种活动将会产生何种效果。倘若他能制造或建构某种东西——无论是一本书还是一只篮子——他将获得最大的满足。看到一件作品经过自己双手的劳作，日复一日直至最终完成，会使你从中获得直接的愉悦。这是一种相关于一件艺术作品或一件手工艺品、甚至仅仅一种手工劳动的愉悦。当然，一件作品越是优秀，它给人带来的愉悦也将更大。

从这一观点来看，那样一些人是最幸福的，他们意识到伟大的目的激发创造伟大作品的能力，它使他们的生活具有一种高雅的情趣；但是，由于它忽略了常人的生活而曲高和寡，相比较而言，成为某种枯燥乏味的东西。同时，他们极富天分，因而对于生活和世界具有一种独特的、超越了日常生活中人人都有的情趣，是某种异于传统的东西。正是从生活和世界中，他们采撷创作的素材；并且，只要一摆脱个人需求的压力，他们立刻全心身地投入勤勉的采撷工作。他们的才智也同样如此：在一定范围内，可以说具有双重特性，一方面，他们将才智用于日常生活中的平凡琐事——这些事对于他们和普通大众都是极寻常的；另一方面也运用于他们的独特工作——对生存的纯粹客观的静观和反省。在世界这个大舞台上，绝大多数人默默无闻，尔后便永远消失，只有天才过着一种双重生活，他们既是演员又是观众。

那么，还是让每一个人都做些力所能及的事情吧。没有固定的工作，也没有确定的活动范围——这是一件多么可悲的事情！长期的动荡不安给人造成了极度痛苦；因为缺乏那种被称作占有的东西迫使他超出了自己正当的活动范围。努力吧，与困难进行搏斗！这就是像田鼠那样孜孜不倦地奔忙于地下的人的本性！满足他的全部欲望是某种令人难以忍受的事情——持续太久的愉悦往往导致一种停滞感。战胜困难就是充分体验生存的快乐，无论我们将在何处碰到障碍，不论在生活中、社交中、工作中还是在精神的劳作——亦即在试图左右其对象的精神探寻中。斗争以及胜利永远会给人带来快乐。倘若一个人没有振奋自己的机会，就应当尽可能创造机会，并且，依据他个人的能力和嗜好决定自己是去打猎还是玩台球；或者受他本性中这种不可怀疑的因素的引诱，他将与某人发生冲突，或策划一项阴谋，或参与诈骗流氓活动——所有这一切都是为了结束那令人难以忍受的死气沉沉的静止状态。正如我所指出的，当你无所事事时，很难保持悠然娴静的心情。

□

人应当避免受其想像力幽灵的诱惑。这与服从经过深思熟虑的思想的引导并不是一回事，但却是被大多数人误用的生活规则。倘若你深入考察周围的事物，经过一番研究最终对某一特定事物发生兴趣，一般来说，你会发现能够对你的选择产生影响的并不是任何编排有序的观念——尽管这些观念能够导向符合规则的判断——而是某种奇异的想像，这种想像似乎可以替代那尚在争议中的选择。

在伏尔泰或狄德罗的小说——我忘了确切的出处——中，像站在十字路口的年轻的赫尔克里斯[1]那样的英雄，是无法看见任何善的踪影的，惟有左手握着鼻烟盒并从里面取出一撮烟丝接着开始作道德说教的他的老师，才能看到善；此时，恶扮着他母亲的形象出现了。尤其是在青年时代，我们常常容易把不遗余力而为之奋斗的目标变成虚幻的幸福憧憬，这些美丽的憧憬不时地浮现在我们眼前，有时甚至在我们整个一生中都盘桓于我们的脑际——这是一种虚假的精神；因为，当我们意识到这是梦时，幻景便会消失；于是我们明白了梦幻允诺于我们的都是虚妄不实的，这种认识已为现实所证明。家庭生活的情景也时常如此——我们的家庭生活的细微画面将以类似的场面表现出来，城市及社会的生活，甚至乡村生活无一不是如此，——我们所拥有的这类家园，包括它的环境以及那些赋予我们荣耀和尊严的名声，也都如此。在这里，无论我们的嗜好是什么，人各有所好。我们对梦魂萦绕的情人也常常是这样的。所有这一切对都完全是自然的。因为，我们想像的直接感染我们心灵的那些幻想，表面上看来仿佛

① 赫尔克里斯（Hercules），希腊神话中的大力神。——译注

就是真实的对象。这些幻想比抽象的观念更直接地影响我们的意志；因为，抽象观念仅仅提供一种暧昧不清的一般外观，缺乏生动而具体的细节，而这些细节恰恰是那些幻想的真实部分。我们能够间接地受到抽象观念的影响。然而，它仅仅是一种抽象的观念——尽管它愿意尽可能实现它所允诺的事情，正是这种教育功能使我们相信它。当然，如果需要的话，抽象观念也必须加以解释——按其原来的涵义加以解释——即借助栩栩如生的图像；但是必须慎重，言外之意要打折扣。

□

上述规则可以被看做更为普遍的规则的一种特殊情况，即一个人绝不应该让他自己受当下印象的驾驭，或者，完全不受外部现象的支配，这种印象或现象的作用要比单纯的思想劳作或观念的训练绝对地大得多；这些当下印象并非因为它们所利用的感官材料而丰富多彩——事实上，恰恰相反——而是因为对于感官来说，它们是某种显而易见的并且直接发挥作用的东西；它们强行侵入我们的头脑，扰乱我们的反应并破坏我们的决定。

迫在眉睫的事立刻会产生它的全部结果，理解这一点并不困难，但是，进行思想的劳作或论点的评判则需要时间和闲暇，正如在同一时刻思考全部问题是不可能的一样。这就是为什么我们如此易受享乐诱惑的原因，尽管我们曾竭尽全力抵制这种诱惑；或者是如此易为侮辱激怒的原因，尽管这种侮辱的导因根本不足挂齿；或者也是如此易被批判惹恼的原因，尽管我们知道批判者完全不能胜任其责任。同样，且不提任何别的例子，我们有许多理由认为，没有比一个实际上近在眼前的错误观念更严重的危险了。所有这一切都显露了人类本性中根本的非理性。女人们常常为这种占优势的当下印象所诱惑，并且，很少有人由于受到如此之多的理性的重负而从一种相似的原因所导引的痛苦中解脱出来。

如果说，凭借单纯的思想劳作尚不足以抵制某种外在影响，那么，最好的办法是以相反的影响来抵消它。例如，我们可以通过谋求与那些对我们评价较高的人交往，来消除受侮辱的后果；也可以通过迅速选择应急措施，以避免由迫在眼前的危险引起的不愉快的感觉。莱布尼茨讲到一个意大利人的故事：这个人通过一刻不停地想着那等待他的绞架来咬紧牙关挺住酷刑的折磨，以免吐露秘密；他不间断地大声喊叫着：我看见它了！我看见它了！——在以后他解释这正是其部分的计谋[1]。正是出于某种类似的理由，我们发现独自一个人若想坚持对某一问题的不同看法是如此地困难——这种踌躇不定的痛苦并不是由于大家都与我的看法不一致因而做法也大相径庭的事实所造成的，尽管我确信他们错了。举一个逃避追捕的流亡首领的例子，他一定会从一个忠实的随从——这个随从小心谨慎惟恐暴露了主人隐秘的藏身之处——那拘谨而谦恭的态度中得到莫大的安慰，这使他毫不怀疑自身的存在。

① 《人类理智新论》，第一卷，第 2 章，第 11 节。——原注

□

在本书的第一部分，我曾坚持认为健康作为构成幸福的主要和最主要的因素，有它的巨大价值。我强调并坚持上述观点，并为此提出若干普遍规则。

锻炼身体使之强健的方法，是在身体状况良好时，参加大量的劳动——既锻炼整个身体也锻练身体的各个部位；并且，为了抵制各种病毒的侵袭而养成劳动的习惯。一旦身染疾病——不论是全身抑或某种器官——其表现形式常常是大相径庭的，并且治疗及护理方式也各不相同，效果更是大不一样；因为，疾病不可能有固定不变的形式。

体力可以通过大量运用而得到强化；但神经则不然，神经的过度使用会导致衰竭。因此，一方面，我们可以借一切适合的方法训练体力；另一方面，应当注意尽可能不要使神经过于疲惫。例如，不要让眼睛受强光的刺激，尤其是不要受强烈反光的刺激，不要在黑暗中看东西或者长时间观察细微精密的物体，不要让耳朵受巨大声响的震动。最重要的是不要对大脑施加压力，或使用过度，或在不适当的时间里使用。使用一段时间后应休息片刻，因为，大脑——正是它孕育了种种思想——有大量其他的工作要做。这里，我指的是消化器官，它提供乳糜和乳糜汁。出于类似的理由，绝不能在进行剧烈的体力锻炼时使用大脑，或者在进行剧烈的体力锻炼之后立即使用大脑。因为，运动神经在这方面与感觉神经是一样的；当肢体受伤时，它在大脑相对部位的神经便会产生痛感。同样，实际上，并不是我们的腿和臂在工作或运动——而是大脑，或者严格说来，是大脑的相应部位通过脊椎的中介作用，刺激了肢体的神经并使它们处于运动状态；因此，当我们的腿或臂感到疲乏时，这种感觉的真正发源地在大脑中。这就是为什么肌肉只有同大脑相联系才能处于自觉主动的运动状况，才能产生疲乏感的原因，换言之，肢体的活动依赖于大脑。那些处于无意识工作状态的肌肉或心脏，则非如此。显然，如果在同一时刻迫使大脑既进行剧烈的体力训练又进行理智思索，或者两种活动间隔时间太短，那么，大脑肯定会受到损害。

我的上述观点与下列事实并不矛盾，即在一次步行的开头阶段或一次散步的任何时刻，常常会产生一种精神的兴奋感。大脑进入工作状态的那一部分尚未到疲乏程度；此外，轻微的体力劳动有益于呼吸器官，并能产生一种更纯更多的氧化物供给主动脉，再由主动脉将新鲜血液输送至大脑。

同样十分重要的是让大脑得到充分休息。这是大脑恢复功能必需的；因为，睡眠对于人来说如同给钟上发条一样[①]。这一适度是直接随大脑的发育和活动而变化的；超过了这个度就是浪费时间，因为，倘若如此，那么，睡眠的

① 参见《作为意志和表象的世界》，第4版，第二卷，第236—340页。——原注

时间越长，其熟睡的程度就越低①。

应当明确理解的是思想仅仅是大脑的固有功能；为了能像其他任何有机体功能那样运用和休息，它必须服从同样的法则。用脑过度会导致脑损伤，就像眼的使用一样。正如胃的功能是主消化，大脑的功能是主思想。灵魂——作为某种基本的、非物质的东西，仅仅存在于大脑之中，其基本功能的发挥全然是自发的，亦即永远不知疲倦地思考着。毫无疑问，有关灵魂的学说驱使着人们去做荒唐事，并导致理智力量的减弱；弗里德里克大帝甚至曾经试图养成不睡觉的习惯。倘若哲学教授们不再散布具有毒害作用的学说，那将是再好不过了；然而，这恰恰是教条式哲学所导致的后果，即婆婆妈妈地试图同问答教义保持良好关系。一个人应当习惯于从生理功能看得他的理智力量，并且，根据实际情况决定是保护它们还是使用它们；它应当记住任何一种肉体损伤——无论是疾病还是机能失调，也无论伤在身体的哪个部位——都会对精神产生影响。据我了解，关于这个问题的最可取的意见是卡巴尼斯（Cabanis）在他的《人的肉体和精神的关系》一书中提出的。②

由于忽视了这一规则，大多数天才人物和伟大学者变

---

① 引同前书，第 275 页。睡眠是一种短暂的死亡，借以保持和更新在白昼已经消耗了的那部分生命。或者，也可以说，睡眠是我们为死亡所收取的资本而不得不付出的利息；并且，利率越高，相应地付出的利息也就越多，已被拖延的救赎日期也就越近。——原注

② 叔本华在这里提及的这部著作是由卡巴尼斯（1757—1808），一位法国哲学家论述以生理学为基础的精神和道德现象的论文集。卡巴尼斯在临终前完全放弃了他的唯物主义立场。——英译注

得脑筋迟钝，幼稚可笑，当他们步入老年时，甚至会完全疯癫。无需再举其他例子，毋庸置疑的是本世纪初著名的英国诗人司各特（Scott）、华兹华斯（Words worth）、骚塞（Southey），在他们的晚年，不，甚至刚过了六十岁，就变得感觉迟钝、呆笨无能；他们的这种愚钝可追溯至这一事实，即在他们生命的这一阶段，已为高报酬允诺所诱使而把文学当作商品，去为钱而写作。正是这一点使他们误入智力的一种非自然的妄用之中；一个将佩格斯[1]套上马具并用鞭子驱策缪斯的人将不得不付出一笔违约罚金，就像其他能力的妄用也需付出罚金一样。

甚至在康德那样的情况下，我猜想在他最后四年的耋期中出现的稚拙，完全是由于他后半生及在他逐渐成为名家之后劳累过度所致。

一般来说，一年中的每一个月都会对我们的健康的身体状态、甚至对精神产生特殊而直接的影响。这是一种以气候为转移的影响。

3. 了解他人

一个人在其人生旅途中随时准备做并且也能够做到以下两件事（认识到这一点将使他大获裨益）：防患于未然与豁达大度。前者使他免受损失和伤害，后者使他避开冲突与争吵。

① 佩格斯（Pegasus），希腊神话中诗神缪斯的飞马，其足踏过之处有泉涌出，诗人饮之可获灵感。——译注

一个必须生活于他人之中的人，绝对不应抛弃任何在自然秩序中占有一席之地的人——尽管他极为邪恶、粗鄙或荒唐可笑，也应该把他作为一个不可更改的事实接受下来，所谓不可更改，是因为它是一种内在本性的必然结果。若身处逆境，他应牢牢记住摩菲斯特的话：世界上总有傻瓜和恶棍[①]。倘若他另行其事，那么，他无疑是犯下了弥天大罪，是向被他抛弃的人进行生死挑战。任何人都无法改变他自己的独特个性，诸如他的道德品格，他的理智才能，他的性情或体格；如果我们谴责他，把他说得一无是处，那么，除了使我们卷入一场拼死冲突外别无他择；因为，事实上我们使他落入了这样一种境地，即他只有改变自己，重新做人，方有生存的权利——然而，这是不可能的；他的本性决定了他的一切。

所以，如果你必须生活于他人之中，就必须允许每个人都拥有按其特性生存的权利，无论其结果将是什么：你应当做出的全部努力是顺其自然地、恰如其分地利用其特性，而不应希图其本性有任何改变，或随意谴责它，这便是“待人宽容如待己”这句格言的真实含义。无论如何，这是一项其难度和正确均成正比的任务，那些避免与同类过往甚密的人才是幸福的。

容忍别人的艺术可以通过对无生物实施耐心的方法而习得，根据某种机械的或普遍的必然力，这种忍耐顽强地阻止了我们行为的放肆——是日常生活所要求的一种宽容方式。如此获得的宽容或许也适用于我们与之交往的人，

① 歌德：《浮士德》，第一部。——原注

我们要使自己习惯于将他们的对抗——无论在何处遇到这种对抗——看做他们本性的必然结果。他们赖以反对我们的就是支配非生物的对立的同一条不可抗拒的必然性法则。如果我们对他们的行为感到愤慨，就如同跟一块挡住你的去路的石头一样愚蠢可笑。与人交往最明智的办法是决心利用那些你无法改变其本性的人。

□

一个人只要与另一个人开始谈话，哪怕是极琐碎的话题，也立刻能感觉他们之间在智力、气质上的差异或相似，这种差异或相似显示得如此迅速和容易，令人大为吃惊。当两个本性迥然相异的人谈话时，其中一个人所说的几乎每件事都在不同程度上惹恼另一个人，并且，尽管谈话转向最怪诞的话题或双方均无任何真正兴趣的话题，在大多数情况下仍会导致不快的气氛。另一方面，本性相近的人则立刻会感到彼此间的一种默契；如果他们的脾气完全相同，那么，他们之间的交往将是极为和谐一致的。

这使两种情况得到解释。首先，它表明为什么正是一般的普通大众如此喜爱交际，为什么正是他们能在任何地方找到称心如意的伙伴。唉！这些善良、可爱、勇敢的人们。这正是他们与那些非凡人物的差异；后者越是非同寻常，越是不爱交际；所以，如果他们在孤独中偶然遇到一个其本性中有某种能够引起他们共鸣的东西的人，如果这种心灵的共鸣不是转瞬即逝的，那么，他们将感到极大的喜悦。因为人与人之间的和谐程度是关乎双方的。伟大人物像雄鹰那样总喜欢把栖巢孤零零地筑在高处。

其次，我们能够理解为什么气质相近的人如此迅速地一拍即合，仿佛他们彼此都为对方的魅力所吸引——两个心心相印的灵魂。当然普通大众由于其经验和低下的智力而有更多的机会碰到这种情况，相反，那些生活富裕而性格怪僻的人则极少碰到这种情况，我之所以称之为性格怪僻仅仅因为我们很难找到这样的人。

例如，一大帮人为了一定的目的——解决某个实际问题——而组成一个团体，倘若他们中间有两个恶棍，那么，他们很快就会彼此认出对方，仿佛佩戴了一种相类似的标记，并且，他们立刻会聚在一起密谋不法行为或反叛行为。同样，如果你能想像——这是不可能的——在一大群才智超众的人中，有两个傻瓜，他们俩肯定会同病相怜，并且马上会暗自庆幸在这个团体中终于找到了知音。看到这样两个人——尤其如果他们道德败坏、头脑愚钝——彼此一眼相中，很快成为知己；看到他们笑容可掬、欢呼雀跃地扑向对方并互相致意，仿佛他们早已是多年的老朋友，这实在令人惊奇不已。显而易见的是他们信奉佛教的轮回说，以为他们前世的生存形态具有相似性。

尽管一般来说，人们彼此间是协调一致的，但它们仍互相保持间距；或者，在某些情况下，他们之间仍会产生一种偶然的冲突。这应归咎于心境的差异。很难发现精神状态完全一致的两个人，这与他们的生活条件、地位、环境、健康以及此时此刻的思绪等不同有关。这种种差异使得那些性情极为相近的人也会产生不和谐。调整情绪仿佛将温度调到一种常温，以消除不和谐，这是一种要求达到高层文化的工作。情绪的均衡是产生稳固的友谊的范围，这一范围是由情绪波及的交往伙伴来调整的。例如，当一大群人聚集在一起，并带着某种客观的令人感兴趣的事——它对所有人都产生作用并以同样的方式发挥影响，无论它是什么：一种共同的危险或期望，某件重大新闻，一次奇观，一场比赛，一段乐曲或其他诸如此类的东西——你将发现它们会引起大家思想的共鸣，并使每个人都流露出一种真实的好奇心。在他们中间将会产生一种普遍的愉悦感；因为吸引他们注意力的东西能够压抑所有私下的或个人的兴趣而导致情绪的协调一致。

倘若没有我所说的那种客观的事物，那么一般来说，总有某种主观的东西。一瓶葡萄酒能引起融洽的友好感情，已不是什么罕见的事了，甚至茶和咖啡也常用于同样的目的。

冲突不和作为情绪差异——这种情绪往往是偶然的、暂时的——的结果如此轻而易举地浸入所有的社会交往中，这也在一定程度上解释了为什么记忆总是理想化的，有时甚至是神圣化的，由于我们无法保留所有转瞬即逝的印象——这些印象曾在某些偶然的场合和时间里搅扰过我们——从而使我们在过去的某个时期曾经有过的情绪发生了变化。就此而言，记忆就如一只模糊的照相机镜头：它将一切均收入镜头中，所以产生了比实际景致更美好的画面。就人而言，被摄入记忆的镜头则常常没有一点效果，因为，虽然记忆的理想化倾向需要时间的协助才能发挥作用，同时它又立即开始作用。因为，只有经过相当长时间的间隔再去见你的朋友或熟人才是明智的；当你再次再见到他们时，你将注意到记忆已经开始发挥作用了。

□

人不可能目测自己的身高。让我来解释一下这句话的含义。

你不可能从别人身上看到比自己更多的东西，你的才智全然决定了你力所能及的范围。倘若你是个低能儿，那么，即使他们才智超群也对你毫无影响；你所看到的仅仅是他们个性中最平庸的方面——换言之，仅仅是那些品性和气质中的弱点和缺陷。你对一个人的评价仅局限于他的不足之处，你看不见他的优秀的精神素质，就像盲人看不见色彩一样。

从一个笨人身上是看不见才智的。在批判别人作品的尝试中，这种批判所具有的知识等级是这种批判的本质部分，这正如作品本身的观点是作品的精华一样。

因此，与他人的交往涉及到将水准降至同等的问题。一个人所具有但不为其他人所同时具有的素质在他们碰到一起时就不会起作用；当一个人为其同伴做出牺牲时，这种自我牺牲并不能博得他人的赏识。

一想到大多数人是如此的卑鄙肮脏、如此地麻木不仁，换言之，如此地庸俗下流，你将明白除非你自己变得跟他们同样庸俗下流，否则你绝不可能与他们对话。就此而言，粗俗行为如同电流，极易传导。你也将完全懂得“自轻自卑”这句话的真实和恰当的含义。并且，你会乐意避免与那样的人交往，即他与你交往的惟一可能之处恰恰是你本性中的那一部分——它曾是你最没有理由引以为自豪的东西。所以你将领悟在与傻瓜和笨人打交道中能够显示你的聪明才智的惟一办法是不与他们交往。当然，这意味着当你踏入社交界时，你可能常常感到自己像应邀出席一次舞会的出色舞蹈家一样，当你到达舞场时，立刻发现所有的人都是跛子——和谁跳舞呢？

□

我感到我敬重这样的人，即他是一百个人中间的出类拔萃者，——当他正在等待或无所事事地坐着时，总是忍不住用碰巧拿在手中的东西，比如棍子、小刀或餐叉等，敲得咯咯作响或挥舞着打拍子。他可能正在思考某个问题。

对于大多数人来说，他们的观察力完全支配了他们的思考力；他们似乎只有置身于喧嚣之中才意识到存在；除非他们碰巧正在抽烟，因为这也同样可以达到类似的目的。正是因为这一点，他们眼观耳听注意着周围正在发生的一切。

□

拉·罗彻福考尔（La Rochefoucauld）做出了惊人的论断：一个人既想感受到别人的尊重同时又从这同一个人那里体验到挚爱是十分困难的。倘若如此，我们将不得不进行选择，或者是从我们的同伴那里得到尊重，或者是爱。

他们的爱总是自私自利的，虽然其表现形式多种多样，并且，我们过去为赢得这种爱而常用的手段并不总是使我们引以为自豪。一个人被另一些人所爱主要的是通过这种方式亦即言谈适中、举止稳重而博得后者的好感和聪敏的印象。但是，他就必须坦白直率而无矫揉造作——不仅仅是出于忍耐。但从本质上说，这也是一种蔑视。这使人想起爱尔维修[1]的极真实的评论："衡量我们才智的一种最精确的尺度是它必然使我们得到满足。"如果把这一论断作为前提，则很容易推导出结论。

至于说到尊敬，情况恰恰相反。很难勉强使别人尊敬你，这其中的理由极难揭示。因此，与爱相比较，尊敬能给人以更为真实的满足，因为它总是相关于个人的价值，而爱则并不直接相关于个人的价值，爱在本质上来说是主观的，而尊敬则是客观的。毫无疑问，被人爱要比受人尊敬更为有用。

□

大多数人是如此地主观武断，除了他们自己，以致没有什么事能真正引起他们的兴趣。他们只要一说话就总是先考虑自己，他们的全部注意力都为那些最偶然的但又对他们个人发生影响的小事所吸引和侵扰，这绝不是无关紧要的；由于他们没有精力去对事物做出客观的评判，才使

① 爱尔维修（Claude Adrien Helvetius），1715—1771年，一位备受叔本华推崇的法国哲学家。他的主要著作《论精神》由于宣扬唯物主义而在他那个时代曾激起人们的极大兴趣，同时也遭到强烈的反对。——英译注

他们与别人的交往成为这种样子；他们无法正确地分辨什么是他们的兴趣，什么是他们的虚荣心。他们太容易被激怒和烦扰，以至于在与他们讨论任何非个人的问题时，你必须小心翼翼，尽可能使你们的谈话避免涉及你面前的这些可敬而又敏感的人。因为，你将要说出的任何话语都有可能伤害他们的感情。实际上，人们对那些与他们个人无关的事才真正地漠不关心。他们对任何真正的、吸引人的经验知识和美好的、神奇的、有趣的事物都无动于衷：因为他们不可能理解或感受它们。但是对任何打扰他们无聊的虚荣心——哪怕以最间接的方式——或者从不利的方面影响了他们那极宝贵的自我的事物，则极为敏感。在这方面，他们就像被你无意中踩了一下的小狗，立刻会尖声狂吠起来；或者像浑身长满疮肿和疖子的病人，你必须以最大的谨慎避免不必要的碰触。在一些人中，其敏感性已达到这样一种程度，倘若他们正与某人谈话，而对方显露或没有完全隐藏他的才智和精明，他们就会视此为一种公然的侮辱；尽管他们当时掩饰了自己的不快，但是，事后与他们谈话的人总要反省自己的行为，绞尽脑汁地回顾自己究竟可能说了些什么而引起了他们的怨恨和愤怒。

但是，这正如易受别人恭维谄媚一样，他们也易被别人拉拢争取；这便是为什么他们的判断通常总是破绽百出以及他们的意见是摇摆不定的原因。对于他们来说，判断或意见不是依据事实上的正确与错误而裁定的，而是根据他们所属的那个团体或阶层的偏好来决定的。所有这一切的根本原因在于，在上述这样的人中间，意志力极大地支配了知识；因此，他们那贫乏的理智已完全服从于意志，并且，一刻也不能摆脱这种从属的地位。

占星术为这些人的那种可悲的主观性提供了极其动人的证据，这促使他们把一切都看做仅仅与他们有关的事物，却没有想到任何事物都不是直接关涉于个人的。占星术的目的是要将天体的运动引入可悲的自我之中，以便在天空的一颗彗星与地上的人类纷争和罪恶之间建立某种关系。

□

无论是当众、或是在社交中、还是在书本中，错误的陈述一经做出并被大家所接受，——或者说，无论如何没有被驳倒——你就没有理由感到失望，或者认为还有悬而未决的问题。当你想到问题将会逐渐受到检验并弄个水落石出，它将受到深思熟虑、反复讨论，并且一般说来，最终总会得出正确看法，你应当为此而感到宽慰；所以，只要经过一次——次数的多少依据问题的难易程度而定——每个人都将立刻明白一个头脑清晰的人是如何理解问题的。

当然，同时你还必须有极大的耐心。一个众人昏聩而惟独他头脑清醒的人就像一个这样的人，即当他生活于其中的城镇中所有的钟都不准而惟独他的表是准确的。他知道正确的时间。然而，这于他又有何用呢？因为，大家都以错误报时的钟为准，甚至那些知道惟有他的表才是正确的人也不例外。

□

像孩子一样，如果你溺爱他们，他们就会变得任性顽皮。

因此，对任何人都不要过于溺爱和仁慈。你可以视此为一条普遍规则：你拒绝一位朋友借款，并不会失去这位朋友，然而，你却喜欢假意答应他的借款要求。出于同样的理由，你并不准备由于你行为举止的骄傲与粗心而疏远别人；但是，倘若你对他人太和善殷勤，那么，你就会促使他们变得妄自尊大、令人难以忍受，最终将使你们的友谊破裂。

这会使那些人心理失去平衡，因为他们认为你是依赖于他们的。于是，他们便会以横蛮无礼、盛气凌人的态度对待你。的确，有这样一些人，当你与他们交往时，你会发现他们是如此粗鲁野蛮。例如，倘若你偶然与他们推心置腹地谈论一些心底的秘密时，他们立刻会自以为能够随意伤害你，并且试图违犯社交规则。这就是为什么你愿意与之结交的人如此之少的原因，并且也是为什么你应当避免与庸俗之辈交往的原因。如果一个人最终认识到我虽然依赖他，但是，他更依赖于我，那么，他立刻感到仿佛我从他那儿偷了什么东西；他将会竭尽全力要报仇雪恨。在与他人的交往中，惟一能够达到超然境地的方法是让人们了解到你是独立于他们的。

根据上述观点，让你熟识的每一个人——无论是男人还是女人——经常感到没有他们你也能生活得非常好，这种做法是可取的，它将会使友谊更加牢不可破。甚至，在你与他们的交往中，你偶然流露出一丝轻蔑之意也无妨；那样会使他们更加珍视你与他们的友情。正如一则意大利格言所说的：“轻视他人，为了赢得他人的尊重。”但是，如果我们真正极为尊重一个人，那么，我们则应该把上述想法视为一种罪恶而隐藏起来。这样做并不让人感到高兴，然而，它是正确的。对待一只狗都不应过分和气，更何况对待人！

□

常有这种情况，即那些具有高尚品质和伟大天赋的人在世俗智慧和人事关系方面的知识显得奇缺和匮乏，当他们年轻时尤其如此；因而很容易被人欺骗或被引入歧途；另一方面，普通大众在立身处世方面则更容易获得成功。

其理由在于，当一个人很少有或几乎没有经验时，他就必须借他自己先在的知识去进行判断，并且，在需要加以判断的事物中，先在的知识与经验相比决不在同一水平上。因为，对于普通大众来说，先在知识意味着他们自己的自私自利观点。这与那些品质和精神都高于普通平民的人的情况不同。严格说来，就他们的非利己方面而言，他们与另外一类人大相径庭，当他们以自己的高水准去衡量、评判别人的思想和行为时，结果往往与他们的预测不相符。

但是，倘若一个品质高尚的人最终认识到（作为他的亲身经验或从别人那里得到的教训），在一般情况下，可期望人们做些什么——也就是说，五六十岁的人在道德上、理智上是什么样的，如果环境并没有让你与他们建立关系，那么，你最好还是避开他们，尽可能不要与他们共事，——而且，你简直不知道怎样才能恰如其分地描绘出他们可悲的中庸和卑劣的本性：他们的人生道路如此漫长，你将不得不为已经形成的对他们的评价进行扩展和补充；同时，你还将犯大量的错误而使自己受损。

此外，当你真正接受了你曾受惠于它们的种种教训之后，你再置身于那些你并不了解的社团时，偶然会出现这种情况，即你将惊讶地发现他们都显得那么通情达理——无论是在他们的谈话中还是在他们的行为中——事实上，他们是相当正派、诚实、有道德、可信赖的人，而且，他们还非常机敏和聪慧。

但是，你不应当为上述现象所迷惑。人的本性并不像那些拙劣的诗人，诗人们为我们塑造了一个傻瓜或恶棍，他们做得如此笨拙但意图则是明显的，即要使你以为诗人在操纵着他所塑造的每一个人物，可以不断地推翻他们的意见并警告你：**这是一个傻瓜，那是一个恶棍，别管他们说什么**。人的本性的作用像莎士比亚和歌德所说的那样，塑造了他们的每一个人物——即使他是魔鬼——当诗人们以其若干诗篇使之出现在我们眼前时，似乎完全是公正不偏的；那些人物被描述得如此客观以致激发了我们的极大兴趣，并促使我们赞同他们的观点；因为，像那些本性的作品一样，这些人物中的每一个都是作为某种隐秘的规律或原则的结果而形成的，这使他们的一切言行举止都显得那么真实自然并因此而是必然的。如果你以为在这个世界上能看见长着触角的恶魔或晃着铃的傻瓜招摇过市，那你必定受骗成为恶魔或傻瓜的牺牲品或玩物。

应当铭记于怀的是，在与他人的交往中，人或者如一轮圆月，或者像一弯月牙。他们向你展现的仅仅是他们的某个方面。每个人都具有一种模仿的内在天赋——即他能制作一副掩盖其真实面目的假面具，以便能使自己看起来仿佛生来如此；由于他总是在他个人本性的圈子里精心设计；从而使他在扮演适宜他的假象时往往惟妙惟肖、恰到好处。但是，这一切实际上都是虚假骗人的。无论何时，只要他想得到别人的奉承就戴上他的面具；你或许注意到这面具是蜡或纸板做的。别忘了那句绝妙的意大利谚语："摇尾乞怜的狗没有不讨人喜欢的。"

在任何情况下，你都不要对一个新近结识的人给予过高的赞誉，否则，你很可能会大失所望，并且，你会因此而惭愧甚至受到某种伤害。我所谈论的这个主题还有另一个需要提及的事实，即一个人的品性往往通过他对一些日常小事的处理而表现出的——因为此时他是毫无戒备心理的。这为我们提供了观察一个人的人性中欲壑难填的利己心以及毫无利他之心的极好机会。如果这些弱点和缺陷是通过一些琐事或一般行为显露出来的，那么，你将会发现这些弱点和缺陷也同样体现在一些重大问题上，尽管他会掩饰这些弱点和缺陷，伪装事实。这是一个不应失去的机会。如果在日常琐事中——即生活中细琐的小事，这是些最低规则也不适用的事情——一个人对别人冷漠无情，只是一味追逐有利或适宜于他自己，却有损于他人权利的东西；如果他擅用属于大家的东西，那么，你可以肯定他是一个毫无公正之心的人，是个彻头彻尾的恶棍，只有法律和强制才能束缚他。出门在外千万不要轻信这种人。如果他有胆量破坏他个人交际圈的规则，并且在他这么做却不受惩罚时，他将会进而破坏国家的法律。

倘若普通平民都是优点胜过缺点，那么，信赖他的正义感、他的刚直不阿和感激之情、他的忠实、挚爱和同情心，而不是利用他的胆小怯懦，将是一种较为可取的方法。反之，倘若缺点胜过优点，那么，采取相反的办法则更为稳妥。

倘若我们与之交往或必须与之交往的任何人表现出令人不快或令人厌恶的品质，那我们就必须思忖这个人是否值得我们容忍其品质经常地或以更恶劣的形式表现出来并与之保持往来[1]。关于对这个问题的肯定答案是勿庸赘言的，因为言谈毫无益处。我们必须对此表示容忍，无论是有意还是无意。不过，我们还应记住我们将因此而使自己再次遭受损害。倘若回答是否定的，那么，我们就必须同我们那可尊敬的朋友立即并且永远断绝关系；或者，把他看作一个不合格的仆人，毫不犹豫地将他解雇。因为，必要时他将不可避免地要重新犯罪或作恶，即使此时他装扮出与他的厚颜无耻格格不入的那种深沉和真挚的感情。对于一个人来说，他可以忘却一切，绝对地忘却一切——除了**他自己，他的品性**。因为，品性是难以改变的；一个人的一切行为均源于一种内在本性，由于这种内在的本性，

① **不念旧恶**，意味着抛弃以昂贵的代价换取的经验教训。——原注

他在类似的环境中的行为总是如出一辙，别无二致。顺便提及我的那篇题目为“意志自由”的获奖论文，读者只要仔细研读这篇文章就会消除关于这个问题的全部困惑。

与一个你已绝交的朋友重修旧好实际上是一种懦弱的表现。当他第一次在背后干了些损害你们之间友谊的事时，你宽恕了他，他就可能变本加厉，越发大胆放肆，因为，他已经悄悄地意识到你不能不与他交往。当你重新雇佣一个曾被你解雇的仆人时，他也同样会变得令人难以忍受。

此外，斗转星移，时过境迁，人们的行为方式并非亘古不变。实际上，人的行为和情感像他的兴趣一样变化多端；他在这方面的朝秦暮楚就像是一张已填好的短期支付的汇票，一个人没有拒付而是兑现了它，可见其目光之短浅。因此，若想知道一个人在工作时的言行举止，不应寄希望于他的慷慨承诺和信誓旦旦。因为，即便他显得那么真挚诚恳，实际上他对自己正谈论的问题一无所知。那么，怎么才能窥探他的踪迹并预测其动向呢？惟一可行的方法是充分考虑到他所置身于其中的环境——因为他的品性可能与之发生冲突——以及这种冲突可能波及的范围。

假如你想深入了解大多数人赖以构成的那些真实而又令人伤感的要素，那么，一个意味深长的发现将使你获益匪浅——即人们融于其作品中的立身处世之道恰是对其现实活动的绝妙注释，真可谓文如其人，并且，反之亦然。如此获得的宝贵经验无论于己于人都是大有裨益的，因为它可使你避免错误的想法。但是，假如你在现实生活或者文学作品中碰到某些特别粗俗或愚昧的人，你也千万不要为此而感到烦恼或痛苦，而应当把它仅仅看做对你获取知识的一种补充——即在人类品性的研究中一种值得考虑的新事实。你应当像一位偶然发现了一种罕见矿石的矿物学家那样对待它。

当然，也有一些事实，它们是极为特殊的例外，让你简直无法理解它们是如何产生的以及人与人之间为何会有如此之大的差异。不过，一般说来，古人的教诲是千真万确的，世道依然不见好转。在野蛮国家，人类彼此吞食；在文明社会，人类互相欺诈；这就是所谓世上的一般风俗常情！国家以及一切精密的政治机械系统是什么？国家内部或国际事务中的强权统治又是什么？——只不过是制约人类无止境的罪恶行径的森严壁垒！无论何时，一个国王只要牢牢地掌握着王权，他的人民总会达到某种程度的繁荣富强，他便可以利用自己的权力指挥他的军队像一帮强盗侵扰毗邻的国家，难道这一切不正是历史向我们昭示的吗？难道所有的战争归根到底不都是为了掠夺吗？从荒蛮的远古时代到较近的中世纪，战败者都将沦为奴隶——换言之，他们被迫为那些战胜者们所役使；那么，在战败与交纳战争税之间所显示的人类本性的差别又何在呢？

伏尔泰说，一切战争都是掠夺。德国人应当以此为戒。

□

没有人能够完全为所欲为，我行我素。每个人都要受某个先定规划的指导，并遵循一定的普遍规则。但是，如若过分循规蹈矩，就会在一个人的天性中硬塞入某种非自然、非固有的东西，然而这样一来他的品性将成为虚伪的习性，是经过理性的雕饰逐渐形成的，并且，他会立刻发现本性是难以压抑的，如果你驱逐它，它将会不顾一切地回归再现。

理解一条行为规则相当容易，甚至可以无师自通，说得头头是道，然而，转身又会在现实中违犯它。但是，这倒不是使人失望的原因；你不必以为不可能依照某些绝对的观念和行为准则来调整自己的生活，但最好还是按自己的意愿去生活吧，你将会更加幸福。在这里，正如一切旨在实际效果的书本教诲的一样，需要做的头一件事就是理解准则，其次才是学会如何实施于行动。人们经过理智的努力立刻从理论上把握它，但是真正付诸行动则需要时间的历程。

一名中学生能够学会用一种乐器奏出各种悦耳动听的旋律，或学会不同的姿势优美的剑术，当他出了差错时——这完全是可能的——无论他如何竭尽全力也会认为不可能找到什么规则，然后，他将认真熟记乐谱或者勇敢地要求参加比赛。尽管如此，通过一系列挫折、失败和不断的努力，他将会在实践中逐步成熟完满起来。在做其他事情时，情况也往往如此，例如在学习拼写和说拉丁文的过程中，人们就可能忘记它的语法规则，惟有经过长期实践，傻瓜才能变成大臣，急躁的冒失鬼才能变成精明世故的老手，或者，热诚坦率的人才能变得谨小慎微，高尚豪爽者才能变得乖戾卑下。虽然这种自我约束是一种长期习惯的结果，并且总是由一种外在的压力所致，但本性毕竟不再是无法改变的，有时甚至会果不其然地被征服。或者依照绝对的原则而行动，或者出于内在的本能、倾向而活动，二者之间的差异与一件工艺品——比如说钟，无论其构成或运动都使人感到它是无定形并且无活力的东西——和一个活生生的其外表和本质一致且彼此不可分割的有机体之间的不同如出一辙。

据说拿破仑皇帝曾信奉这样一条格言，它准确地表达了后天的习性与先天的本性之间的关系，并进一步证实了我的观点，这条格言是：一切不是出乎自然的东西均是不完整的；——它是一条普遍适用的规则，无论在物理世界还是在精神世界都是如此。就我所知，这条格言惟一不适用的是砂金石[1]，这是一种矿物学家们熟悉的矿物质，它的自然状态与经过加工的非自然状态是无法相比的。

上述关系使我不由得想起一句话，它可以驳斥任何形式的**矫揉造作**。这句话常常会激起我们对矫揉造作的轻蔑心理。首先，因为它证明了怯懦，这种怯懦的基础是，害怕、恐惧；其次，它证明了自我谴责，因为它意味着一个人试图表白自己，因而他所展示于人的比他实际具有的要好得多。假冒并向人炫耀自己优越恰恰证明他并不具备这种优越性。无论这种优越性是勇气、学识，或者才智、机敏，还是在占有女性、财富和社会地位方面的成功，抑或他所自恃的其他任何东西，你都可以从他的夸耀中推断，

① 砂金石是一件稀有物，它与一种与它相似的褐色玻璃同名，后者是在摩拉诺（murano）人工制造的。砂金石之所以被称为 arenturine，是根据这一事实即它是偶然被发现的。——英译注

正是在这些方面他是一无所有的失败者。因为，一个真正具有能力达到完满状况的人，是绝对不会想到要大肆渲染自己的成功的，因为他满足于了解自己拥有的一切。这句话就是一条西班牙谚语“高声叫卖者的货物最差”。它是对上述现象的一针见血的揭露。毫无疑问，正如我所说的，任何人都不应当放纵自己，不应当袒露自己的真实面目；因为人性中总有许多罪恶的、兽性的方面，而这些丑恶的东西需要掩藏起来。这种说法虽然为虚饰的消极态度作了辩解，但并没有证明那种虚构的优越性是合理的。此外，还应当牢记首先要分辨出什么是假冒，然后才进一步弄清假冒的是什么。最后，需要指出的是假冒是决不能长久的，总有一天假面具会被识破，塞涅卡说，“一个人不可能长期伪装自己，因为本性将重申其欲求[①]。”

□

一个人走来走去却从未感到自己躯体的重量，但是，倘若他想挪动别人的身子则立刻会感到沉甸甸的；同样，一个人能够清楚地看到别人的弱点和缺陷，却对自己的不足之处熟视无睹。这种安排有一个有利之处：即它使其他人成为一面镜子，一个人可以从中看到他自己本性中一切罪恶的、愚昧的、无教养的以及令人厌恶的东西。有个古老的故事曾讲到一条狗对之狂吠不已的正是它自己的影子。固然，它所看见的正是他自己，而不是它所幻想的别的什么狗。

①《论仁慈》，Ⅰ.1。——原注

批评他人的人总是努力再塑自身。那些习惯于暗中窥视别人一举一动的人总是希望了解他们在干些什么，并以他们为榜样不断地改进自己、完善自己，从而使自己具有充分的正义感，或者至少有足够的自豪感和虚荣心，以免重犯自己曾严厉谴责过的错误。而那些宽容的人则恰恰相反，他们要求待人以宽并希望人待己亦宽。《圣经》说得好：只见他人之瑕疵而无视自己之大错。眼睛生来就是只见他物不见自己的，因此观察别人，非难别人，是认识自身的绝妙途径。我们需要一副透镜以穿过外貌而直视我们内在的精神品性。

同样的规则也适用于作品的风格。如果你对这些风格中的某种愚蠢的傻念头不是予以责备而倍加赞赏；那么，你很可能去模仿它。这就是为什么拙劣的作品能在德国风行的原因。德国人是极宽容的人民——这是人所皆知的事实！他们的格言是：“请相互宽恕彼此的过错。”

□

一位品格高尚的人年轻时常以为，人与人之间的普遍关系以及由此而导致的各种联盟从根本上来说是其本性中的理想，也就是说，这些关系与联盟是奠定于如下基础上的：地位或情感的相近、志趣或才智的类似，如此等等。

然而，随着时光的流逝，他逐渐意识到那些关系与联盟赖以存在的真正基础，即它们是建立在某种物质利益的基础之上的。这才是几乎全部关系的真实基础。甚至可以说，除此而外，绝大多数人都不知道还有建立在其他基础上的关系。因此，我们看到，人们常常根据一个人所任的职务或从事的工作、所拥有的国籍或家庭关系来评价、衡量他，简言之，根据由因袭的社会等级所赋予他的地位和品性来评价他，就像他是已被标价待售的货物。至于作为一个人，他的内在本质是什么——亦即评价他本人个性的尺度——则从不考虑。并且，这种关于人的观点往往被视为奇谈怪论，一旦有人认为它令人讨厌，就会或者严加驳斥，或者置之不理；这在现实中已是司空见惯了。但是，一个人价值越大，他在传统社会中的乐趣越小；并且，他会竭力从他所热衷的领域中退缩出来。这些传统的社会等级之所以存在的原因究竟何在？简单地说，原因就在于，在我们这个悲惨的世界里，到处是贫困和匮乏；因此，生活中最根本、最首要的事便是设法缓解匮乏，减轻痛苦。

□

正如纸币而非真正的硬币在世界上流通一样，诚挚的敬意和真正的友谊也可能出现虚假的替代物，有时我们以为得到了友谊和尊重，其实只是某种假相。

另一方面，也许有人会问是否有人真正该得真的硬币。就我而言，与一百次这种对人类尊严的证明相比，我更尊重一只诚实的摇尾乞怜的狗。

真诚坦率的友谊是以一种对他人的幸福和痛苦所表示的强烈同情心为前提的，这种同情本质上是纯粹客观的，毫无私心的，这反过来又意味着自我与友谊对象之间的一种绝对的同一性。人的本性中的这种自我中心主义是如此强烈地对抗着诸如此类的同情心，以至于真正的友谊只能属于那样一类东西——例如，海蛇——关于它们，没有人知道它们只是神话传说里的东西，还是真的存在于某个地方。

此外，在很多情况下，人与人之间的关系中时常呈现出真诚坦率的友谊的某些蛛丝马迹，然而一般说来，某种隐秘的个人利益仍构成其基础，而它只不过是形形色色的利己心中的一种罢了。但是，在一个万物皆完美无缺的世界上，这种真实情感的迹象是一种使人净化高尚的力量——它能借助给予那些关系以友谊的名誉而发挥其作用，因为，它们远远高于人类中流行的那种普通的友情。后者是这样一种情感，即如果你听说自己亲爱的朋友在背后对你说三道四，你决不予以任何回击。

且不说，如果你的朋友打算为你做出巨大牺牲才是对你的真正帮助，检验他的真情实意的最好办法还是莫过于让他获得你已发生不幸事件的消息。此时，他的面部表情或者显示出对你的真实诚挚的同情；或者无动于衷、漠然置之；或者流露出并非同情的某种感情，在这里，拉罗斯福哥[1]的人所皆知的著名箴言："人们总是对朋友的不幸感到幸灾乐祸"，得到了证实。的确，在这样的时刻，所谓的朋友常常会情不自禁地流露出一种不易察觉的冷笑。除了把你最近遇到的麻烦和困难告诉他们，或者，毫无保留地向他们袒露你的个人隐私以外，你几乎没有什么更好办

---

① 拉罗斯福哥（La Rochefou could），1613—1680，法国作家。——译注

法能保证他们高兴起来。这就是人类特有的本性！无论你多么不情愿承认，疏远和长时期的分离总要损害友谊。那些我们无法见面的朋友——即使是我们最亲密的朋友——虽然也时常萦怀于心中，然而，时过境迁，随着时光的流逝，这种牵挂将会逐渐淡漠，并且最终会变成一种抽象的概念；我们对他们的兴趣也越来越理智——甚至仅仅作为一种惯例而维持下去。与此相反，我们对那些不断地出现在眼前的人却抱有强烈而浓厚的兴趣，尽管他们只是些供人玩赏的小东西。这表明人们的情感天地是多么狭小，歌德在《塔索》中关于当下时刻的作用范围所作的评论是何等正确：

“当下时刻乃是一位威力无比的女神①。”

所谓房屋朋友是极形象的称呼，因为他们只是房屋而非房屋主人的朋友；换言之，他们不像忠于主人的狗，倒更像依恋房屋的猫。

你的朋友们将会向你表白他们是多么的真诚，你的敌人更是如此。把敌人的责备当作一帖灵丹妙药吧，它会使你具有自知之明。

常言道，患难之交最珍贵。但是，事实恰恰相反，你只要一交上一位朋友，他就说是患难朋友并且立刻开口向你借钱。

① 第四幕，第4场。——原注

□

一个试图凭借其才华和精明跻身于社会名流之列的人，必定是个未经世故的人。这种品性极容易引起绝大多数人的嫉恨与不满，而他们又得不隐瞒甚至不承认自己愤恨的真正原因，这实在让人不堪忍受。

事实正是如此。一个人如果感到或认为他的谈话对象要比自己更有才华，更机敏[①]，那么，他就会因此而不知不觉地暗自断定：那对话者一定相应地对自己的才能评价较低。这是一种推理的方法——一种省略推理法——它常常导致推断者满腹忧愁或一腔怒火。格雷西安的话是完全正确的，他说："若想赢得别人的好感，惟有显示自己像牲畜那样愚蠢、粗蛮[②]。"

炫耀自己的才华，卖弄自己的精明，只不过旁敲侧击地嘲笑别人愚钝和无能。而且，任何形式的流言蜚语都会使一个普通平民的心理受到严重的纷扰，这是很自然的；在这种情况下，妒忌心将使他顿生敌意。因为，人们从自

① 参见《作为意志和表象的世界》，第二卷，第 256 页（第四版）。在那里，我引用了约翰逊博士和歌德青年时代的好友默克（Merok）的话。约翰逊说：一个人若想激怒大多数人，最有效的办法莫过于在与别人交谈中炫耀自己才华出众。当时，人们似乎很高兴，但实际上，他们妒火中烧，暗自在心中诅咒他。（博斯韦尔：《约翰逊传》，第 74 页。）——原注

② 巴尔萨泽·格雷西安（Balthazar Gracian），《立身处世要则》第 240 页。格雷西安（1584—1658）是位西班牙散文作家，耶稣会会士，他的作品主要描述了他对千姿百态的人生现象的观察与思考。叔本华和许多人一样极为欣赏他的人生哲学，并将他的《立身处世要则》译成德文。此书直到 17 世纪末才被译成英文。——英译注

己的虚荣心得到满足中获取极大的喜悦，这在日常生活中是司空见惯的，而如果没有与他人攀比的心理，则虚荣心也就无从满足。一个人最能引以为自豪的莫过于他的理智能力，因为，正由于这种理智能力才使他在这个动物世界中保持威严的地位。如果让某个人看到你的才智绝对地优越于他，或者让其他人看到这一点，是极轻率鲁莽的；因为他会渴望报复，并且常常会伺机伤害你；在这里，理智已让位于意志——一切都根源于那种深深的敌对情感。因此，地位和财产在社会上总是受人尊重和羡慕的，而理智才能却从不能有此企望。倘若人们注意到某个人的才智，那也是因为他们视其为不恰当的鲁莽言行，若认为其主人对它并没有合法的权利，却竟敢以此倨傲。于是，人们为了报复他的行为，以泄心头之恨，便在暗地里试图以其他方法来羞辱他；并且，如果他们在那里潜伏不动，那仅仅是为了寻找一个恰当的良机罢了。一个人的言行举止很可能谦卑恭顺，但是，只要他的才智出类拔萃，就会被人们认为是大逆不道而很难得到人们的宽恕。萨迪在《蔷薇园》中评论说：“你应当明白——智者固然不愿与傻瓜为伍，而蠢人更是一百倍地厌恶与聪明人交往。”

与此相反，愚钝倒真正有其可取之处。正如温暖使身体感到适意一样，这种舒适感对精神也是大有裨益的；如果一个人感到寒气袭人而想取暖，那么，他会自然而然地靠近壁炉或走到阳光下，他在寻找同伴时，很可能产生这种感觉。但是，这就意味着他将因为自己的优势而招人讨厌。一个人若想讨人喜欢，他就必须在才智方面逊人一筹。

这种情形也同样适应女人的美貌。向你所交往的人证实你的确逊色于他——这实在是件难事！

想一想，一个相貌说得过去的姑娘是多么热情而又诚恳地欢迎一个显然要丑陋得多的姑娘。尽管我猜想你可能宁愿坐在身边的男人比你年轻，而不愿他比你年纪大。但是，就男人而言，一般不会对肉体的美考虑得那么多。这便是为什么在男人中，对肉体美的关心常常是愚钝的和无知的，而在女人中，相貌丑陋的人则是受欢迎的和不可缺少的原因[1]。据说，有这样一种人，他们的脾气极为谦和，大家都为关照他们而寻找种种口实——这些口实不仅蒙蔽了他们，也掩饰了大家之所以喜欢他们的真实的原因。这也是为什么任何精神上出类拔萃者总是与人格格不入的原因；人们由于嫉恨而疏远他、孤立他，并且貌似公允地对他的行为举止说三道四。美貌，在女人中也会起到同样的效果：那些俊俏的姑娘都没有同性朋友，她们甚至很难找到与之交往的同性伙伴。美丽的女人应当永远不要作他人的陪伴，因为只要她一跨入人家的屋子，她的未来的女主

---

① 如果你有朝一日出人头地，那么，朋友和熟人尤其是你达到目的必不可少的保障。一个人会因他的多才多艺而感到骄傲，并且他不喜欢去奉承那些才疏学浅者。因此，伟大的才智应当小心翼翼、藏而不露。而智能较低者则相反，他应当具有谦卑、殷勤、善交际的品性，能与一切低下的、不幸的东西保持和谐一致的关系。这便是为什么后者拥有如此之多的朋友帮助他、鼓励他的原因。

上述看法不仅适用于政治生活中的发迹，而且适用于一切有关荣誉和尊严的竞争，甚至适用于科学、文学、艺术领域的声誉之事。例如：在社交场合，平庸——这是一种极易为人接受的品性——总是非常有用的，尤其当一个人的才智未受赏识或根本不受赏识时。不仅社交场合如此，其他一切事物均如此。——原注

人就会对她的美貌作不悦之色；并且，为了她自己以及她女儿的缘故，她会理直气壮地将那美丽的女人当作傻瓜辞退。但是，倘若姑娘身份高贵，则情况就大为不同了；因为，身份不同于个人的品性——后者只能通过对比而使低劣者相形见绌，——它是通过一种影响过程而发挥其效应的；就像一个人的衣着装扮在很大程度上取决于他周围所流行的色彩和样式一样。

□

我们对他人的信赖在很大程度上是由于懒惰、自私和空虚：我之所以说**懒惰**，是因为我们不要求自己主动关心过问而宁愿相信别人；之所以说**自私**，是因为我们迫于自身事务的压力而向他人吐露自己的秘密；至于**空虚**，是指我们有引以为自豪的事物，却企求别人的信任。虽然如此，我们还是期望人们相信我们，就像我们相信他们那样。

不过，人们若不再相信我们，我们也不应生气发怒：因为这真正意味着他们把它看做一件极罕见——的确如此地罕见，以致我们怀疑它是否仅仅存在于神话传说中——的事，以对诚实表示真挚的敬意。

□

温文尔雅——中国人视其为一种基本的美德——根植于两种至关重要的方法。我曾在《伦理学》中对其中之一加以解释。另一个便是如下所述：对人们可悲的缺点——无论是道德上的抑或才智上的——视而不见，听而不闻，更不加任何谴责，而是保持缄默，这就是温文尔雅。并且，既然这些缺点或多或少表现出一点炫耀的意味，那么，这种结果总是于双方都有益处的[1]。

因此，待人彬彬有礼是非常明智的，而举止粗鲁野蛮则完全是愚蠢的。由于有害无益而且固执任性的粗野言行而造成对立面，就像把房子建在火上一样，简直是精神错乱。因为，彬彬有礼就像是一枚伪币，只有傻瓜才会吝啬不舍；聪明人则在需要时慷慨解囊。在所有的国家里，用“您恭顺的仆人”这样的话作为信尾用语，已经成为习惯。（只有德国人是使用仆人一词 servant 为 Diener 的惟一民族——当然，它并非指真正的仆人！）但是，如果滥用文雅，竟至危及你成功的可能，则如同在应当付出真钱之处，你却以为只须付伪币一样。

蜡——就其天然状态而言，是一种既硬又脆的实体——稍微加点温则变得柔软如泥，可以随心所欲地捏成各种形状。同样，尽管人在本性上更容易变得乖戾、刻薄，但只要对他们温文尔雅，和善友好，你就能使他们变得柔顺谦和。因此，文雅之于人性如同温暖之于蜡块。

当然，要做到举止文雅并非易事，我的意思是，它要求我们对每个人都表示出极大的尊重，而大多数人却根本

---

① 在（《伦理学》，《全集》第 4 卷，第 187 页和 198 页）有关章节中，叔本华把温文尔雅解释为一种在因袭的和蓄意的掩饰生活小事中表现出来的人性的自私自利一面的企图，——这种利己心是如此的招人厌恶，以至于用上述方法去掩饰其丑恶已经成为必不可少的了。温文尔雅与对世人的真正的爱这两者之间的关系类似于法律上的公正与良心上的公正两者间的关系。——英译注

不值得我们这样做；而且，它还要求当我们为摆脱与人们的关系而兴高采烈时，还要装作对他们仍有极大的兴趣。将文雅与自尊结合起来真是智慧的一大杰作。

我们应当尽量不要动辄就对一种伤害大发雷霆——伤害这个词的严格意义是我们没有受到应有的尊敬，——一方面，如果我们并没有对我们自己的价值和尊严作如此言过其实的评价——也就是说，如果我们并没有倨傲自大；另一方面，如果我们已经弄清一个人私下里将传给另一个人的意见究竟是什么。假如人们偶然听到自己的熟人在议论自己，假如他们可能受到非议，哪怕是极微小的可能，我们都可以想像出他们的心情。你决不应忽略这样的事实，即温文尔雅只不过是一张笑容可掬的面具而已。如果这张面具稍微变换一下位置或挪开片刻，肯定会让人惊得大叫起来。此时，一个人若的确粗鲁无礼，那么，拿掉面具的他就仿佛脱得一丝不挂，赤裸裸地站在你的面前。在这种情况下，他像大多数人一样一扫往昔之斯文，留下的只是令人厌恶的面孔。

□

你决不应当以任何某个人为典范，去指导自己的言谈举止，因为不可能有完全相似的地位和环境，并且性格的差异也使一个人的行为表现出独特的风度。因此，同样的事两个人做，结果往往大相径庭。一个人只要对他所谋之事三思而后行，就会顺其本性而为之。

结果必然是，每事各有其独特之处，否则，一个人的言行必与其本性不符。

□

不要反驳任何人的意见，因为即便你能活到麦修彻拉[①]的年纪，你也决不可能让他反对自己所相信的事——尽管它是荒诞不经的。

也不要试图纠正别人在谈话中的错误，无论你的用意如何善良；因为，这样做极易冒犯他人，并且，即使不可能得罪人，想要纠正其错误也是难乎其难。

假如你偶然听到两个人的交谈，并且为他们荒谬的评论感到恼火，你就应当想像自己正在听一出喜剧中的两个傻瓜的对话。

一个人一来到世界上就带着这样的观念，即惟有他才真正赋有至关重要的使命，如果他安然无恙，就会认为自己的运气好。

□

假如你希望别人接受你的判断，就应当冷静地、不带任何感情色彩地将它表达出来。意志是一切曲解冒渎所寓之处，如果你充满激情地表达你的判断，人们将认为这种判断完全是意志所为，而非知识的结晶——知识在本质上是冷静的，不带任何感情色彩的。既然意志是人性中原初的、根本的因素，而理智仅仅是第二性的派生物，所以人们更愿意相信你满怀激情发表的意见是由于你的意志亢奋

① 麦修彻拉（Methuselah），《圣经》中的长寿者。——译注

所致，而不愿认为意志的亢奋是由于你的意见本身就是热烈的。

□

即便你对自己的褒奖完全是公正不倚的，你也决不能受此诱惑而误入歧途。因为，虚荣是如此平庸粗俗，而美德则极为非凡杰出，假如一个人看起来好像是在自我炫耀，尽管他做得十分隐蔽巧妙，人们也极可能认为他纯粹是出于虚荣心而夸奖自己，并且还会认为他居然没有意识到自己的行径多么像一个十足的大傻瓜。

虽然如此，培根的话或许还有些道理，正如你身遭诽谤时，若反唇相讥、恶语相还，则会招致报复，自我炫耀也同样如此。结论是：稍有点自我吹嘘还是可以让人接受的。

□

倘若你怀疑一个人正在向你撒谎，并且你对此有充分的理由，而你看起来又仿佛相信他的每句话。这将会怂恿他继续撒谎，他将更加振振有词地坚持自己的说法，最后他终于会落得个玩火自焚的下场。

再者，倘若你察觉一个人正试图向你掩饰着什么，但又露出了蛛丝马迹，你看来并不相信他。你的这种敌对情绪促使他向你和盘托出事情的全部过程，竭尽全力打消你的不信任和疑问。

□

你应当对个人的隐私保密，在这方面，对你的熟人——尽管你们关系密切——与对一个完全陌生的人一样，只能让他们知道他们所看见的东西。因为，随着时间的流逝、环境的迁移，你将会发现即使让他们知道有关你的最无伤大雅的事，也是极为不利的。

并且，一般说来，沉默寡言要比高谈阔论更能显示你的聪明才智；因为，沉默是老成持重的表现，而多言则给人以空虚自负之感。一个人展示这两种特性的机会同样经常；但是，人们往往更愿意享受畅言带来的瞬间满足，而不愿意选择沉默所致的恒常裨益。

生气勃勃、精神旺盛的人，从高谈阔论——尽管并没有人在听——中体验到一种宽慰，但不应沉湎于其中，更不要使它变成了一种习惯；因为，思想正是借此种途径而与言谈建立极友好的关系，而谈话很可能变成一种出声的思想过程。要做到老成持重，就必须在所思与所说之间设立一道宽宽的鸿沟。

我们时时以为人们根本不可能相信冒充我们的骗子所说的话，其实，他们压根儿想不起来要去怀疑那些假话。但是，如果我们提供一个机会让他们来怀疑，那么，他们会发现若要再相信那些话是绝对不可能的。我们常常经不住诱惑而泄露一些事情，仅仅因为我们猜想人们不会注意它们，——这正像一个人惊惶失措，或者说他以为他无法再坚持站稳脚跟，而从高处摔下来一样。他的处境给他造成的苦恼如此巨大，以致他认为最好是立即结束现状。这是一种被称作“恐高症”的精神错乱。

然而，不应当忘记的是人们在那些与他们密切相关的事情上多么的精明，虽然在其他事情上他们并没有表现出一丝敏锐来。这是一种为人熟知的代数学：给他们一种据以判断的事实，他们就能解决最复杂的问题。所以，如果你想讲述一件很久以前发生的事件而又不提任何名字，或者详细描绘某些你所喜欢的人，那么，你就应当注意不要在你所讲述的事件中加进某些明确的事实——无论它多么遥远，也不论它是某个特定的地方还是某个具体日期，或是仅在很小范围内才涉及某人的名字，或者其他任何与此事件有哪怕极细微关系的事物，——因为那立刻会给人们提供某种实在的东西以进行判断，并且，他们会借上述代数学的帮助一举发现其他一切。他们对这些问题的好奇心会变成一种热情：他们的意志驱策着他们的理智，不断地追寻着答案，一直到达最终的结果。因为，无论人们对普遍真理多么兴味索然，但是对于具体细节的描绘却是热切无比。

与我上面所说的一致，人们将会发现凡是自称能教人以人生智慧者无一不极力推崇践履沉默寡言，并列举各种理由证明这一点；所以，并非我一定要有意扩大这一问题的范围。不过，我可以再补充一两条人所熟知的阿拉伯谚语，这些谚语尤其与我之前所述相吻合：

不告诉敌人的事，也别告诉朋友。

秘密受我监管，我为主人；秘密遁我而去，则我为囚徒。

缄默之树结出宁静和平之果。

□

与其钱被别人骗走，不如将它用光。因为，这样还可以使你一举赢得精明之称。

□

如果可能，任何人都不应当感到仇恨和憎恶。仔细观察并记住一个人的行为方式，以便衡量评判其价值——无论如何，仅与你自己有关——你会因此而以他的行为方式为楷模；但是，绝不要忽略以下事实，即品性是难以改变的，忘记一个人品性中的瑕疵如同扔掉辛苦挣来的钱一样难。因此，你应提防那些不明智的亲密和愚蠢的友好可能造成的后果。

既不屈从爱也不屈从恨，这只能算是半个处世智慧，还须加上另一半才是完整的：即**什么也不说什么也不信**。的确，这个世界需要的便是这样的准则，一个人惟有依赖这两条准则，才能幡然醒悟而不为所蔽。

□

怒气冲冲地对人说话，以表示你对所说之事或所见所闻的不平，这完全是多余之举——也就是说，是危险的、愚蠢的、可笑的和粗俗的。

绝不应当对他人流露出生气或憎恨的情绪，除非施之于你自己；感情会对行为产生极大影响，以至于你在任何情况下都不要表现它们。因为只有其螯刺有毒的冷血动物才会这样做。

□

说话模棱两可是精明人处世所惯用的计谋。它意味着让别人去揣摩你的意思，如果听话者反应迟缓，则根本把握不住你说的话。与此相反，如果你**说话意思明确**，则能抓住听话者的注意力；但结果往往出乎你的意料之外。如果你举止文雅，语调柔和，那么，你可以公然非礼，甚至间接地冒犯听话者也无妨。

三、爱与生的苦恼

1. 生存意志的核心——性欲

性的关系在人类生活中扮演着极重要的任务。它是人类一切行为或举动之不可见的中心点，戴着各色各样的面罩，到处出现。爱情事件，是战争的原因，也是和平的目的；是严肃正经事的基础，也是戏谑玩笑的目标；是智慧无尽的泉源，也是解答一切暗示的锁钥——男女间的互递暗号、秋波传情、窥视慕情等，这一切，无非是基于爱情。不但年轻人，有时连老人的日常举动，都为它所左右。纯洁的少年男女，经常沉湎于爱情的幻想；一旦与异性有了关系的人，更不时为性爱问题而烦恼。

恋爱，所以始终能成为最丰饶的闲谈题材，在于它的根底乃是一件非常严肃的事情，但这人人都关心的重大事项，为什么总要避开人家的耳目、偷偷摸摸进行呢？顽固的人甚至尽量装出视若无睹的姿态。这也显示出这个世界是多么奇妙可笑。话说回来，其实，性爱才是这个世界真正的世袭君主，它已意识到自己权力的伟大，倨傲地高坐在那世袭的宝座上，以轻蔑的眼神统制驾驭着恋爱，当人们尽一切手段想要限制它、隐藏它、或者认为它是人生的副产物、甚至当做毫不足取的邪道时，它便冷冷地嘲笑他们的徒劳无功。因为性欲是生存意志的核心，是一切欲望的焦点，所以我把生殖器官名之为“意志的焦点”。不独如此，甚至人类也可说是性欲的化身，因为人类的起源是由于交接行为，同时两性交合也是人类“欲望中的欲望”，并且，惟有借此才得以与其他现象结合，使人类绵延永续。诚然，求生意志的最初表现只是为维持个体而努力，但那不过是维护种族的一个阶段而已，它对种族的热心、思虑的缜密深远、以及所持续的时间长度，均远超过对个人生存所做的努力。故云，性欲是求生意志最完全的表现和最明确的形态。

为使我的基本理论更加清楚起见，在这里且以生物学方面的说明供为佐证。我们说过，性欲是一种最激烈的情欲、是欲望中的欲望、是一切欲求的汇集，而且，如获得个人式性欲的满足——针对特定的个体，就能使人觉得有如拥有一切，仿佛置身于幸福的巅峰或已取得了幸福王冠的感觉；反之，则感一切都失败了。这些事情也可与生理学方面取得对照：客体化的意志中——即人体的组织中，精液是一切液体的精髓，是分泌物中的分泌物，是一切有机作用的最后结果。同时，由此可再认识：肉体不过是意志的客体化，亦即它是通过表象形式的意志。

2. 恋爱的激情

恋人之间爱情的增进，不外是希望产生新个体的生存意志而已。不但如此，在情侣们充满爱慕的眼神相互交接的那一刹那，已经开始燃烧着新生命的火焰，像是告诉他们：这个新生命是个很调和并且结构良好的个体。为此，他们感到需要融合为一体而继续共同生存的热望，这种热望在他们所生育的子女中得到实现，俩人的遗传性质融合为一，在子女身上继续生存。反之，男女间若难以激起情愫，甚或互相憎恶怨恨，即使可以生育，其子女的内在体质，亦必是不健全、不调和的。所以，在加尔特隆[1]笔下，尽管先把莎密拉密丝[2]称为“空气女郎”，但后来仍把她描写成谋杀亲夫的恐怖女人，这里实在隐含着深刻的意义。

归根结底，两性之间所以具有强烈的吸引力和紧密的联结，就是由于各种生物的种族求生意志之表现。这时的意志，已预见到他们所产生的个体，很适合意志本身的目的和它本质的客观化。这个新个体，意志（即性格）是遗传自父亲，智慧遗传自母亲，而同时兼容两者的体质。但大致来说，姿容方面比较近于父亲，身材大小方面则多半类似母亲。这是根据试验动物的变种所产生的法则，这个法则的主要立论基础是：胎儿的大小依据子宫大小而定。至于各人特有的个性究竟如何形成，我们还无法说明，正如我们亦无法解释热恋男女那种特殊的激情一般。我想两者在本质上并无不同，只是一者较含蓄（指个性），而另一者较露骨而已（指男女激情）——至于新个体开端如

① 加尔特隆（Calderon 1600–1681）：西班牙剧作家。——译注

② 莎密拉密斯（Semiramis 公元前 811–？）亚西利亚国王夏穆斯·亚达特五世之妃，在其子亚达特尼拉里三世即位后的前三年，都由她摄理政事。——译注

何？其人生命的要点如何？那就要看他父母在互相爱恋的瞬间是何等情况而定了。一如世人所常说的，当男女以憧憬的眼神互相交会的那一瞬间，便已产生新个体的最初萌芽。当然，这时的幼芽也像一般植物的新芽，脆弱而且易折。这个新个体即所谓的新（柏拉图式）理念。一切理念都是非常贪婪激烈的猎取分配予他们的材料，努力着登上现象界①。同样的，人类个性的特殊理念，亦以最大的贪欲和最激烈的态度，以便在现象界中能实现他的目标。这种贪欲的激烈程度，就是决定于恋人之间的热情。男女间的热情可区分为许多等级，我们不妨把它的两极端称为“平凡的爱情”及“天上的爱情”。从它的本质来看，本来是相同的，无所谓等级的差别，只是若热情愈趋个人化——换言之，被爱者的一切条件和性质，愈能适应或满足爱者的愿望要求——则愈能增加力量而已。那么，问题的关键何在呢？以下我们将继续深入研究，当可了然。吸引异性的首要条件是健康、力和美，也就是说恋爱的本钱是青春；这是因为意志想努力表现出一切个性基底的人类特质的缘故。所谓恋爱三昧，实不出这几个范畴。其次，当恋情进入下一个阶段后，即出现若干特别的要求，有了这些要求，同时双方均预估能满足各自的恋心时，感情就逐渐上升。但只有两个个体都觉得非常适合的时候，才能产生最高度

① 柏拉图认为人的灵魂和意志都是来自“理念界”，灵魂和肉体结合后才变成人；肉体是属于“现象界”。此处所谓的“新个体即所谓的新理念”，意指生命的最初萌芽乃是灵魂，其次加入了肉体后，才变成完整的人。这是亚里士多德以前一般人对生命的看法。——译注

的激情，这时，父亲的意志（性格）和母亲的智慧，合而为一，新个体于是告成。表现于全种族的一般性生存意志，因为此一个体能够相应意志本来的强大力量，因而感到一种新的憧憬；这种憧憬的动机超越个人的智慧范围。它就是真正伟大的激情之魂。

3. 爱与恨

人在恋爱的时候，往往呈现滑稽的、或悲剧的现象，那是因为当事者已被种族之灵所占领、所支配，已不复是他原来的面目了，所以他的行动和原本的个性完全不相一致。恋爱达到更深一层的阶段后，他的思想不但非常诗化和带着崇高的色彩，而且，也具有超绝的、超自然的倾向，所以，整个人看起来完全脱离人类本来的、形而下的目的。何以如此？那是因为恋爱中人受种族之灵的鼓舞，了解它所担负的使命远较个体事件重大，且受种族的特别依托，指定他成为“父亲”，他的爱人成为“母亲”，具备他们两者的素质，才可能构成将来无限存续的子孙的基础。而且，此时尽管客观化的生存意志明显的要求他们制造子孙，但这种恋爱，并未率而应诺。怀着这种超绝感情的恋人，他们的心灵已超越凡俗之物，飞扬于比自己更高的空中，所以，在原本是形而下的肉体欲望中，也罩上庄严的色彩。为此，即使一个一生生活最平淡的人，他的恋爱也是很富诗意的插曲。这种情形下的恋爱故事，多半呈喜剧。——种族中的客观化意志所担任的使命乃是为堕入情网中的男人的意识蒙上“预想”的面具——若和她结合，必可获得无限幸福的预感。当感情达到最高度时，这种幻想迸发出灿烂的光辉，如果不能与爱侣结合，即顿感人生空虚乏味，连生命也丧失所有魅力了，此时他对人生的嫌恶已战胜了对死亡的恐惧，有时甚至自寻了断以求解脱。这类人的意志，不是被卷入种族意志的漩涡中，就是种族意志的力量太强，以致压倒了个人意志。所以，他们如果不能以前者的资格活动（即不能发挥种族意志），他们也拒绝在后者的情形下苟活。但这时候的个体，以之作为种族意志的无限憧憬的容器，实在太脆弱了；“自然”为了挽救此人的性命，便使他疯狂。如果疯狂的面纱仍无法压住那绝望状态的意识，那只有以自杀或殉情收场了。

话说回来，并非恋爱的热情不能得到满足，才招致悲剧的结局。“圆满”的恋爱，收场不幸的恐怕比幸福的还多。这是因为激情所要求的，与当事者的周遭环境不但不能相一致，而且还破坏了他的生活计划，以致往往严重地损伤了他个人的利益。恋爱不但会与外界环境相冲突，连和恋爱者自身的个性也常相矛盾，因为撇开性的关系，来观察你的恋爱对象，也许那还是你本来所憎厌、轻蔑或嫌恶的异性。但由于种族意志远较个体意志强烈，使恋爱中人对于自己原来所讨厌的种种特征，都闭着眼睛毫不理会，或者给予错误的解释，只企求与对方永远结合。恋爱的幻想就是如此的使人盲目，但种族的意志在达成任务之后，这种迷妄便立刻消失，而遗下了可厌的包袱（妻子）。我们往往可发现一个非常理智又优秀的男人，却和唠叨的女人或悍妇结为夫妻。我们常感觉奇怪，“为什么这些男人竟会做这样的选择？”看了上述的说明，足可给大家满意的答复了。因此，古人常说：爱神 Amor 是盲目的。不但如此，陷入情网的男人，虽明知意中人的气质或性格，都有使他难以忍耐的缺点，甚至会给他带来痛苦与不幸，却仍不肯稍改初衷，一意孤行。

> 你是否有罪？
> 我不想去探寻、也毫无所觉。
> 不管你是什么样的人，
> 我只知道：爱你。

事实上他所追求的并非自己的事情，而是第三者——将来的新生命，然而，由于受幻想的包围，他们却以为对方正是自己所追求的目的。这种不追求个人私利的行为，无论如何总是一种很伟大的态度，所以，激情也具备着崇高的旨趣，并且常成为文学讴歌的主题——最后再谈到一种对其对象极端憎恶的性爱，柏拉图把这情形比拟成狼对羊的恋爱。这种状态完全是一厢情愿的，尽管男方爱得如醉如痴，如何的尽力，如何的恳求，对方也充耳不闻。这就产生了莎翁所说的：“爱她又恨她！”“I love and hate her”（《辛白林》第三幕第五景）的情形。

这种爱恨交织的心理，有时会造成杀人继而自杀的局面，我们每年都可从报纸发现两、三起这种实例。歌德说得好：“被拒之恋，如置身地狱之火中，我真想知道是否还有比这更令人愤怒和诅咒的事情？”(《浮士德》中，魔鬼梅菲斯特所说的话。)

恋爱时，对恋人示之以冷淡，甚至以使对方痛苦为乐，我们把它称之为“残忍”，实在并不过分。同时，这也是恋爱中常有的事。因为，恋爱中人当时已被类似昆虫本能的冲动所支配，毫不理会理性所列举的各种道理，无视周遭的一切事情，只知绝对的追求自己的目的，始终不松懈不放弃。自古迄今，因恋爱的冲动未得满足、脚上像拖着沉重的铁块在人生旅途上踽踽独行、在寂寥的森林中长吁短叹的，绝不止佩脱拉克一人，只是在这烦恼的同时又具备诗人素质的，只有佩脱拉克一人而已。歌德的美妙诗句：“人为烦恼而沉默时，神便赐予他表达的力量。”正是佩脱拉克的写照。

实际上，种族的守护神和个人的守护神，无时无地不在战争，前者是后者的迫害者和仇敌；它为贯彻自己的目的，时时刻刻都在准备破坏个人的幸福，有时连人民全体的幸福也变成种族守护神反复无常下的牺牲品。莎翁《亨利六世》第三部第三幕的二、三场中，就可看到这种事例。为什么会发生这样的事情呢？只因为人类本质的根底是种族，它具有比个人优先存在和优先活动的权利。我们的祖先，很早就发觉出个中道理，所以借丘比特的外形来表现种族的守护神，他的容貌天真得像儿童，却是残酷而充满恶意的恶神，也是专制、反复无常的鬼神 Doimon，同时又是诸神和人类的主人。

希腊俗谚说得好："爱神（Eros）[①] 啊！你是统制诸神和人类的暴君！"

带着杀人的弓箭、盲目、背附翅膀，这是丘比特的特征。翅膀象征恋爱的善变无常，但这里的"无常"，通常只有在欲望满足后引起幻灭感觉的同时才表现出来。

恋爱的激情是以一种迷妄为基础，使人误以为本来只对种族有价值的事也有利于个人。但这种幻想，在种族的目的达成后，随即消失无踪。个体一旦被种族之灵遗弃后，回复到原来的贫弱和受诸多限制的状态，回顾以往，才知道费了偌大气力、经过长期勇猛努力的代价，除了性的满足外，竟无任何收获！而且，和预期相反的，个体并不比从前幸福。于是对此不免感到惊愕，并且了悟原来是受了种族意志的欺骗。所以，Theseus 的遗弃 Ariadne[②] 一点也不足为怪。如果佩脱拉克的热情曾得到满足，他的诗歌也该像产卵后的母鸟一样，声音戛然而止，沉寂无闻了。

4. 结　婚

恋爱的结婚是为种族的利益，而不是为个人。当然，这情形当事者并无所知，还误以为是追求自己的幸福。不过，由于它真正的目的在于他们可能产生的新个体上，因此当事者知道与否，并无关紧要。他们由这目的而结合，

① 希腊的 Eros 即罗马的 Amor 司恋爱之神。——译注

② 希腊神话。Theseus 是阿迭卡王子，于克里特岛得王女 Ariadne 之助，杀死牛头人身之怪物 Minotaur。其后，两人成婚，但最后又遗弃她。——译注

尔后再尽可能努力取得步调的和谐。但激情的本质是本能的迷妄，由此而结合的夫妇，其他方面有许多相异之处，前述的迷妄一旦消失，相异的素质便昭然出现；所以恋爱结婚，通常结局都是不幸的。西班牙有一句谚语说：“恋爱结婚的人，必定生活于悲哀中。”因为婚姻本来就是维持种族的特别安排，只要达成生殖的目的，造化便不再惦念婴儿的双亲是否“永浴爱河”，或只有一日之欢了。——由双方家长安排、以实利为目的的所谓“便利婚姻”，反而往往比爱情的结合幸福些，因为此种婚约，能顾虑到种种因素条件，不管这些条件何其繁多，至少它很具体而实在，不会自然消失；并且，它总以结婚当事人的幸福为着眼。当然，它对后代子孙是不利的。但从另一角度来看，若面临婚姻抉择的男人，只着眼金钱而不顾自己热情的满足，这是为个体而生存，并非为种族；此种表现是违反真理、违背“自然”原则的。所以，易于引起他人的轻蔑。反之，为了爱情，不顾父母的劝告而毅然结婚的女人，在某种意义上是值得赞扬的。因为当她父母以自私的利己心做忠告时，她却抉择了最重要的原则，并且遵循了造化的精神（应该说是种族的精神）。——照以上所述来看，当结婚时，似乎是鱼与熊掌无法兼得，一定得牺牲个体或种族两者中的一方。是的，事实的确如此，因为爱情和现实的顾虑能够携手并进是一种罕有的幸运；同时，大多数人在智慧、道德及肉体上，都有瑕疵，结婚时原就无法基于爱情或纯粹的选择，往往是从各种外在的顾虑而决定，或在偶然的状况下结合。话说回来，便利的婚姻，也可以在讲究实利之余，兼顾到某种程度的爱情，这就是所谓和种族的守护神取得妥协。

众所周知，幸福的婚姻并不多。因为结婚的本质，其目的并不为现在的当事者，而是为未出世的儿女着想。但性爱若附加上“性向一致”的友情——虽然不多见——也可缔结真正白首偕老的夫妻，这是从完全不同的根源所产生的感情，双方以最柔和的心情，互相慰藉。然而它的发生几乎都在性爱获得满足而消失之后，始表现出来。性爱的发生，是男女以未来的第二代为主要着眼，在肉体、智慧、道德方面取得互相弥补和适应，幸福的婚姻则更加上精神特性的调和。

5. 谈谈禁欲

①禁欲的礼赞

当个体化原理的马雅[1]面纱高举在一个人的眼前时，此人即无“人我”之别，对于别人的痛苦亦如自己的痛苦一样寄予关心，他不但会尽自己的最大力量协助别人，并且，为解救大多数人甚至可以牺牲一己。循此以进，若一个人认识最内在的真正自我，他必然愿意以一身承担生存以及全世界的痛苦。对他而言，一切灾难痛苦并不是旁人的事，他不会眼睁睁看着他人苦恼而无动于衷，只要他间

① 马雅（Maya）迷妄。奥义书曰：“现世界非真我、非事物之本性，现世界完全是迷妄之幻梦。”——原注

接得知——不，只要认为别人有苦恼的可能，对他的精神就会产生相同的作用。因为他已洞察个体化原理，所以对一切都有息息相关的感觉，不像被利己心所束缚的人，眼中只有自己的幸与不幸；他能认识全体并把握其本质，他更看穿一切都是不停地流转，人生是苦恼和纷争的连续，人类只是继续着毫无意义的努力。他所看到的只有：苦恼的人类、受痛苦摆布的动物和没落的世界。这一切，是那么切近的逼在他眼前，这种人如何会肯定不断被意志行为所操纵的生存？如何会常被这种生存所束缚、会受它太深的桎梏呢？

被利己心所俘虏的人，只认识个别的事物，只了解它们与自己的关系，而且它们还是出奇翻新的，经常成为欲望的动机。反之，若认识整体的事像及其本质的人，则可为镇静一切欲望开拓一条途径，将意志摆脱，进而达到以自由意志为基础的谛念、谛观和完全无意志的境地。当然，被马雅之面纱所隐蔽的人，本身或许亦会遭遇深刻的苦恼，或者曾接触他人的痛苦，而感觉到生存的无意义和痛苦，此时他们也许希望永久而彻底断绝一切欲望，折断欲望的根源，封闭流入痛苦的门扉，使自己纯化净化。然而尽管他们这样努力，仍然很难避免受偶然和迷妄所诱惑，诸种动机复使意志重新活动。所以，他们永远无法解脱，即使他们是生存在痛苦之中，但偶然和迷妄时时利用机会展现各种期待，使你觉得现状并非理想的，享乐和幸福正向你招手，于是他们再度堕入它的圈套中，又戴上新的手铐脚镣。所以，耶稣说："富者之进天国难于锚索之穿针孔。"

到处都是凉爽的场地，但我们却是生存在必须不停地跳跃疾走的由灼热的煤炭所圈成的圆周线上。被迷妄所惑的人，只要偶尔在眼前或立足之处发现到凉快的地方，便可得到慰藉，于是继续绕着圆周跑下去。但洞察个体化原理、认识物自体本质——亦即认识其整体的人，并不因此而满意，他一眼便看穿全场的形势，因而迅即离开圆周线上，摆脱意志，并否定反映于本身现象中的存在，其最明显的表现就是从修德转移至禁欲，亦即他已不能满足于“爱别人如爱自己”“为他人摩顶放踵”的仁心，而是对于求生意志的现象以及充满苦恼的世界本质，产生嫌恶。具体地说，他已停止对物质的需欲、时刻警惕庶不使意志执著于某种事物，在心中确立对任何事均持漠不关心的态度。例如，一个健壮的人，必然通过肉体的生殖器表现性欲。但洞察个体化原理的人则已否定了意志，他谴责自己的肉体、揭穿它的把戏，因此，不论任何情况下都不追求性欲的满足。这是禁欲（或否定求生意志）的第一个步骤。禁欲借此而超越个人的生存，进而否认意志的肯定，他的意志现象遂不再出现，连最微弱的动物性亦皆消失。这正如完全没有光线的话，亦无明暗之境一般，随着认识的完全消灭，自然而然其他世界亦消逝于乌有，都因既无主观，当无客观之理。

走笔至此，我想起吠陀经中的一节：“正如饥饿的孩子们拥向母亲的怀抱一般，世上的一切存在皆为等待圣者的出现而做牺牲。”这里的牺牲，即一般所谓的断念。安格勒·西雷修斯[①]一道题名“把一切献给神”的小诗，也是在表示这种思想，诗云：

人啊！世上的一切都爱着你，
你的周围人山人海。
一切、迎向你奔去，
俾能接近神。

叶克哈特[②]在他的著作中亦有相同的阐述，他说：“耶稣说：‘当我飞升离开地面时，将吸引万人前来归我。’（《约翰福音》第十二章三十二节），耶稣与我俱可确证它的真实性。故云，善良的人可把一切东西的本来面目带到神的身边。一个物质对于另一者必有它的用途，例如，草之于牛、水之于鱼、天空之于鸟、森林之于动物，皆各有其用，由此事实显示，所有被造物都是为人类而造的，进而可说，被造物是为善良的人而创造，他将把其他被造物带到神的身边。”叶克哈特言下之意好像在说，即使动物亦可得救。同时，这一段话，亦可为圣经较难解的地方（《罗马书》第八章二十一——二十四节）做注解。

（《罗马书》第八章二十一——二十四节，其内容如下：“因为被造物亦希望从破灭的束缚解放出来，而享受神的

① 安格勒·西雷修斯（Angelus Silesius 1624–1677）：德国宗教诗人。——译注

② 叶克哈特（Meister Eckehart 1260–1327）：德国神秘主义最主要的代表者。——译注

子民的自由荣耀。我们知道被造物一直是辛劳痛苦的，但怀着圣灵最初之果实的我们，心灵在呻吟之余，仍盼望授予子民的身份——即身体的得赎。我们因这个希望而得救。但那不是肉眼可见的盼望，眼睛所能见，何必再盼望呢！”）

佛教的表现亦复如此，例如，尚未成为菩萨前的释迦，在动身离开父王的城堡，向荒野出发前，他跨上马鞍，对着马说：“你本生于斯，长于斯，将来亦可能死于斯。但我现在必须停止你载物拖车的工作，请你驮我离开此地。当我获得正法时（成为佛陀时），绝不忘记你的大功。”

一个人虽能达到禁欲的境地，但他毕竟具备精力充沛的肉体，既有具体化的意志现象，就难免经常感到有被牵引进某种欲望的蠢动。因此，为避免使欲望的满足或生存的快适，再度煽动意志，挑起自我意识的嫌恶和抗拒，他便须不断虐待意志，使禁欲不属偶然发生的事，其本身即为一种目的。此时，他对自己想做的事，绝不去沾手；反之，对于非己所愿之事——即使除虐待意志外实际毫无目的的事，亦强迫自己去完成，如此，从意识压抑自己的欲望，进而，为了否定本身现象的意志，纵使别人否定他的意志——即加诸于他的不正当举动，亦不加抵抗。不管是出于偶然或出于恶意，凡是从外界所降临他身上的痛苦，一律表示欢迎；即已不肯定意志，不管是侮辱、羞辱或危害，均欢迎它们加盟意志现象的敌对阵容，认为是绝佳的磨砺机会而欣然承受。他由这些痛苦和耻辱，而培养成忍人所不能忍的耐心和柔和的态度。从此，情欲的火焰不再在体内燃烧，怒火也无法点燃，完全以不修饰外表的善来消灭恶。进一步又以同样的手法虐待意志客观化的肉体，因为肉体是意志表现的一面镜子，通常身体健壮必会促使意志产生新活动，使它更形强化，所以，他们不供给身体太多的营养，只借不绝地痛苦和缺乏，逐渐挫其锐气，甚至以绝食和苦行的方法，使意志趋于死灭。他们很了解意志是使自己和世界痛苦的根源，因而对它憎恶，最后终于消除意志现象，不久死亡亦随之来临。因为他们原已否定了自身，要除去支撑住身体的最后一点残留物，并非难事，所以禁欲者完全欢迎并欣然接受死亡的降临。但与一般人有所差异的是，不仅他们的现象与死亡同时告终，其本质亦告消除。这种本质通过现象好不容易才得保持的虚幻存在，最后终于脱离那脆弱的联系，与死者同时消失于世上。

②圣人们

一般的世界史，对于最能阐明我们的观点——否定意志的代表性人物的生涯，均持沉默的态度，因为世界史的题材，性质完全与此不同——不，应该说完全对立。综观其内容，不外乎在说明无数个体的求生意志现象，并加以肯定。这些留名青史的人物，不管是以心机权术而取得优势，或利用群众施展其暴力，抑为命运人格化的“偶然”发挥所致，但在我们眼前展现的却是，任何的努力终归枉然，结局仍是一场空。所以，作为一个哲学家，不必徒然追求在时间中流逝的诸现象，而应努力于探究诸种行为的道德意义，从这里才能获得衡量重大事项的惟一尺度。我们也不必顾忌平凡庸俗的大多数人的意见，而勇敢的昭告世人：世上最伟大、最重要、而且意义最深的现象，并非“世界的征服者”，而是“世界的克服者”。惟有他们，才能放弃那充满整个世界、无时无刻蠢蠢欲动的求生意志，学会否定的认识，平静地度其一生；惟有世界的克服者，始能表现其意志的自由，因而他们的言语行动才显得与世俗格格不入。基于上述几点，所以一般记载圣者们的生活记录，虽然写得很拙劣，其中还掺杂着迷信或荒诞不经的故事，但对一个哲学家而言，这些素材实有其深刻的意味，它远比普鲁塔克[1]，里维斯[2]等史家，更能告诉我们更多、更重要的事情。

③基督教道德观

在欧洲，与人们最切近的当推基督教，众所周知，它的道德观即是从最高度的人类爱，引导向禁欲。禁欲，在使徒们所写的文字里开始萌芽，到后来更有完全的发展和明确的显现。使徒们告诉人们，要爱邻人如爱自己，要以爱和善行回报憎，要忍耐、温和，对一切侮辱均无抵抗地忍受；为压制情欲，要人们只摄取一点营养，如此才能完全抵抗情欲。这几点就是意志的否定和禁欲的最初阶段。在福音书中，自我的否定即可称为接受了十字架。（参阅《马太福音》第十六、二十四、二十五章，《马可福音》第八、三十四、三十五章及《路迦福音》第九、十四、

① 普鲁塔克（Plutarch 50–120）：希腊作家，著有《希腊罗马伟人传》等书。——译注

② 里维斯（Livius 前 59– 后 17）：罗马史家。——译注

二十三、二十四、二十六、二十七章。）循此方向逐渐发展，而产生“赎罪者”“隐者”“僧团”等诸名称。以他们本身而言，那确是神圣、纯粹的，但对大多数人而言，却极不适当，所以也就难免朝伪善和令人憎厌的一面发展；因为最佳的立意如被滥用，那就要成为最恶的事情了。当基督教达于最盛期时，上述禁欲的萌芽，在诸圣者和神秘家们的著作中，开满灿烂的花朵，他们主张以最纯粹的爱心及基于自由意志的完全禁欲，来消灭自己的意志，而获致真正的平静，进而忘却自我、沉潜于神的直观中。基督教的这种精神，尤以在叶克哈特的著作《德国的神学》中表现得最为完整和强烈，路德曾为这本书写一篇前言，他说，有关神、基督和人的事情，除《圣经》和圣·奥古斯都[1]之外，这本书使他获益最多。这里所写的规则或教条，完全是以内在最深处的信念为基础，而阐释求生意志的否定表现。此外，托勒[2]所撰《学习基督的清贫生活》及《心灵深处》两书，一般评价虽较前者略差一筹，亦是颇值玩味的卓越著作。——依我看来，这些基督教神秘家与新约圣经的教条，其间的关系就如同酒精与葡萄酒一般，或者说，新约是隔物视物，而神秘派的著作则是毫无遮蔽、可以看得一清二楚。更可说一者是直接灵感，另一者是间接灵感，一为太神秘另一为小神秘的差别而已。

① 圣·奥古斯都（St. Augustinus 354–430）：初期基督教最大的教父，神学著述颇丰。——译注

② 托勒（Johann Tauler 1300–1361）：德国神秘主义派宗教家。——译注

④印度人道德观

虽然我们对印度文献的涉猎很有限，所得的知识并不完整，但就现在我们所能了解的是，印度人的道德观在吠陀经、圣诗（Purana）、神话、格言、生活规范及诸诗人的作品和圣者传记中，均有极明显的表现，并且显出它的多样性。他们的道德观告诉人们要遵守的信条是：完全否定对自己的爱，而去爱你的邻人；不独是对人，还要爱所有的生物；要尽自己的所有去帮助别人；要以无限的忍耐心对待加害于你的人；不论处在任何残酷的境遇下，都要以善和爱还报于恶；要以自由意志为基础，欣然接受和忍受一切耻辱；以及禁杀生、戒荤食等。此外，若想迈向真正圣者的境域，还须坚守童贞、抛弃一切肉欲；为便于沉思默想，须抛弃财产、与家属隔离、居住于与世隔绝的环境中；然后根据自由意志，逐渐加予自己痛苦、虐待意志。最后而有绝食、献身鳄鱼、活埋自己、从喜马拉雅山神岩纵身跳下、被战神像的车子辗压等等，基于自由意志的死亡。这些宗教习俗的起源，至少可追溯到四千多年前。时至今日，虽然在某些地区已有相当的变质，但仍可看到他们实施某种极端的形式时，依然保有其旧貌。（一八四〇年十二月三日泰晤士报载，东印度某地区在Jaggernant神像出巡时，有十一个印度人投身于车轮下，当场被碾死。）

虽然付出这等残酷的牺牲，但这种风俗却能在几百万人的民族间行之数千年，可见并非一时兴起糊里糊涂做出来的，其根源必在于人类的本性。另外，当我们阅读基督教与印度教的圣者或赎罪者的传记时，便能发觉两者竟有惊人的一致；尽管他们的教义、风俗或环境都有根本的差异，然而两者的努力方向和内在生活却完全相同，两者所接受的规则亦相类似。他们所以宁愿放弃世俗的满足，而从追求完全的清贫中获得一种慰藉，显然他们很了解，通常意志必须不断注入新的营养，并且看破那些东西至终必将破灭。此外，佛教规则亦劝修行者不应有住家财产之累，甚至为避免使修行者对树产生感情或喜爱，还要他们不可长时间栖息于同一棵树下。吠檀多（Vedanta）教派更主张：对达到完成之境域者而言，外在活动与宗教行为是属于多余的。这也和基督教神秘派的见解不谋而合。总之，虽然时代不同、民族互异，却有那么多的共同点，这种见解和行为，绝不是如一般乐观主义者所认为的系基于思想的扭曲所产生，而是那甚少形诸表面的人类最优异的本质性格所表现的。

⑤心灵的境界

欲望愈强烈、愈贪求我欲之满足的人，他所感到的痛苦也就更多更深，因为欲望经常附在他身上不断地啃噬他，使他的心灵充满苦恼，如此积久成习后，一旦欲望的对象全部消失，他几乎便以看别人的痛苦为乐了。反之，一个彻底否定求生意志的人，从外表看起来，他的确是贫穷、一无所有、即无欢乐亦无生趣的人，但心灵则是一片清澄，充满宁静和喜悦。他们不会被不安的生存冲动或欢天喜地的事情所驱策，因为这些都是强烈痛苦的先导；他们不贪图生之快乐，因为，喜悦过后往往接续苦恼的状态。他们所达到的这种心灵真正的清朗及平静，绝不会被任何人所干扰妨碍。对于这种境界，我们内心中的善良精神，将立刻可以发现那是比一切成就更卓越的东西，而毅然叫出："勇敢地迈向贤者吧！"当我们亲眼看到、或脑中浮现这种境界时，必不由得兴起无限的憧憬，并进一步使我们深切感到，浮世欲望的满足，正如抛给乞丐的施舍，维持他活过今天，却也延长了他的苦难到明日。反之，禁欲则是世袭的领地，领主永远不必为这些事情忧虑。

肉体即是意志的客体化形式、或具象化的意志，所以只要肉体生存着，即有求生意志的存在，它时时燃起熊熊的烈火，努力地在现实中显露它的姿态。因之，圣者们那种平静愉悦的生活，乃是不断克服意志而产生的成果。所以我们不难想像出来，在结成这种果实的土壤里，必须不断地与求生意志战斗，因为世上任谁也不可能获得永恒的平静。因之，一本描写圣者内在生活的历史，也就是他们心灵挣扎和获得恩宠的过程史。这里所谓的恩宠，即指使一切冲动失其效力、而赋予深刻安宁、以打开通向自由之门的认识方法。我们可以看出，一旦达到否定意志的人，他必须倾其全力保持这种成果，以各种方式削弱经常蠢蠢欲动的意志力，或寄托于禁欲、或为赎罪而度严苛的生活、甚而刻意追求不愉快的事情。他们既知解脱的价值，所以时时刻刻警戒惕励，以保持这一份得来不易的宁静，即使稍尝没有罪恶的快乐，或者虚荣心略微蠢动，亦感良心的严厉诃责。因此，最后连这人类欲望中活动最激烈、最难以消灭、也是最愚蠢的欲求——虚荣心，亦告消失。我们可以说，狭义的禁欲，就是为虐待意志而不断地寻求不愉快的事情，为折磨自己而拒绝快乐，甘愿过着赎罪的生活；也就是故意地破坏意志。

⑥痛苦的解脱

除为保持否定意志的成果，而实行禁欲之外，另有一条途径亦可达到意志的否定，那就是默认命运所决定的痛苦。并且一般都非属前者那种认识的痛苦，而是因自己切身的体验，有时是因接近死亡，而进入完全断念的境地。大多数人都循着这种途径达到意志的否定，因为毕竟只有少数人才能洞察个体化原理，这些人仅须通过认识，即可学会毫无瑕疵的善，对任何人均怀着爱心，把世界的痛苦当作自己的痛苦，从而达致意志的否定。然而，有的虽已接近这种境界，却大都处于生活舒适的状态，此时，如若受到别人赞扬，一时兴起，又会怀着某种希望，企图求得意志的满足。一言以蔽之，快乐经常成为意志否定的障碍，再度诱惑他走向意志的肯定。因此说，一切诱惑都是恶魔的化身。所以，一般人在自己未尝无比的痛苦之前，在意志未否定自己之前，必须先毁坏意志，由渐而进地经过各种痛苦的阶段。在一番激烈抗争之余，当濒临绝望之际，倏然返回自我的人，即可认清自己和世界，进而改变自己的所有本质，超越自身和一切的痛苦，进入无比崇高、平静、幸福的境域。他可以欣然抛弃过去以最大激动去追求的东西，也可以安详的接受死亡。这种境界，是从痛苦的火焰突然爆出意志否定的银花，此即谓之解脱。即使一个禀性恶劣的人，有时亦可从某种残酷的教训，而臻于这种净化的境地。他们就像突然间改头换面一般，完全变成另外一个人，因而，他对于从前自己所犯的种种恶行，也不会使良心陷于不安，却乐意以死来赎回过去的罪孽，因为此时他们已把意志现象视为面目可憎的东西，而以欣慰的眼光看它的末日。——就我所知，最能表现因巨大不幸而得到解救、从绝望中而带来意志之否定的诗歌，当推歌德的心血结晶《浮士德》中，有关格烈特汉的苦难遭遇。这个故事在说明，一个人不仅可从自由意志的探求而认识世界的痛苦，亦可因自己切身的过度痛苦经验，而获得解脱。的确，这位被我欲所驱策的主角，最后终于达致完全看破的境界。

6. 论女人

席勒（Schiller）的“女人的品位”一诗，韵律和谐，对仗工整，颇能动人心弦，是一篇很成熟的作品。但依我个人的看法，赞美女人最中肯、最得当的，当推朱伊[1]所写的几句话。他说：“如果没有女人，在我们生命的起点将失去扶持的力量；中年失去欢乐；老年失去安慰。”拜伦在他的剧作《萨丹那帕露斯》中（Sardanapalus）也曾有几句感伤的道白：“在人类呱呱坠地之始，就必须靠女人的乳房始能赖以生长；婴儿的牙牙学语也是出自女人的

① 朱伊（Jouy 1764–1846）法国作家。——译注

口中所传授；我们最初的眼泪是女人给我们温柔的抚慰；我们最后的一口气也大都是在女人的身畔吐出来，在一般男人犹疑不前时，她们出来为曾指挥自己的男人做临终的守护。”

以上两者的话语，都颇能真切、具体、传神的道出女人的价值所在。

因为只须就女人的体态来看，便可了然女人天生就不适于从事精神或肉体上的重大工作，她们在行动上无法承当“人生的债务”，所以，造物者特别安排一些受苦难的事情加在女人身上，以求补偿，诸如分娩的痛苦，子女的照顾，对于丈夫的服从等——通常女人对丈夫总具有高度忍耐力，且能给予慰藉。——女人很少表现强烈的悲哀、欢喜等情绪，所以她们的生活在本质上来说，无所谓比男人幸福或不幸，她们只是冀求恬静、平稳的渡过其一生。

女人最适于担任养育婴儿及教育孩童的工作，为什么呢？因为女人本身就像个小孩，既愚蠢又浅见——一言以蔽之，她们的思想是介于男性成人和小孩之间。一个少女能够一年到头成天和小孩儿一起唱歌、跳舞、嬉戏，打发岁月。如果换成男人，即使他能耐下心来做这种事，但请大家试想像看看，其结果将是如何？

造物者似乎把戏剧中所谓的“惊人效果”应用在年轻女孩身上。造化给她们的财富只是短短几年的美丽，赐予他们暂时的丰满和魅力——甚至透支她们此后所有的姿色。所以在这短暂的几年间，她们可以虏获男人的爱情，叫男人承诺对她们的照顾——一直到死为止。因为欲使男人动心以至承诺，光凭理性的成熟还不能确保有效。是以上苍创造女人也和创造万物一般，采用经济的手段，只是在生存必需时才赋予她（它）们需用的武器或器械。雌蚁在交接之后，便失去翅翼，因为翅膀已成了多余，并且对于产卵和抚养还是一种危险；同样的，在生下几个小孩之后，一个女人通常也失去了美丽和娇艳。

因此，在年轻小姐们的心意中，对于家务及其他女红，只是次要的工作，甚至当做游戏看待。她们惟一所思虑的，不外是如何恋爱、如何虏获男人、以及与此有关的事情而已，如化妆、跳舞等等。

宇宙中的万事万物，越是优秀、越是高等，他们达致成熟的时间就来得越迟。男人在二十八岁以前，理智和精神能力成熟的并不多见，女子却在十八、九岁便届成熟期。虽称“成熟”，她们在理性方面仍是十分薄弱，所以，女人终其一生也只能像个小孩，她们往往只看到眼前的事情，执著于现实，其思维仅及于皮相不能深入，不重视大问题，只喜欢那些鸡毛蒜皮的小事。

人，不同于一般动物只生存在“现在”，人类有理性，靠着它，由检讨过去而瞻顾未来。人类之有远见、悬念及忧闷等，都是因理性而发。因为女人的理性非常薄弱，由理性所带来的利与弊，也远较男性为少。不，毋宁说女人是精神上的近视者更为确当，她们直觉的理解力，对周身的事物，观察力非常敏锐，但远距离的东西则无法入目，所以，凡是在她们的视界中所不存在的，不管是有关过去的也好，有关未来的也好，她们都漠不关心，无动于衷。

固然男人也有这种现象，但总不如女性来得普遍，而且她们厉害的程度，有的几近疯狂。女人的浪费癖就是导因于这种心理，在她们的观念中，认为赚钱是男人的本分，而尽可能花完它（在丈夫未逝前或去世后），是她们应尽的义务。尤其是，丈夫为了家庭生计把薪俸转交她们后，她们更增强了这种信念。——上述的作法和观念，当然有许多弊端，但可也有一些优点，因为女人是生活于现实，所以她们很了解及时行乐的道理，女人眼看着整日辛劳的丈夫，心里难免有所不忍，所以为了调剂丈夫的身心，在必要的场合会设法给丈夫种种慰藉，增加生活的情趣。

古日耳曼人的风俗，每当男人遭遇困难之际，往往移樽就教于妇女，此事实无可非议。何以如此？大概因女人对于事物的理解方法和男人截然不同。最显著之点是，她们的眼中只有近的事物，做起事来总是选择达到目的地最便捷的路径。而男人，对于眼前的事物，起先是毫不在意的一眼幌过去。但思前想后，绕了几个圈子，最后的结论，重点仍在眼前的事物上。加之，大致说来，女人较冷静、不犹豫，对于事物的见解，只就存在的事实，头绪单纯，不会被那些纷然杂陈的思想所混乱。而男人则不然，一激动起来，往往把存在的事物加以想像或扩大，结果不是小事化大就是钻进牛角尖。

女人比男人更具怜悯之心，因此，对于那些不幸的人，容易表现出仁爱和同情的言行。但由于现实的心理，关于正义感、诚实、正直等德性，却比男人为劣。这是因为女人理性的薄弱，所以只有现实、具体、直接的东西能在她们身上发生作用，对于与之相反的抽象的思想、坚定的决心以及那些有关过去、未来或远隔的事物，女人根本无暇去顾及，也不愿去想它。因此，她们先天虽具那些德性，却无法发挥展开。在这方面来说，女人很可以和有肝脏而缺胆囊的生物相类似。由此，我们可以发现女人的根本和最大的缺陷——不正经。这个缺陷也是由理性欠成熟产生而来，女人是弱者，没有雄浑的力量，造物者就赋予她们一种法宝——“狡计”赖以生存。她们先天就有谲诈、虚伪的本能，这是上苍的巧妙安排，正如狮子有锐爪和利齿、象有牙、牛有角，和乌贼有墨汁一样，造物者使男人具有强壮的体魄和理性，对女人也赋予防御武装的力量——佯装的力量。虚伪和佯装可以说是女人的天性，即使是贤女和愚妇也没有太大的差别。所以她们便尽量利用机会，运用这种力量，这也和上述动物受到攻击时使用它的武器一样，是天经地义、顺理成章的事。在某种程度内，她们觉得如同在行使自己的权利一样。所以，绝对诚实、丝毫不虚伪的女人几乎难得一见。正因为如此，女人对于他人的虚假极容易发觉出来，因此，我们还是不要以虚伪对待女人才是上策。因为女人有这个根本缺陷，因之虚伪不贞、背信、忘恩等毛病随之而来，法庭上的“伪证”，女人就远比男性为多。所以，女人的证言是否宜于相信，颇值得商榷。——我们不是经常听到一些丰衣足食的贵妇人，在店铺中竟顺手牵羊的干起三只手的行径吗？

为了人类的繁殖，为了预防种族的退化，年轻、强壮、俊美的男性，被造物者呼之而出。这是牢不可破的自然意志，它表现在女人的激情上。自古以来，这种法则始终凌驾于其他一切的法则，所以，男人的权利和利益若和它相抵触，势必遭殃，在那“一见钟情”的刹那，他的权利利益就要支离破碎。因为女人在她们秘密的、潜意识的、不形之于外的、与生俱有的道德中，就告诉她们：“我们女人对于只为个体图利，妄图霸占种族权利的男人有欺骗的权利。种族的构成和幸福，系于我们所生的下一代，全赖我们女人养育和照顾。我们本着良心去尽我们的义务吧！”女人对这最高原则，不只是抽象的意识，还潜藏着表现具体事实的意识，所以机会来临时，除以行为表现外，再也没有任何方法了。当她们这样做时，其内心比我们所推想的还要平静，因为在她们内心深处，已意识到种族的权利实远比个体为大，也更该为种族尽义务，虽然个体的义务受到损害。

总之，女人只是为种族的繁殖而生存，她们的天职也只有这一点而已，所以，她们情愿为种族而牺牲个体，她们的思维也偏重于种族方面的事情。同时，也因此而在她们的性情和行为上，赋予某种轻佻的色彩，授予和男人完全不同的倾向。这在结婚生活中经常可发现到，不，几乎通常所说的夫妇不谐和，就是肇因于此。

男人和男人间可以漫不经心的相处着，女人则似乎生来就彼此互相敌视。商场中所谓“同行相嫉”的心理，在男人来说，只是在某种特殊的情形下才会发生嫌隙，而女人则有一种独霸市场的心理，她们所憎恶的对象包括所有的同性女人，连在路上相遇，也好像 Guelfs 党徒碰到

Ghibellines党徒一样，彼此怒目相向①。对于初见面的朋友，女人显然要比男人表现更多的矫揉造作，所以，那时她们间的客套话和奉承话，听来就比男人们要滑稽多了。还有，男人们当着晚辈或下属面前，尚能保持若干的客套和人情味交谈；而高贵的妇女，和身份较低贱的女人谈话，态度大抵都很倨傲（她们的婢仆亦复如此），大有不屑与之一谈的神气。这大概是由于女人在阶级上远较男人不固定、变化较快、也容易消失之故。此外，男人所思虑的范围大，杂事也多，而女人则只有一桩事情——如何虏获男人的心，对其他的事都认为是无足轻重，毫不介意。还有，因为她们的“工作”性质非常接近，所以在同性间希冀以阶级来区别，借以炫耀自己身份的高贵。

惟有理性被性欲所蒙蔽的男人，才会以“美丽的天使”——这个名衔赠给那矮小、窄肩、肥臀、短腿的女人，因为女性的美实际上只存于男人的性欲冲动之中。她们实是毫无审美观念的，不论是对于音乐、诗歌或是美术，她们都没有任何真实的感受。也许她们会显出一份认真鉴赏、十分内行的神态，那也不过是为了迎合他人做做样子罢了。总之，女人对上述的事情，不可能以纯粹的客观性介入。依我个人的见解，其来由是这样的：男人对任何事物都是凭理性或智慧，努力去理解它们或亲自去征服它们，而女人不论身处任何时地，都是透过丈夫的关系，间接支配一切，所以她们具有一种支配丈夫的力量。她们

① 前者是意大利中世纪皇帝的反对党，帮助法王，后者立场则相异，彼此积恨甚深。——译注

天生就有一种根深蒂固的观念——一切以虏得丈夫为主。女人表现出关心他事的态度，实际都只是伪装，是达到目的的迂回战术，究其实不过是模仿或媚态而已。卢梭在写给达兰倍尔[①]的信中曾说到："一般女人对任何艺术都没有真正的热爱，也没有真正的理解，同时她们对艺术也没有一点天才。"此语确是不差。例如在音乐会或歌剧等场合，我们且仔细观察妇女们的"欣赏"态度，即使是对于最伟大的杰作，即使是演唱到最精彩的时候，她们仍然像小孩子似的，叽叽喳喳的，不知讨论些什么名堂。听说古希腊人曾有禁止妇女观剧之规定，此举果是属实，那倒是千该万该的，最少可让我们在剧院中不致受到打扰，能够多听出一点什么。我们现在很有必要在"妇女在教会中宜肃静"（《哥林多前书》十六节之二十四）的规条之后再附加一条，以大字书写于布幕上："妇女在剧院中宜肃静"。

我们不能对女人期望太多，就以美术来说吧！在绘画的技法上，男女同样的适合，但有史以来，即使最卓越的女人也从未在美术方面产生任何一件真正伟大或富独创性的成就，在其他方面，也从未给世界留下任何具有永恒价值的贡献。女人们看来对绘画是那么热衷，为什么不能产生杰作呢？"精神的客观化"是绘画的一大要素，而女性事事陷入主观，由于这个缺陷，所以一般妇女对绘画都没有真实的感受性，连这基本条件都欠缺，自然不会有多大

① 达兰倍尔（D'Alembert 1717–1783）：法国哲学家、数学家。——译注

的成就。三百年前的哈尔德[①]在他的名著《对于科学的头脑试验》一书中，就曾下过这样的断言：“女人缺少任何高等的能力”。除了少数的例外，这是不容否认的事实。

7. 生命的理念

各种阶段的存在理念，虽然都是求生意志的客观化，但对囿于“时间”形式的个体而言，他所认识的却不是“个体”，而是结合生殖关系而产生的“种族”。因之在某种意义下，“种族”可以说是超出“时间”洪流的理念，也是一切存在的本质；透过它，我们才能认识个体，也才能谈论存在。

然而由于“种族”本身只是一个抽象存在，它必须在个体中赋形才能存在，因此，意志也只有在个体中才能存在。不过尽管如此，意志的本质经过客观化后，所表现出来的仍是根深蒂固的种族意识，所有个体追求的急切要事，诸如性爱关系、生男育女及其教育问题，乃至个体的安身立命等，无不与种族发生密切关联。为此，动物才有交尾欲。（其欲望的强烈，在布尔达哈[②]所著《生理学》书中第一卷二四七——二五七页中，有详细入微的叙述。）人类为了性欲的满足，才先有对异性的深刻观察，或者为了选择终身伴侣而神思恍惚，从而产生缠绵绯恻如痴如狂的恋爱。最后，再演变成双亲对子孙的过度爱情。

---

① 哈尔德（Huarte 1520—1590）：马德里医学家和作家。——译注

② 布尔达哈（Burdach 1776 ～ 1847）：德国生理学家。——译注

从内在（即心理）而言，意志犹如树木的根干，智慧是它的枝丫；就外观（即生理）而言，生殖器则如树干，头脑是其枝丫。当然，供给养分的并非生殖器，而是肠的绒毛，但因个体有了生殖器，才能和它的根源——种族相连系，所以说前者才可算是根干。总之，若从形而下言之，个体是种族所产生出来的东西；若就形而上言之，则是种族在时间的形式中，所表现出的不太完全的模像。以下我将谈谈与上述有密切关系的若干问题。脑髓和生殖器的最大活力期和衰老期是相互关联的，其发生的时间相去无几。性欲可视之为树木（种族）的内在冲动，它使个体的生命萌芽，犹如树木供给树叶养分，同时树叶也助长树木的壮大一般。正因如此，所以这种冲动力非常强烈，而且是从人类的本性深处涌出来的。若阉割掉一个人的生殖机能，就好像把他从赖以生长的种族树干砍下、弃置一旁一样，他的体力和精神必将渐次衰退。——个体对于种族所做的服务告终之后——即完成了受精作用后，不论任何动物，必然伴随着力量衰竭的短暂现象；许多昆虫甚至在受精后即告毕命。所以塞尔舍斯[1]才有："精液的射出就是丧失一部分的精神"的警语。就人类的情形而言，生殖力的衰退，就表示个体的渐趋死亡。不论任何年龄，若滥用生殖力，都会缩短生命；反之，节欲却能增进一切力量，尤其有助于体力。正因为如此，节欲是希腊训练运动员的一种方法。再者，若昆虫实行这种抑制，也可使它的生命延续到翌年春天。——上述的种种现象显示出：实际上个

① 塞尔舍斯（Celsus）：二世纪罗马哲学家。——译注

体的生命只不过是借自于种族，一切生命力都是种族力量的迸发。但，在这里还要附带一点说明：形而上的生命基础，是直接表现在种族中的，并且通过这点而显现在个体身上。因此，印度人对于象征种族不灭的林盖姆和由尼[1]甚表崇拜，同时为了反抗死亡，在死神席巴[2]身上也赋予了这种属性。

即使没有上古流传下来的种种神话或象征，我们只须观察一切动物（包括人类）在从事有关性欲活动之际的那种热心和认真，也必可了然性欲的激动，本来就是动物的主要本质，也是种族的一分子对传宗接代大业的效劳。反之，其他所有器官或作用，只是直接服务于个体，而非种族；个体的生存实居于次要地位。同时，由于真正延续的是种族，个体是不能永存的，因此，为了维持种族的延续不辍，个体在激烈的性欲冲动中常常表现出一种把其他一切事物都搁置一旁的习性。

诸位不妨试想一下动物在交尾期的生殖行为，对以上所述自可获得更明确的了解。我们可以看到它本身所不能自觉的认真和热心。当此之时，它们的脑子里会有什么念头呢？——它会想到自己迟早要死亡？会想到，它现在的行为将产生类似自己的新个体而取代他的生存？绝不！它们不会想，也不知道这些问题。但它们却表现得有如非常

① 林盖姆—（Lingam）印度供奉于神祠的男性生殖器模型。女性生殖器称之为由尼（yoni）。——译注

② 席巴：SchiWa 译为自在天，与 Visnu（昆瑟纽遍照天），Brahma（梵天），合称婆罗门教三大神。——译注

关怀种族的持续一般。何以如此呢？一言以蔽之，那时它们全部的意识都集中于生存问题（当然是不自觉的），而只有借生殖行为才能表达最高度的这种欲望，如此，已足以使种族延续不断了。同时，这也是因为意志是根本、而认识则属偶然性，才会造成这种现象。因此，意志并不必要完全受认识的引导，只要在其本源性中决定的话，在自然的表象世界中，即可客观化。如果我们想像动物也有生命欲和生存欲的话，亦非一般所谓的生命和生存，而是希求与自己相同种族、相同形象的生命和生存，它从同种的雌类中，看出自己的形貌，因而刺激生殖行为的意志。从外表——通过无限的时间——观之，它们的欲望化成相同形貌的个体陆续更迭，并且由于死亡和生殖的交替，而使种族维持。就此看来，死亡和生殖不过如同种族脉搏的律动而已。——这虽是由动物所确定的事情，但亦可适用于人类。因为人类的生殖行为，虽然伴随有目的的认识，但并不全受这种认识的指导，而是求生意志的集体表现，是一种本能的行为。总之，我们和动物生殖之际的情形相同，当从事其本能工作时，也不受目的之认识的指导，而且大体言之，此时意志亦不以认识做媒介而表现。不论任何本能的工作，所委之于认识的只是琐细的部分，而生殖行为才是最伟大、成就最辉煌的本能工作。

从以上的观察，我们不难了解，性欲和其他欲望的性质截然不同：就动机言，它是最强烈的欲望；就表达的情形言，它的力量最强猛。不论在何处它都是不可避免的现象。它不像其他欲望，会发生趣味、气氛、情境之类的问题。所以，就因为它乃是构成人类的本质愿望，任何动机都无法与之比拟抗衡。它的重要性简直无可言喻；若不能在这方面得到满足，其他任何享乐也无法予以补偿。同时，不管动物或人类，为它常不惜冒险犯难或大动干戈。若以最坦诚、最直言无讳的话说出这种自然的倾向，我们可以举出门口以男人性器做装饰的庞贝妓馆那句闻名遐迩的题词来说明，那就是："幸福住在这里"。刚要进去作乐的人，对于这句话尚觉自然，出来后，就不免有啼笑皆非之感了。——反之，若以认真严肃的态度来说明生殖欲的强烈，可以希腊神庙圆柱上的那一段碑铭为代表："爱神 Eros 乃首一者、创造者、万物衍生的本源"。——路克雷提斯[1]在他的著作卷首所作的优美赞语，也属于这类。他写道：

> 大慈大悲的维纳斯啊！
> 你是爱纳德族之母，
> 你为人类和诸神带来喜悦。

□

生殖行为联结子孙的保存，亲情联结性欲，如此，而使种族的生命绵延持续。所以说，动物对于子孙的爱，和性欲相同，它所做的努力远比对个体本身更为强烈，所有的动物大抵皆如是，做母亲的为保护子女，往往甘冒任何危险，即使一死也在所不惜，连最温驯的动物，亦将不惜生死，不辞任何拼斗；这是最佳的佐证，因为动物的活动

① 路克雷提斯（Lucretius 前 95–51）：罗马诗人。——译注

现象最为单纯。以人类而言，这种本能的亲情，以理性为媒介——即反省的引导，有时虽不免因理性的阻碍而削减。秉性暴戾凶残者，甚至也有不承认亲子之情的现象。但就本质而言，实际并非不强烈，在某种情形下，亲情经常击败自私心，甚至牺牲自己的生命以维护子女。据法国报纸的报导，琉县的沙哈尔镇有一位父亲自杀了，动机很简单，因他的长子已届兵役年龄。法政府规定，父亲死亡，长子可免除兵役。——动物没有理性，没有所谓反省能力，所以它们所表现的本能母爱（雄性动物没有这种意识），最为纯粹，也最为明显。总之，这种爱的真正本质，与其说出自个体，莫若说直接出之于种族。这意味着动物亦有种族依赖子孙而得以保存，必要时得牺牲自己生命的意识。所以，它和性欲的情形相同，这里的求生意志也会产生某种程度的升华，由超越意识本源的个体，及其种族。本能的母爱到底何以异乎寻常的强烈？光凭抽象的叙述恐怕无法形容尽致，为使读者能了解其中详情，我想再举出两三个实例说明。

水獭被追捕时，立即带着子獭沉入水中，当它们为了呼吸而再度浮在水面时，母獭便以身子遮挡及承受猎人的镖箭，以使子獭逃遁。还有捕鲸时，只要先射杀子鲸，就可把母鲸引诱出来。此时，母鲸便立刻赶到子鲸身边，尽管它身上中了许多鱼镖，但为孩子的一线生机，仍是寸步不离子鲸，毫无逃遁之意。——见史柯斯比[1]著《捕鲸日

[1] 史柯斯比（Scoresby 1789 ~ 1857）：英国航海家，北极探险家，并精研博物学、气象学、磁学。——译注

记》。

纽西兰附近的三王岛中，盛产海豹，它们都是成群结队的在海岛周围来回游泳，寻找鱼食，但水中有着我们所不知其名的厉害海兽，屡屡使它们身受重创而回，所以，它们在一起游泳时就须训练出一套特殊的战术来抵御敌人；当雌豹在岸边产子授乳的七、八周间，雄豹就包围在它四周，即使雌豹饥饿不堪时也不准它跳入海中觅食，如果雌豹有那种举动，它就紧啮不放极力遏阻，就这样它们一齐绝食七、八周，孜孜不倦的训练子豹必备的防身战术，非等子豹对于游泳术异常精熟，绝不下海。——见弗烈西纳著《澳洲见闻录》。

从以上的例子我们可以看出来，亲情之深切不知比理性高出多少了。

此外，布尔达哈所著《实验生理学》一书中，也提出了他的观察报告，他指出：如麻雀及其他的许多鸟类，当打猎者接近它们的巢窝时，母鸟就离枝飞到猎者的跟前，振翅发出噗噗声响，装出羽翼受伤之状，使猎者的注意力从子鸟转移到它自己身上。云雀也常以己身做饵，诱使猎犬远离它的巢穴。其他如雌鹿或雄兔等，遇到袭击时，总会设法使敌者追袭它，务使其子不受到伤害。燕子遇难时，如救子不成，又会飞回正燃烧着的住家中，与雏燕共同赴难；勒弗特市发生大火灾时，就曾有这样的感人事例，火警时，因为雏燕还不会飞翔，母燕始终不肯离开雏燕身侧，终于被火活活烧死了。再其次，把蚂蚁切分为二，它的前半身还会把它的蛹搬运到安全的场所。而从母狗的腹中取出胎儿后，那只即将濒临死亡的母狗仍会赶到胎儿旁边，予以爱抚，直到被人家夺去后，才开始发出哀恸的哭号，以至死亡。

8. 素质与遗传

卡特鲁斯[1]曾说："每个人皆依其自然所赋予的素质。"日常经验亦告诉我们，父母的生殖因子，可将种族及个体的素质遗传给他们的下一代。但这只限于有关肉体方面（客观的、外在的）的性质。至于精神方面（主观的、内在的）的素质是否如此呢？也就是说父母亲会不会把这方面的性质遗传给子女呢？这类问题经常被提出来讨论，一般答案也几乎是肯定的。然而在精神方面的遗传中，何者属于父亲、何者属于母亲，是否可以加以区分？这个问题就较困难复杂了。我们在解答这个问题之前，若能仔细回味一下我们应有的根本认识——意志是人类的本质、核心和根源；反之，智慧则只列居次要地位、属于附加物、是该实体的偶有性——则无须证诸经验，至少下列几点应该很接近事实：亦即生殖之际父亲所遗传的是属于强性、生殖原理、新生命的基础和根源方面的性质，统而言之就是意志；母亲的遗传则属弱性、受胎原理、次要性方面的性质，亦即智慧的遗传。故而，一个人的道德性质、性格、性向、心地皆得自父亲；而智慧的高低、性质及其倾向则遗传自母亲。以上的假定可由实际或经验中得到确证。这

[1] 卡特鲁斯（Catullus 87–45 B. C.）：罗马诗人。——译注

不是光凭闭门造车式的物理实验所能决定的，而是根据我多年来缜密深刻的观察，同时参照史实所得的结论。

我们不妨先观察自己，看看自己的兴趣倾向如何、有些什么恶习、性格上有什么缺点，也把所有优点或美德列举出来。然后回顾一下你的父亲，那么，你一定可发现你的父亲也有着这些性格上的特征。反之，往往亦可发现母亲的性格和我们竟是截然相异。当然，在品德上也有与母亲相一致者，但这是一种特殊罕有的事例——父母亲性格偶然的相似。人性之不同各如其面，男人有的脾气暴躁、有的富于耐性，有的一毛不拔、有的挥金如土，有的好女色、有的爱杯中物、有的好赌，有的淡漠寡情、有的亲切和蔼，有的忠厚直爽、有的阴险狡狯，有的孤傲自大、有的八面玲珑，有的大胆、有的腼腆羞怯，有的温和、有的爱打架滋事，有的胸襟开阔、有的事事耿耿于怀……不一而足，但只要你对此人及其父母的性格做深入周密的调查，并有正确的判断力，当能发现我们所列举的原则并无错误。例如，有的兄弟同犯着说某种特殊谎话的毛病，这是由于父亲的遗传。有一出名叫《说谎者与儿子》的喜剧，从心理方面而言是很合情理的。但我们必须考虑到两种无法避免的限制存在，如果以它作为反驳的借口，显然是非常不当的。第一、“父亲常常并不可靠”，除非身体方面的确和父亲很酷似，仅只表面的相似还不够，因为受胎期间仍可带来影响。为此，女人改嫁后所生的子女，相貌有时也会和前夫有些相似；偷情苟合所生的子女有时也会和结发丈夫相似。这种影响从动物身上更可观察得清楚。第二、父亲道德方面的性格虽然确可表现在子女身上，但往往会受到母亲所遗传的智慧的影响而产生变化，因此，我们在观察时必须做某种修正。这种变化与智慧差异的程度成正比，有的非常显著，有的甚为微小；即父亲的性格特质未必表现得很明显。智慧对于性格的作用，犹若一个人穿上与平日完全不相同的服装、戴上假发或胡须而改变人的外观一般。例如，一个人虽从父亲身上接受“热情”的遗传，然母亲亦给予他优越的理性——即反省和熟虑之能力，则前者将因而被抑制或隐藏，事事显得有计划、有组织，与原有热情直爽的性格，完全相异。但母亲的性格和热情则不会表现在子女身上，甚至还往往和她相反。

如果我们以一般人所熟知的历史人物为例，应该从他们的私生活表现下手比较准确。一般史实并不可靠，往往歪曲事实；再加上这些内容通常只局限于公共场所的活动或政治活动，并不能表现出一个人性格上的微妙之处。以下我将列举二、三个历史实例证明我现在所论述的问题的真确，相信专门研究历史的人，还可以给我补充更多适当的例子。

众所周知，古罗马的狄修斯·穆思[①]是个崇高圣洁的大英雄，他把自己的身家性命都奉献给祖国，与拉丁军之战，虽歼敌无数，却不幸以身殉国。儿子在与加利亚人战争时，亦壮烈殉国。这是贺拉斯所说：“勇敢的人是从勇敢善良的人所生”的最佳例证。莎士比亚亦曾就其反面说

---

① 狄修斯·穆思（Publius Decius Mus）：罗马执政官，纪元前 340 年战死沙场。——译注

出一句名言："卑鄙无耻的父亲就有卑鄙的儿子；一个卑贱的人，他的父亲必定也是卑贱的。"

古罗马史中有几篇忠烈传，记载他们全家族代代相传皆以英勇爱国著名的史迹，费毕亚家族[1]和费布里基亚家族[2]即为典型的例子。——反之，亚历山大大王和他父亲菲力普二世同属好大喜功、权力欲极强的人。——尼罗[3]的家谱亦大值注目，在塞特纽[4]所著《十二个凯撒传》（Vitae Duodecim Caesarum）的第四、五章开头就叙述这一代枭杰有关道德方面的问题。根据他的记述，尼罗的先祖从六百年前的克罗底斯开始崛起于罗马，全家人即很活跃，并且骄傲自大、目中无人、性格残酷，一直传到提伯

① 费毕亚家族（Gens Fabia）：罗马贵族。与 Quintus Fabius Maximus Rullianus，Q. F. M. Verrucosus Cunctator 同为罗马名将兼执政官。——译注

② 费布里基亚家族（Gens Fabrica）：罗马贵族。其中的 Gaius Fabricius Luscinus 更为一代名将和古罗马的道德典范，终生以朴素自守，安于清贫。——译注

③ 尼罗（Lucius Domitius Nero 37–68）：罗马皇帝（54–68）。其母 Agrippina 毒杀夫 Claudius 后，被拥立登位，即位之初，受御林军统领 Burrus 及塞内迦之支持，颇能励精图治，但不久即纵情声色，公元 59 年弑其母后，复因为娶妖妇 Poppaea Sabina，而杀死皇后和 Burrus。64 年罗马大火灾全市三分之二化为灰烬，尼罗将此归罪于基督教徒，而展开大屠杀。翌年，凶残更甚，举凡违其意者俱皆杀戮，其师塞内加亦未幸免。尼罗平日以艺术家自任，曾有诗作，罗马焚城后并大兴土木。67 年，尼罗因外有加利亚的叛变，内则元老院、御林军不服调度，在情势所迫下，终于自杀。——原注

④ 塞特纽（Suetonius 75–130）：罗马历史学家。——译注

留斯[1]、卡里古拉[2]，最后出了尼罗。这一宗族的可怕性格在尼罗身上可谓集其大成，比之他的祖父或父亲更胜一筹，一来是因他身居高位大权在握，得以无所忌惮地为所欲为，二来是他有着泼辣无理性的母亲亚格莉毕娜[3]，没能遗传给他足以抑制他的暴戾的智慧。所以，塞特纽写下一则轶事，其意义正好和我们前面所述不谋而合。他说，尼罗降生时，他的父亲曾对着前来祝贺的友人说：我和亚格莉毕娜所生的孩子一定是很可怕的，也许他将会造成世界的毁灭。——与此相反的，像米提阿迭斯[4]和基蒙[5]父子，汉弥卡[6]和汉尼拔[7]父子，以及西庇阿[8]整个家族，都是忠心耿

---

① 提伯留斯（Tiberius 前 42– 后 37）：奥古斯都大帝之妻丽维亚前夫之子，大帝无嗣，继任罗马第二代皇帝（14–37），即位前十一年期间，尚勤于政事，后因政治紊乱，而采高压手段，晚年，耽于淫欲，将国事委于 Sejanus 之手，Sejanus 阴谋生叛心，后被诛戮，帝亦忧郁而死。——原注

② 卡里古拉（Caligula 12–41）：罗马第三代皇帝（37–41）奥古斯都大帝之外孙（为 Germanicus 与 Agrippina（大）所出），即位之初，广事建设，患一场重病后，性情大变，行残虐、耽淫乐、极奢靡。后因私怨，被御林军统领 Cassius Cherea 所暗杀。——原注

③ 亚格莉毕娜（Agrippina 15–59）：这里是指②注项下 Agrippina 之女儿。尼罗之生母，被迫再嫁皇叔 Claudius 后，弑夫拥立尼罗，后被尼罗所杀。——原注

④ 米提阿迭斯 Miltiades（殁于前 489）：亚提纳之大将，基蒙之父。——译注

⑤ 基蒙（Kimon 公元前 507–447）：亚提纳之将军兼政治家。——译注

⑥ 汉弥卡（Hamikar 公元前 270–229）：汉尼拔之父，卡尔他哥之将军。——译注

⑦ 汉尼拔（Hannibal 公元前 247–183）：卡尔他哥之名将。——译注

⑧ 西庇阿世家（Scipio）：罗马贵族，在共和政体时代，人才辈出，尤以 Publius Cornelius Sciplo Africanus 公元前 237–183）及其孙 P. C. S Aemilianus Africanus Minor 最为出名。——原注

耿品性高洁的爱国英雄。——但法王亚历山大六世的儿子，则可怕得和他老子凯撒·波吉亚[1]一模一样。阿尔巴公爵[2]的儿子臭名四溢，和他父亲同样的残暴邪恶。法王菲力普四世[3]的女儿伊莎蓓拉[4]禀性阴狠毒辣，尤以残忍的刑供处死圣堂骑士闻名，后来嫁与英国国王爱德华二世[5]为妻，竟起意背叛，虏获国王，胁迫他在让位状上署名，然后将他投之于狱，准备慢慢折磨至死。因未达目的，又以如今写来仍令人不禁毛骨悚然的残酷方法将他杀害。——被称为“信仰的守护者”的一代暴君亨利八世[6]第一任妻子的女儿玛丽一世[7]，这位女王亦和她父亲一样，同以疯狂的信仰和残暴闻名，她会把许多异教徒处以火刑，史家称之为“流血的玛丽”。“Bloody Mary”。亨利八世再婚所生的女

---

① 波吉亚（Borgia 1476–1507）：意大利枢机官、军人、政治家。——译注

② 阿尔巴公爵（Herzog Alba 1508–1581）：西班牙之将军，任职尼德兰总督时，施高压政策，被处极刑者达一万八千人。——原注

③ 菲力普四世（Philippos Ⅳ 1268–1314）：法王，在位期间（1282–1314），极力扩张王权，对人民横征暴敛，并以迫害犹太人闻名。——原注

④ 伊莎蓓拉（Isabela）：菲力普四世之女，英王爱德华二世之妻。——原注

⑤ 爱德华二世（Edward Ⅱ（1284–1327））：英王，在位凡二十年（1307–1327）。——译注

⑥ 亨利八世（Henry Ⅷ 1491–1547）：英王，精力充沛好大喜功，屡屡干与欧洲诸强之纷争，以谋求国力之平衡。宗教革命时，被反对路德学说的法王冠以“信仰保护者”之名衔。——原注

⑦ 玛丽一世（Mary Ⅰ. 1516–1558）：英国女王，1553–1558在位。亨利八世与发妻凯莎林所生。为励行旧教，而迫害反对者。——原注

儿伊莉莎白[1]则继承她母亲安妮·巴伦[2]的卓绝智慧，所以还不致陷于信仰的疯狂，她虽然尽量压抑她身上所有父亲的性格，但仍无法完全祛除，有时也难免宣泄出来，对苏格兰女王玛莉[3]的残忍态度，即其例证。

一八二一年七月十三日弗莱明·伊迪克新闻有这样的一则报导：欧培县有一位小姐受托带着两个失去父母的幼孩前往孤儿院要求收容，孩子身上带了一点钱，半途中该小姐见财起意想据为己有，竟把两幼儿杀害，而遭警方通缉；最后在巴黎近邻的洛西里发现该小姐陈尸水中，经调查结果证实杀死她的竟是她的生身父亲。——另有两则报导，亦可作为佐证，其一发生于一八三六年十月，汉葛利的贝雷奈伯爵因杀害官吏伤害亲族被判死刑，报导中指出，他的哥哥更忤逆凶残，以前即因逆伦弑父而被判绞刑，同时他父亲也有杀人前科。一年后，该伯爵的幼弟在伯爵杀害官吏的同一条街上，用手枪狙击他的财产管理者，以杀人未遂被捕。另一则是一八五七年十一月十九日巴黎通讯社所发布的消息，说令商旅亡魂丧胆的打劫杀人集团魁首陆墨尔及其党羽，业已被判死刑，附记中说道："首恶和

① 伊莉莎白（Elisabeth 1533–1603）：英国女王，与玛丽一世同父异母。1558–1603 在位。——原注

② 安妮·巴伦（Anne Bullen 1507–1536）：英国女王伊莉莎白之母，生长于法国宫廷，1521 年入英宫任凯莎林之侍女，后得宠于亨利八世，遂于 1533 年结婚，但不久即失宠，1536 年以品行不端的罪名，系狱问斩。——原注

③ 玛莉（Mary Stuart 1542–1587）：苏格兰女王，1542–1587 在位，被废立后，虽受英女王伊莉莎白的保护，后因被疑参与旧教徒之阴谋，在拘禁时处死。——原注

他手下喽的家族，似乎都有犯罪的遗传倾向，他们的家族中死于断头台上者为数甚多。”——如果我们有机会去调查一般的犯罪纪录，的确可发现更多相同的系谱，尤其自杀的倾向，大多属于遗传性。但也许我们会发出一点疑问，为什么勋业彪炳的马克·奥里略大帝①竟会生出残虐无道的儿子康莫德②？你若知道他的王妃是素有恶评的华丝狄娜③，大概就不会引以为奇了。另有一种类似的情形，亦可从推测找出它的理由，例如，德密提纳斯④和提特斯⑤兄弟，一个仁慈一个暴虐，其故安在？我认为他们并不是同父同母的兄弟，维斯巴沙纳⑥实际是头戴绿巾而不自知的丈夫。

其次，我们再来谈谈刚才所提出的第二项原则——智慧属于母亲所遗传的问题。这一点较之诉诸自由意志的第一原则更为一般人承认，但两者却有密切的关系，万不能

---

① 马克·奥里略（Mark Aurel 又名 Marcus Aurelius Autonius 121–180）：罗马皇帝，161–180 在位。主政宽仁，性喜斯多噶哲学，其虔敬的道德思想，代表罗马时代该学派的主要倾向。——原注

② 康莫德（Commodus 161–192）：罗马皇帝，180–192 在位。近小人、耽淫荡、暴虐无道，后被其妾所杀。——原注

③ 华丝狄娜（Faustina 176 歿）奥里略帝后，以淫逸放恣闻名，其母系 Antoninus Pius 之帝后，亦以秽乱传宫廷。——原注

④ 德密提纳斯（Domitianus 51–96）：罗马皇帝，81–96 在位，为确立专制政权，大开杀戮，并迫害犹太人及基督教徒。——原注

⑤ 提特斯（Titus 39–81）：罗马皇帝，Vespasianus 之长子，78–81 在位，是一位贤明仁慈的君王，庞贝大火灾时，对救灾不遗余力。——原注

⑥ 维斯巴沙纳（Vespasianus 9–75）：罗马皇帝，69–76 在位。67 年时被尼罗任命为征犹太军司令，获得大胜，69 年被军队拥立为皇帝，并得元老院之承认。施政公正廉明，尤其为补救疲弊的财政，更煞费苦心。——原注

将其分开理解，否则就违反灵魂的单一性和不可分性。古谚有云："母亲的智慧"[1]，由此可证明，自古以来它就被认为是一项真理。因为许多经验告诉人们，凡是才慧卓绝的人，必有个理智优越的母亲。反之，父亲的智慧性质，不会遗传给子女，自古以来，以才华见长的男人，他的祖先或子孙，大都庸碌平凡，默默无闻。话说回来，这虽是千真万确的事实，但偶尔也有例外，例如威廉·彼得[2]和他的父亲威廉·查泰伯爵[3]等就是一例，而且，因为真正具有伟大才能的人实在难得一见，故而，我们不能不说那是属于最异常的偶然；再次，所谓大政治家，除具备优秀的头脑之外，亦必需某种性格特质，这是得自父亲的遗传。反之，在艺术家、诗人、哲学家之中，我还未发现与此类似的情形，他们的工作完全需以天才为基础。诚然，拉斐尔[4]的父亲亦为画家，但并不是伟大的画家；莫扎特的父亲和儿子也是音乐家，但仍不是伟大的音乐家。更有一点似乎亦颇耐人寻味的，就是这两位旷世奇才在各不相同的际遇中，命运之神只赐给他们很短的寿命。不过他们却得到一点补偿，在宝贵的幼少年期都有父亲的良好榜样和指导，使得他们的艺术天分得以充分获得必要的启蒙。关于这点，我曾在"个人的命运冥冥中似乎都有安排"（《论文

① 母亲的智慧（Mutterwitz），意为天赋之智慧。——原注

② 威廉·彼得（Pitt，William，the Younger 1759–1806）：英国政治家，Chatham 之次男，二十五岁即任首相。——译注

③ 威廉·查泰（Chatham，William P. H，1703–1778）：史称大彼得，英国大政治家。——译注

④ 拉斐尔（Raphael 1483–1520）：意大利画家。——译注

集》第一卷）一文中加以论述。——在这里还有一件事情亦宜留意：从事科学方面的工作固需优秀的天赋才能，但不必具“绝世的天才”，主要是靠兴趣、努力、坚韧不拔的精神，以及幼年起的指导、不断研究、多方练习等等。由于智慧并非遗传自父亲，所以某一家族经常出现某种特殊人才，乃是因为做儿子的往往喜欢循着父亲所开拓的路径前行，所以有些职业大都由一定的家族继承，如再辅以上述条件从事科学工作，大抵皆有可观的成就。如斯卡利吉①父子，贝依利②家族，何塞尔③一家人的成就，即为显明的例证。

妇女罕有机会将她们的精神能力做社会性的尝试，因之，有关她们的性格和天才，载诸史籍为后世所熟知的事例并不多，否则，我们也许可举出更多的实例以证实智慧确是从母亲所遗传。而且，一般说来，女性的素质虽较微弱，但只要具有这种能力，皆能得到甚高的评价，兹举数

① 斯卡利吉父子：父名 Julius Caesar Scaliger（1484–1558）意大利人文学家。以学识渊博著称，精研医学及自然科学。子名 Joseph Justus Scaliger（1540–1609）为古典学家。精希腊、拉丁语文，创“显铭学”“古泉学”，确立“年代学”的基础。——原注

② 贝依利家族（Bernouilli）：兄 Jacques（1654–1705）弟 Jean（1667–1746）皆为瑞士数学家。Jean 之子 Daniel（1700–1782），为物理学家。——原注

③ 何塞尔家族（Hershel）：兄 Sir Frederick William（1738–1822）英国天文学家，天王星的发现者。其妹 Caloline（1750–1848）及其子 Sir John Frederick William（1792–1871）皆为天文学家。——原注

例为证：约瑟夫二世[1]的母亲玛利亚·特雷莎[2]是非常精明干练的女皇；卡丹那[3]在他的《自传》第三章中写道："我的母亲有着惊人的记忆力和卓绝的才慧。"——卢梭在《忏悔录》第一章也写着："我母亲的美丽、以及才智、天赋的优秀，实远超过她的身份。"其他如达兰倍尔，虽是妲桑[4]的私生子，但此姝堪称巾帼中的才子，颇有文学才华，且有许多小说和其他著作问世，在当时甚得好评，即使我们现在读起来仍感兴味盎然。佛罗伦萨[5]也在所著《布丰[6]的业绩》一书中写道："布丰深信一般人多半是继承着母亲的精神和道德方面的素质，因而在谈话中每当涉及这方面的事情时，他立刻以夸张的语调赞扬自己的母亲，说她的头脑如何敏捷，她的学识如何渊博。"由此可证她母亲是如何卓越不凡。但这句话中，把道德方面的素质也包括在内，值得商榷，不知是记录者的笔误，抑或布丰的父母亲"偶然"具有相同的性格，总之，必有其中之一者。

至于母亲和儿子的性格截然不同的实例倒是不胜枚举。故而，大戏剧家莎士比亚才把葛楚德和哈姆雷特描写

---

① 约瑟夫二世（Joseph Ⅱ 1741–1790）：德国皇帝，1780–1790 在位，在位期间，锐意革新，重要措施计有：推行社会政策及国民经济、确立税制基础、废止奴隶制度、改良司法。——原注

② 玛利亚·特雷莎（Maria Theresia 1717–1780）：德国女皇。奥地利统一的创立者。——译注

③ 卡丹那（Cardanus 1501–1576）：意大利文艺复兴期之医学家、自然科学家。——译注

④ 妲桑（Claudine de Tencin（1681–1749））：法国闺秀作家。——译注

⑤ 佛罗伦萨（Flourens 1794–1867）：法国生理学家。——译注

⑥ 布丰（Buffon 1707–1788）：法国哲学家、博物学家。——译注

成相互敌对的一对母子，儿子在道德方面是父亲的代表者，而以复仇者的姿态登场；反之，若把儿子描写成母亲道德方面的代表者而向父亲寻仇，岂非显得太荒诞可笑了？这是因为父子之间意志有着本质的一致，而母子之间只有智慧的一致，并且亦须附加某种条件为基础。所以母子之间常有道德方面的敌对现象，而父子之间则为智慧的对立。从这观点来看，沙利加法典[①]所以规定：女性不得继承其家世，实有它的道理存在。——休谟在他简短的自传中说道："我的母亲是个才智卓绝的女性。"舒倍特[②]所著的《康德传》一书中，这样描述康德的母亲："据康氏本人的判断，说她是天资聪颖的女性。当时的女性很难得有受教育的机会，她非常幸运地接受了良好的教育，之后自己又能时时刻刻不忘进修。——每当散步时，常督促爱子注意自然界的诸种现象，向他说明那是神的力量。"——歌德母亲的贤明、才智，读者亦谅必早已耳熟能详，文人笔下经常谈及有关她的事情，但对他父亲的事情则只字未提。据歌德自称，他父亲并没有太大的才质。——席勒的母亲颇有文学才华，亦有诗作问世，苏瓦普的《席勒传》中即曾登载她的部分作品。诗坛彗星柏克[③]堪称是自歌德以来，德国最杰出的诗人，席勒的作品和他的叙事诗相形之下，顿时显得枯燥无味和不自然；他的一个医生朋友阿

① 沙利加法典：佛兰肯王朝的宪法，否定女子的王位继承权和土地相续权。——译注

② 舒倍特（Schubert，Gotthilf Heinrich Von 1780–1860）：受谢林之影响的德国浪漫派哲学家。——译注

③ 柏克（BÜrger 1747–1794）：德国诗人。——译注

特霍夫在一七九八年曾为他出版一本传记，其中有关他双亲的记载，对我们颇有参证的价值。他说："柏克的父亲是个博闻广识、并且善良正直的人，惟独烟瘾极深，我的友人经常言及，他的父亲在不得不出面教导子女时，即使只有十来分钟，也非事先备好烟草不可。而他母亲则禀赋绝佳，虽然她的教养只限于看一点普通书籍，写出几个字的程度而已，但柏克常说，如果他的母亲能受适当的教育，必可成为妇女中的佼佼者。然而一提到她道德方面的性格时，柏克则又屡屡大加指责。虽然如此，他仍深信自己多少受到母亲精神素质的遗传，而道德方面的性格则遗传自父亲。"——司各特[1]的母亲是个诗人，一八三二年九月二十四日的英国报纸报导史谷脱的死讯时，曾同时刊载他母亲昔日在文坛的活动情形。她的诗集在一七八九年出版，希洛克霍斯出刊的《文学新闻》（一八四一年十月四日）中的一篇论文"母亲的智慧"，对她亦有所介绍，这篇论文中揭载许多历史名人的有才慧的母亲。在这里我仅借用其中两个例子，作为补充例证。巴柯的母亲是卓越的语文学家，有许多作品和译作问世，文笔流畅饶有趣味，并显示出她的博学和眼光的深远。——柏哈维[2]的母亲以医学知识闻名。——另外，哈雷也为我们保存下精神薄弱系由母亲所遗传的显著实例，他列举说："有一对贵族姐妹，两人都近于白痴，但凭借家里的财富，终于找到了丈夫。据我们调查所知，这种白痴遗传因子侵入该名门家族

① 司各特（Walter Scott 1771–1832）：英国诗人、小说家。——译注
② 柏哈维（Boerhaave 1668–1738）：荷兰医学家。——译注

历时已达一世纪之久，到他们的第四、第五代子孙时仍有白痴。”——同时，据艾斯奎洛尔①的研究报告亦认为，精神失常的遗传，母方比父方为多。如果是从父亲所遗传的话，我以为应归之于气质的影响而发生疯狂。

就我们所提出的原则而言，凡同母所生的孩子，亦应该具有相同的精神力，若一人天资聪慧，其兄弟姐妹亦必伶俐颖悟，这种实例可说屡见不鲜，诸如卡拉基兄弟②、海顿兄弟③、朗勃兄弟④、邱维兄弟⑤、薛格尔兄弟⑥等皆属之。——但上述的推论难免有不正确的现象，例如，康德的弟弟就是极其平凡的人。这种现象的形成，我在关于天才的生理条件中，已曾加以说明（参阅《论天才》），天才不但需具备非常发达而敏感的脑髓（母亲所遗传），同时亦须具有特异的心脏跳动，以赋予蓬勃的精力，亦即要有热情的意志和活泼的气质，这是从父亲所遗传的。然而，只有在父亲精力最充沛旺盛的年龄，才能使这种性质表现

---

① 艾斯奎洛尔（Esquirol 1772–1826）：法国精神病学家。——译注

② 卡拉基兄弟（Carracci）：Ludvico（1555–1619）Agostino（1557–1602）Annibale（1560–1609）兄弟三人皆为意大利画家，并开创一个宗派。——原注

③ 海顿兄弟（Haydn）：兄名（Franz Joseph 1732–1809），德国大音乐家，其弟（Michael）亦为音乐家。——原注

④ 朗勃兄弟（Romberg）：Bernhard（1767–1840）与 Andreas（1767–1821）堂兄弟两人皆为德国音乐家。——原注

⑤ 邱维兄弟（Cuvier）：兄 Georges（1769–1832）法国自然科学家、动物学家。其弟 Friedrich Von Schlegel（1773–1883）是博物学家。——原注

⑥ 薛格尔兄弟（Schlegel）：兄 August Wilhelm Von Schlegel（1767–1845）、弟 Friedrich Von Schlegel（1768–1823）同为德国浪漫派文艺批评家。后者更富独创性。——原注

得明显强烈，而且因为母亲衰老得较快，所以，通常都是父母亲在精力较旺盛时所生的儿子（长子）禀赋较佳。康德的弟弟比他少十一岁，资质悬殊自不为怪。若兄弟皆聪明颖悟，通常亦以兄长较为杰出。除年龄问题外，其他如生殖之际，两亲精力一时性或强或弱的差异，以及其他健康障碍等，均可能使某一方面（父或母）的遗传不完全，而阻碍了天才的出现；虽然这种现象并不常见。——附带说明一点，双胞胎之所以没有上述差别，因为他们的本质几乎是完全相同的。

有时，天资聪慧的儿子亦未必有精神力卓越的母亲，推究其因，可能是由于其母亲有着粘液质的父亲，所以虽有异常发达的脑髓，却无法配合血液循环的力量，予以适当的刺激。拜伦的情形似乎就属于此，我们从未听说他母亲精神力如何优越之类的事情。——总之，只要母亲方面的异常而完整的神经系统和脑髓系统能遗传给儿子，同时具有父亲的热情活泼的性质和强烈的心脏活力，即能产生伟大精神力的必要肉体条件。不必在乎他母亲是否有才慧，只要她父亲属于粘液质的人，即可适用上述的状况。

一般人的性格常有不调和、不平衡、不稳定的现象，我认为这恐怕是由于意志和智慧继承自不同的双方所致。若双亲在他身上的彼此相异的素质愈不能调和，他的内部分裂就愈大、不调和也愈显著。反之，有的人“心”和“头脑”非常相称相适，彼此协力合作，使全体本质显出一致的特色，我想那该是因为双亲的素质已取得均衡及调和的缘故。写到这里，诸位应该能够确信性格系遗传自父亲，而智慧系承自母亲的事实了。我们将此一信念连同前面所述的两点认识——人与人之间不论道德或智慧因受自然的决定而有显著的差异；以及，人类的性格或精神能力皆无法改变——三者合并起来思索的话，就可以知道，若要真正从根本改善人类，并非从外在而是应从内部着手，即不是靠教养或教训所能为，而是应以生殖的方法，才能达成目的。早在两千多年前的柏拉图即曾考虑到这些问题，他在《理想国》的第五卷中，曾叙述增殖改良武士阶级的“惊人”计划，他说，所有的坏人都必须予以阉割，所有的蠢笨妇女都应禁锢在修道院里，性格高尚的人，才能给予闺房的配置，每一个有聪明才慧的姑娘都能得到健全的男人，若如此，不需多少时日，一个更胜于柏里克里斯[1]的时代必可来临。我们暂且不讨论这个乌托邦计划，就我记忆所知，古代亦有两、三个国家曾把“阉割”列为仅次于死刑的最重刑罚，如果世界各国都照那种办法实施的话，所有恶人的血统当可绝迹——因为一般的犯罪年龄大都在二十岁至三十岁之间。所以，从理论上言之，那不是不可能的事[2]。以此推论，国家政策所应奖励的就不是那些所谓

---

① 柏里克里斯（Perikles 公元前 490–429）：古希腊亚提纳最伟大的政治家。——原注

② 里希田堡的随笔集（第 2 卷 447 页）中有这样的记述：“英国曾提议盗窃罪应处以宫刑。这种处罚虽太残酷，但提案者旨意是这样的：对窃贼处宫刑，一来可增加他们的羞耻心，但照样仍可工作；若说偷窃行为会遗传的话，如此，亦可预作防范。并且，许多人是因被性欲所惑而起意行窃，若处此刑即可减除那种机会；为人妻者，更会积极地防止丈夫行窃。——实际上这些都是一厢情愿的想法，因为，那时妻子已与丈夫离异了。——原注

“端庄娴静”的少女，而是给予“聪明秀慧”的女性某种优惠才是国家之福了。人心难测，一个人节操的如何很难下判断；并且，表露“高尚的性格”乃是属于极偶然的事，平常少有那种机会。一般女性的内在美，大多得自其容貌丑陋的帮助，而智慧方面则无上述复杂难解的问题，只须稍加测试，即可获取正确的判断。——写到这里，我们要顺便谈到许多国家，尤其南德地区的妇女，有着以头部负荷重物的恶习，这对头脑必有极不良的影响，因此，民间妇女脑筋逐渐迟钝，然后，它又遗传给她们的子女，于是全体国民愈来愈愚蠢。所以，此一陋俗若能加以革除，当可增加国民的智慧，这才是增加最大的国民财富。

当然，以上这些理论的实际应用还有待其他专家去研究。现在我们再回到形而学的立场，做一个结论。——某种血统自其祖先以来世世代代的子孙，活跃于其中的皆为同一的性格——即特定的同一意志，但另方面它又因为接受了相异的智慧——即认识程度和方法的差异，因而使得性格上获得新的根本见解和教训。智慧是与个体同时消灭的，所以意志无法将上一代的见识移注于下一代身上。然而因生命的一切新的根本见解可以赋予意志新的人格，意志于是产生变化或改变倾向。基于此一变化，意志即取得肯定或否定新生命的权利；如若一旦选择了否定，全体现象随即告终。意志与智慧所以如此不断地交相结合，是因生殖必须靠男女两性共同为之的自然法则所产生，再者它也是救济自然秩序的基础。生命本是意志的复制品或镜子，但借着此一法则，生命不断地表现意志的新面貌、不断地在它眼前回转，并容许意志尝试各种不同的见解——包括肯定或否定的选择。只因智慧如此不断地更新和发生完全的变化，才能给予新的世界观，这对于同一的意志来说是开拓了救济之道。并且，亦由于智慧系由母亲所遗传，所以，一般国民才会避忌或禁止兄弟姊妹间结婚，使彼此间根本不会产生性爱。或许有少许例外，但那是另有原因的，其中的一方若非私生子、则必是由于性倒错症所造成。何以如此？那是因兄弟姐妹间结婚所生的子女，通常与存在于其双亲间的智慧和意志合而为一，这种存在现象的反复，是意志所不希望的。

另有一个值得注目的事项，这里亦一并提出来讨论。我们如仔细观察，当可发觉，骨肉或手足之间，虽出于同一的血统，但彼此间性格截然相反的亦不乏其例。有的一个善良亲切，另一个却邪恶残忍；有的一方正直、诚实、高洁，另一方却卑劣、虚伪、刻薄寡恩。为何会产生这些差异？这是令人百思不得其解的问题。印度人及佛教徒把这种现象解释为“前世行为的结果”，这诚然是最古老、最容易理解、也是最聪明的解释，然而却将问题扯得更远了。不过我们也实在很难找出比这更令人满意的解答。若根据我的学说，我也只能这样回答：那是意志表现它真正的自由，亦即意志的本来面目。绝对的自由是不必依循任何必然性原理的，然亦惟有作为物自体的意志，才能取得这种自由。但物自体本身并不知其所以然，因而我们亦无从理解，我们所能理解的只是有原理根据的事项及其应用而已。

9. 人生的空虚与烦恼

从最低以至最高等的意志现象所显现的各阶段中，意志总是孜孜不息地努力着，但并没有最终目标或目的，因为努力就是意志惟一的本质，无所谓达到目标而告终期。所以，它永远无法获得最后的满足，沿途只有荆棘障碍，就这样永无尽期的持续下去。我们可举出最单纯的自然现象——重力作为说明。重力无休无止的努力，向着一个也许当抵达时重力和物质都要破灭的重力场中心突进；即使把宇宙弄成一个球体，它也不会中止。我们再观察其他比较单纯的自然现象：固体的努力是想借溶解以形成流动体，因为惟有变成流动体后，它的化学力才得以自由。液体则为形成气体而努力，一旦从压力中解放出来，立刻变成气体状。亲和力，亦非不努力的物体；套句贝梅①的话，它并不是没有欲望或需求的东西。

植物的生存亦复如此，它们永无休止、永无满足地努力着，不断地成长，最后结成种子，又成为另一生命的起点，如此周而复始的反复着。凡此种种，都是毫无目标、毫无最后满足、毫无休止的进行着。世界的每一角落，形形色色的自然力或有机物的形态，都是根据这种努力而表现的；相互竞争，各取所需——因为它们所需的物质，只有从另一方夺取而得。就这样，世界仿佛一个大战场，到

---

① 贝梅（Jakob BØhme 1575–1624）：德国神秘主义派思想家。——译注

处可以看到拼死拼活的战争。并且，这种战争多半会阻遏一切事物最内在的本质——努力，而产生抗拒，奋斗固然到头来成空，然又无法舍弃自己的本质。因为这种现象一旦消灭，其他的现象立刻取而代之，攫取它的物质，所以只得痛苦的生存下去。

努力亦同于意志，是一切事物的核心和本质，是人类接受最明晰、最完全的意识之光所呈现的东西。我们所称的苦恼，就是意志和一时性的目标之间有了障碍，使意志无法称心如意；反之，所谓满足、健康或幸福，即为意志达到它的目标。此一名称也可转用于无认识力世界的各种现象——虽然程度较弱，但其本质仍然相同。我们可发现它们也经常陷于苦恼，并没有永恒的幸福。因为所有的努力俱是从对本身状态的不满所产生，只要有不满之心，就有苦恼。并且，世上没有所谓永恒性的满足，通常，这一次的满足只是新努力的出发点而已。努力到处碰壁，到处挣扎战斗，因而也经常苦恼。正如努力的没有最终目标，苦恼也永无休止。

至于有认识力的世界——即动物的生命，就可以显现出它们的不断的苦恼。试观察人类的生命，这里的一切都被最明晰的认识之光所照耀，显现得最为清楚。因为意志现象愈臻完全，痛苦也就愈为显著。植物没有感觉，所以也没有痛苦。最下等的动物如滴虫类或放射动物等，所感觉的苦恼程度极为微弱；其他如昆虫类等对于痛苦的感受机能也非常有限。直到有完全的神经系统的脊椎动物，才有高度的感觉机能，并且，智力愈发达，感觉痛苦的程度愈高。如此，认识愈明晰，意识愈高，痛苦也跟着增加，直到了人类乃达极点。对个体而言，如若一个人的认识愈明晰，智慧愈增，他的痛苦也愈多，身为天才的人，他便有最多的苦恼。“智慧愈增，痛苦也愈多。”这句话中的所谓智慧，并不是指关于抽象的知识，而是指一般性的认识及其应用。素有“哲学画家”或“画家的哲学者”之称誉的狄基班①，曾以一幅画直观而具体的描写出意识程度与苦恼程度间的密切关系。这幅画的上半幅描绘有丧子之痛的女人群像，以各种表情和姿势，表达出做母亲的深沉悲伤、痛苦和绝望；下半幅则为描绘失去子羊的一群母羊，各动物的表情、姿势与上半幅互成对应。从而可以了解，并非有明确的认识和明敏的意识才有强烈的苦恼，即使在动物迟钝的意识中，也有痛苦的可能。

由此，我们可充分确信：一切生命的本质就是苦恼。这是意志内在本质的命运，动物世界的表现虽较微弱且有程度上的差别，然亦无可避免。

□

为认识所照耀的各阶段中，意志是化为个体而表现。人类个体投进茫茫空间和漫漫时间之中，是以有限之物而存在，与空间和时间的无限相比，几乎等于无。同时，因为时间和空间的无限，个体生存所谓的“何时”“何地”之类的问题，并不是绝对的，而是相对的，因为其场所和

① 狄基班（Tichbein 1751–1829）：德国画家，歌德好友，擅长历史画和人像画。——译注

时间，只是无穷尽之中的一小点而已。——他真正的生存只有“现在”。“现在”不受阻碍地向“过去”疾驰而去，一步步移向死亡，一个个前仆后继地被死神召去。他“过去”的生命，对于“现在”遗留下什么结果？或者，他的意志在这里表现出什么证据？这些都是另一回事；一切都已消逝、死灭，什么都谈不上了。因此，对于个体而言，其“过去”的内容是痛苦、抑或快乐？这些都是无足轻重的问题。但是，“现在”往往一转眼即成过去，“未来”又茫然不可知，所以，个体的生存从形式方面来看，是不断地被埋葬在死亡的过去中，是一连串地死亡。但若就身体方面来看，众所周知，人生的路途却崎岖坎坷，充满荆棘和颠簸；肉体生命的死亡经常受到阻窒，受到展缓，使我们的精神苦闷也不断地往后延伸。一次接一次的呼吸不断地侵入，预防了死亡。如此，我们无时无刻都在和死亡战斗着；除呼吸外，诸如饮食、睡眠、取暖等都在和死亡战斗。当然，最后必是死亡获胜。这一条路径所以呈现得那样迂回，是因为：死亡在未吞噬它的战利品之前——就是我们从开始诞生到归于死亡之前，每一时刻都受它蓄意的摆弄。但我们仍非常热心、非常审慎地冀望尽可能延长自己的生命，那就像吹肥皂泡，我们尽可能把它吹大，但终归会破灭。

我曾说过，没有认识力的自然内在本质，是毫无目标、毫不间断的努力着。若观察动物或人类，则更显得清楚。欲望和努力，是人类的全部本质，正如口干欲裂必须解渴一样。欲望又是基于困乏和需求——亦即痛苦。因之，人类在原来本质上，本就难免痛苦。反过来说，若是欲望太容易获得满足，欲望的对象一旦被夺而消失，可怕的空虚和苦闷将立刻袭来。换句话说，就是生存本身和他的本质，将成为人类难以负荷的重担。所以，人生实如钟摆，在痛苦和倦怠之间摆动；这二者就是人生的穷极要素。说起来真是非常奇妙，人类把一切痛苦和苦恼驱进地狱后，残留在天国的，却只有倦怠。

一切意志现象的本质——不断地努力——臻于更高度的客观化后，意志即化为身体而呈现，继之，受到一则铁的命令：必须养育这个身体，由此而获得其主要的最普遍性基础。给予这道命令的，不外就是这个身体客观化后的求生意志。因之，人类是这种意志最完全的客观化，也是宇宙万物中需求最多的生物。人类彻头彻尾是欲望和需求的化身，是无数欲求的凝集，人类就这样带着这些欲求，没有外力的帮助，并且在困乏以及对于一切事物都满怀不安的情形下，生存在这个世界上。所以，人类的一生，在推陈出新的严苛要求之下维持自己的生存，通常必是充满忧虑的。同时，为避免来自四面八方的威胁人类的各种险恶，还须不断的警戒，不时留神戒备，小心翼翼地踏出每一步，因为有无数的灾难、无数的敌人环伺在他四周。从野蛮时代以至现在的文明生活，人类皆是踏着这样的步伐前进。人，从来没有“安全”的时刻。

啊！生存多么黑暗，多么危险，
人生就这样通过其中，只要保住生命。

——路克雷特[①]

大多数人只不过为这种生存而不断战斗着，并且，到最后仍注定会丧失生命。但使他们忍受支撑这一场艰苦战斗的力量，与其说是对生命的热爱，毋宁说是对死亡的恐惧。无可避免的死亡如影随形地站在他们背后，不知何时会逼近身来。——人生有如充满暗礁和漩涡的大海，虽然人类曾小心翼翼地加以回避，然而即使用尽手段和努力，侥幸能顺利航行，人们也知道他们正一步步地接近遇难失事的时刻和地点。尽管如此，他们的舵仍然朝这方面驶来。那是人生航程的最后目标，是无可避免亦无可挽救的整体性破灭——死亡；对任何人而言，它比从前所回避的一切暗礁都更险恶。

综观人生的一切作为，虽是为从死亡的隙缝中逃脱，而苦恼和痛苦仍是不可避免的。为此，也有人渴望一死，而以自杀方式提早死亡的来临；其次，如若困顿和苦恼稍止，容许人们略事休息，倦怠也将立刻随之而来。如此，人类势必又得要排遣烦闷了。生物活动的动机是为生存而努力，但生存确保之后，下一步又该做些什么呢？人们并不了解。因此，促使他继续活动的是，如何才能免除、才能感觉不出生存的重荷，换句话说，就是努力从倦怠无聊中逃脱出来，亦即平常所谓的“打发时间”。如此，没有困乏或忧虑的人，虽卸下其他一切负担，但现在生存本身就成为负担。倦怠是一种绝不可轻视的灾祸，最后，甚至

① 路克雷特（Lucretius 95–51 B. C.）：罗马诗人。——译注

会使人将绝望之色表现于脸上，而认为：缩短过去花费偌大的努力维持下来的生命，似乎较为有利。人类相互间尽管没有爱心，却因倦怠之故，也能热心相助，这也是社交的起源。

人是必须有面包和娱乐的，倦怠亦与饥饿相同，所以常被作为预防灾祸的对象。费拉德弗监狱即以“倦怠”作为惩罚重犯的一种手段，让囚犯处于孤独和无为。仅此就很令人吃不消了，有的甚至因为不堪寂寞而自杀。正如贫穷是人们苦恼的通常原因一样，厌倦是上流社会的祸害。而在中等阶级，星期日则代表厌倦，其他六天代表穷困。

所谓人生，就是欲望和它的成就之间的不断流转。就愿望的性质而言，它是痛苦的；成就则会令人生腻。目标不外是幻影，当你拥有它时，它即失去魅力，愿望和需求必须再重新以更新的姿态出现。没有这些轮替，则人便会产生空虚、厌倦、乏味无聊。这种挣扎，也和跟贫穷搏斗同样痛苦。——愿望和满足若能相继产生，其间的间隔又不长不短的话，这时苦恼既最少，也就是所谓幸福的生活。反之，如果我们能够完全摆脱它们，而立于漠不关心的旁观地位，这就是通常所称“人生最美好的部分”“最纯粹的欢悦”，如纯粹认识、美的享受、对于艺术真正的喜悦等皆属之。但这些都须具备着特殊的才能才行，所以只惠予极少数人，并且拥有的时刻极其短暂。只因他们的智慧特别卓越，对于苦恼的感受自然远较一般人敏锐，个性上亦与常人截然相异，所以他们必然难逃孤独的命运。身为天才的人，实是利害参半。一般人则只生存于欲望中，无法享受到纯粹智慧的乐趣，无法感受纯粹认识中所具有的喜悦。若要以某种事物唤起他们的同感，或引发他们的兴趣，亦非先刺激他们的意志不可。因为他们的生存是欲望远多于认识，他们惟一的要素就是作用和反作用。这种素质常表现在日常的琐细事情中，例如，有人在游览名胜古迹时，总爱刻下自己的名字“以资纪念”，就是为了要把“作用”带到这个场地来。又如，有人在参观珍奇的动物时，观看仍嫌不足，还要想尽方法去触怒、逗弄、戏耍它们，这也是为了感觉作用和反作用而已。刺激意志的需求，更表现在赌博游戏的出奇翻新上，凡此俱见人类本性的肤浅。

然而，不管自然如何安排，不论幸运是否曾降临你身上，不拘你是王侯将相或贩夫走卒，不管你曾拥有什么，痛苦仍是无法避免的。古神话中尚且记述：

> 培留斯[1]之子仰天而悲叹。
>
> 我是宙斯之子，克罗诺 Kronos[2] 之子，却要忍耐莫可言宣的苦恼。

人们虽为驱散苦恼而不断的努力着，但苦恼不过只换了一付姿态而已。这种努力不外是为了维持原本缺乏、困顿的生命的一种顾虑。要消除一种痛苦本就十分困难，即

① 培留斯（Peleus）：希腊神话爱柯斯之子、缪米顿族之王。他的儿子即阿其里斯（Achilles）。——译注

② 克罗诺（Kronos）：希腊神话农神和季节神。——译注

使侥幸获得成功，痛苦也会立刻以数千种其他姿态呈现，其内容因年龄、事态之不同而异，如性欲、爱情、嫉妒、憎恨、抱怨、野心、贪婪、病痛等皆是。这些痛苦若不能化成其他姿态而呈现的话，就会穿上厌腻、倦怠的阴郁灰色外衣，那时为了摆脱掉它，便要大费周折了，而纵使倦怠得以驱除，痛苦恐怕也将回复原来的姿态再开始跃跃欲动。总之，所谓人生就是任凭造物者在痛苦和倦怠之间抛掷。但我们不必为了这种人生观而感到气馁，它也有值得慰藉的一面，从这里也许可以使人提升到像斯多噶派一般对自己现在的苦恼亦漠不关心的境界。对于这些苦恼我们既无法忍受，于是，在这样的心情下，就有许多人把它当做偶然的、由于容易变化的因果关系而产生的东西。如此，对于某些必然性、一般性的灾祸——例如老衰、死亡或日常生活的不顺遂等——人们便往往不觉得悲伤，反而能对它持以嘲弄的态度：但痛苦原是人生中固有的、不可避免的东西，而其表现的姿态和形式，皆被偶然所左右，所以，苦恼总在现实中占据一个位置，若移去现在的苦恼，从前被拒在外的其他苦恼必定立刻乘虚而入，占据原来的位置。因为就本质而言，命运对我们并不发生任何影响。——一个人若能有这样的省悟、认识上述道理，他就能获得斯多噶派的恬淡平静，不再为本身的幸福惦念了。然而，事实上究竟有几个人能以这种理智力量来支配直接感受的苦恼呢？也许完全没有。

由以上的观察可知，痛苦是不可避免的，旧的痛苦刚去，新的痛苦便来，陆续递嬗不已。由此，我们进而可以引出一个不算不合理的假设：每个人身上固有的痛苦分量是一定的，即使苦恼的形式经常更迭，痛苦的分量从不会有超过或不足的现象，因之，决定一个人苦恼和幸福的因素，绝非来自外界，而是来自其分量和素质的不同。这些纵然由于身体的状态、因时间的不同，而有几分增减，但就全体的分量而言并无改变。——此一假设，可由众所周知的下列经验证得：一个人若有巨大的苦恼时，则对比它小的苦恼就几乎毫无察觉；反之，在没有大苦恼时，即使一丁点儿的不愉快，也会使他痛苦不堪。所以，经验告诉我们，一种即使想像起来亦足令人不寒而栗的大不幸，一旦降临于实际生活，从发生以至克服它的期间，我们的全体气氛并未有任何改变；反之，获得长期所急切等待的幸福后，亦不会感到有何特别的愉快欣慰。一种深刻的悲伤或强烈扣人心弦的兴奋，只有来自刚产生变化的那一瞬间。但这两者皆以幻想为基础，所以不久后亦将告消失。总之，产生悲哀或欢喜的原因，并非直接为了现存的快乐和痛苦，而是由于我们是在开拓我们预期的新未来而已。痛苦或欢喜之所以会如此高腾，实在是由于它们借未来而以致之，故而它们并非永恒性的东西。——根据以上的假设，可知大部分的苦恼和幸福亦与认识力相同，是主观的、由先天所决定的。我们还可另举事实证明之；财富并未见能增加人的快乐，穷人露出愉快神色的机会，至少并不比富人少。由此可见，人类的快活、忧郁与否，绝不由财产或地位等外在的事物而决定。进一步言之，我们也不能断言：某人遭遇到偌大的不幸，恐怕会闹自杀吧！或者，这是芝麻小事，大概不致造成自杀吧——话说回来，一个人快活和忧郁的程度，并不是任何时刻都相同的。这种变化，亦非由于外界事象，而应归于内在之状态——即身体状态的变化。这种变化，纵使一时性的，也常可提高我们的快乐气氛而造成欢喜，但通常那不是由任何外在原因所产生。当然，我们往往只看到自己的痛苦是缘于某种外在关系，因而感到意气消沉，以致认为如能消除它，必可获得最大的满足，其实这是妄想。根据我的假设，我们的痛苦和幸福的份量，是整体性的，任何时刻都由主观所决定，忧郁的外在动机和它的关系，正如分布全身的毒瘤脓疮与身体的关系一般，因为它已在我们的本质中扎根。驱逐不去的痛苦，一旦缺乏某种苦恼的外在原因，就会分散成数百个小点，以数百个细碎烦琐或忧虑的姿态呈现；但当时我们却一点也感觉不出来，因为我们的痛苦容量，已经被“集分散的烦恼于一点”的主要灾祸所填满了。如此，一件重大而焦急的忧虑刚从胸中移去，另一个苦恼立刻接替了它的位置，全部痛苦的原料早已准备在那儿，所以尚未进入意识之中成为忧虑，是因为那儿还没有余地一齐容纳它们，暂时成为假寐的状态，停留在意识界限的末端。然而，现在场所已敞开，这已准备停当的材料就乘虚而入，占据了那支配一天的忧愁王座。虽然实质上它比先前消失的忧虑要轻得多，但它却可以膨胀成如同刚才的一般大，使之恰好占满那王座，成为那一天的主要忧虑。

过度的欢喜和激烈的痛苦，经常会在同一个人身上发生，因为两者是互为条件的，都以极活泼的精神为前提。

正如以上所述，此二者不由真实的现存物所产生，而是对未来的预想；又因痛苦是生命所固有的，其强烈程度系依主观性质而定，故而，某种突然的变化（通常属于外在的），并不能改变它的程度。因此，一种激烈情绪的发生实是以错觉或妄想为基础，而精神的过度紧张，则可由认识力加以避免。但“妄想”，一般人并无法察觉，它悄悄地、源源不绝地制造使人苦恼的新愿望或新忧虑，使人冀求获得永久性的满足，但旋即又一个接一个枯萎干涸。因而从妄想所产生的欢喜愈大，当它消失时，所回报的痛苦也愈深。就这一点来说，妄想犹如高崖绝壁，除非避开这里，否则只有艰苦地沿壁下落；妄想的消失而带来的突如其来的过度痛苦，则正如在峭壁上失足陡然坠落下去一般。因此，一个人如果能战胜自己，经常能够很清楚的看透事物的整体性，以及与它相关连的一切，这样，他就不会在实际事物中赋予欲望和希望的色彩，如此即可回避痛苦或妄想。斯多噶派的道德观，即从这种妄想和结果挣脱出来，而代之以坚实的平静，为其主要目的。贺拉斯[1]的名著《颂歌》，对这一点亦有深刻入微的观察。他说：

遇困境当保持沉着，
在顺境中，
宜留心抑制过度的欢喜。

然而，苦恼并非从外界所注入，它就像流不尽的苦汁，

① 贺拉斯（Horatius 65–8 B. C.）：罗马诗人。——译注

而它的泉源正在我们心底。但一般人的认识力对它大都闭起眼睛来。不仅如此，我们还不时找些借口，到外界寻找痛苦的原因，使痛苦永远与你形影不离。那正如一个原本自由自在的人，却无端去塑造一个偶像，以侍奉主人一般。总之，我们孜孜不倦的去追求一个接一个的愿望，即使获得满足，也不会就此满意，大抵在不久后又将发现那是一种错误而有受辱的感觉。我们正如希腊神话中达那瑟斯[1]国王的女儿一般，尚不自觉自己身在永远汲不满的汲水罚役中，还经常渴求新的愿望。

> 我们所希求的东西在未得手之前，
> 总以为比什么都好，
> 既到手之后，又不免大失所望，
> 我们是为需求生命而喘息挣扎，
> 永远成为希望的俘虏。
> ——路克雷特

这种现象将继续到什么时候？或者，需要多少性格之力，才能走到既无法满足又无法看破的愿望尽头？——实在罕有其例。至此，我们该可以发现我们所搜寻的是什么，使我们苦恼的又是什么了。现在，我们既已认识了苦恼是生存的本质，人类无法获得真正的满足。这样尽管我们和自己的命运尚不能取得调和，但我们却可与生命求得妥协。

---

① 希腊神话。达那瑟斯国王的五十个女儿达奈汀等人在洞房之夜一齐弑夫，被罚在地狱汲水，水桶开着洞，永远汲不满。——译注

如此开展的结果，也许将使某些人带着几分忧郁气质，经常怀着一个大的痛苦，但对其他小苦恼、小欣喜则可生出蔑视之心。这种人比之那些不断追求新幻影的普通人，要高尚得多了。

□

所有的满足——即通常所谓的幸福，实际上往往是消极性的东西，而非积极性的。本来，自然就无意赐予我们幸福，不为一个愿望的达成而感满足。因为愿望虽是一切快乐的先导条件，但愿望的产生却出于“困乏”。并且，愿望获得满足后，即告消失，因而快乐亦随之俱灭。故此，所谓满足或幸福，也不可能免于痛苦及其以外的其他状态。总之，愿望的纠缠不休，足以扰乱我们的平静，即连倦怠亦是一种痛苦，它将使我们的生存形成重负。我们要获得或达成某种事情，总是困难重重，一个计划总要遇到许多阻力，沿途布满荆棘，并且当你好不容易克服一切而获得它时，实际你只是除了免去一种苦恼、或一种愿望之外，再也得不到什么，它和此一愿望未表现之前的状态，并无丝毫差异。直接给予我们的通常只有困乏——亦即痛苦。也许当满足或快乐呈现之时，可使我们回忆起从前的苦恼或困乏，但这仅属于间接的了解，其实，我们从未正确体认或珍视过现在所拥有的幸福或利益，而仅视之为当然的事情，这乃是因为它们仅以抑制痛苦来消极地满足我们。但当我们一旦失去它，才渐渐察觉出它们的价值；这就是因为缺乏、穷困、苦恼能够积极的直接传达给我们。

因此，当我们回想摆脱穷困、病痛或缺乏时，常兴起欣慰之情，只因那是享受现在所拥有的惟一方法。进而言之，就求生欲望所表现的自私立场来看，我们无法否认，当我们目睹或叙述他人的苦恼时，亦可得到一种满足或快慰。路克雷特就曾很率直的叙述出这种心理：

> 海上狂风大作时，伫立岸边，
> 看着舟人的劳苦，心生快慰，
> 不是幸灾乐祸，
> 而是庆幸自己得以幸免灾祸。

但这种喜慰、这种幸福的认识，实已非常接近积极性的恶意了。

一切的幸福都是消极的，而非积极的，所以不可能有永远的满足或喜悦，我们只是避免这一次的痛苦或缺乏，但接踵而来的不是新的痛苦，便是倦怠——亦即空虚的憧憬和无聊。这可从世界和人生最忠实的镜子——艺术，尤其是诗歌中证实出来。所有的叙事诗或戏剧，不外是表现人类为获得幸福所做的挣扎和努力，而从未描绘永恒而圆满的幸福。这些诗的主角历尽了千辛万苦或通过重重危险，终于走到他的目标，一旦到达终点后，便匆匆闭幕草草收场。因为如果再继续写下去，只有表示书中（剧中）的主角原以为在那里将会无比幸福的灿烂目标，原来却是那么稀松平常，那样使人沮丧失望。同时，他达到目的之后，境况并不比先前为佳。在那里，不可能有永恒真正的幸福，所以也不能成为艺术的对象。诚然，“牧歌”的目的，本来是想描绘这类幸福，但显而易见，若如此那就不成其为原来的牧歌了。那类题材，在诗人手中通常是以叙事形态表现，由小小烦恼、小小喜悦、小小努力构成一首叙事诗，或者成为描写自然美的叙述诗。自然美本来是没有意志的纯粹认识，事实上确是惟一纯粹的幸福，在它之前没有苦恼、没有欲望，在它之后不会伴随后悔、苦恼、空虚、倦怠。但由这样的幸福所填满的并不是全部人生，仅为其中的一个季节而已。——在诗歌中可看到的东西，在音乐中也可以发现出来。在音乐的旋律中，可以看出解脱后的意志之最内在的历程，亦即人类心情涨落、憧憬、苦恼、欢喜的最神秘内部。旋律经常离开基音，而继续无数的犹疑彷徨，以至成为最悲痛的不谐和音，但最后重又复归于基音。基音虽是意志的满足和安心的表现，但若继续太长的时间，则变成腻烦而无意义的单调。这相当于倦怠。

根据以上的观察，我们应该明白了，一切的幸福都是消极的，我们不可能得到永恒的满足，同时由前面所述——人生和所有的现象皆为意志的客观化；意志的努力是没有目标、没有结局的——亦可得到说明。这种没有结局的特征，在意志的一般现象（即其最普遍的形式——无限的时间和空间）以至最完全的现象——人类的生命和努力，都充分显现着。——我们可以假定，理论上人生有三种极端，并可把它当做现实人生的要素。第一是强烈的热情、激烈的意欲，此要素表现于历史的伟大人物中，此外在叙事诗或戏剧中亦常有所描绘。第二是纯粹的认识、理念的把握。此项须以认识力摆脱意志的羁绊为前提，亦即天才的生活。第三是意志和认识俱皆昏睡的状态、空虚的憧憬、使生命麻痹的倦怠。个体的生命并非永远停留在其中的某一个极端，甚至连碰触它们的机会也极少，多半只是畏缩的在其中一者的身侧踌躇地向它接近，需求些微的东西，如此周而复始地重复着以避免倦怠。——大多数人终其一生，外在生活是那样空虚无意义，内在则是愚蠢而不自觉，实在可悲可叹。那就像一个梦游患者，带着缥缈的憧憬和痛苦，蹒跚地度过一生一般。他们亦与钟表的构造相仿佛，发条扭紧后，它就不知理由的摆动着。人类呱呱落地时，人生钟表的发条就开始扭紧，从此一节一节、一拍一拍地重复着单纯的变化，不知反复多少遍的相同曲调。——不论任何个体或任何人，他的一生只是绵衍无限的种族之灵顽固求生意志中的一场梦而已。在这所谓“种族之灵”和“时间”“空间”构成的无限广阔的平面上，所勾画出的个体形象，其实是若有若无，并且它容许我们一瞬间的生存之后，还必须空出场所，由别的个体取代。但这里也有人生庄严的一面，为了这一个个虚幻的影像及接二连三的空虚计划，求生意志必须倾其全力，饱尝许多激烈痛苦作为交换。最后，经过长时间的恐惧忧虑，死神遂告出现。我们看到尸体所以会显得严肃，正因为如此。

综观个体的一生，若只就其最显著的特征来看，通常它是一个悲剧，但若仔细观察其细节，则又带着喜剧的性质。因为如果我们把每天的辛劳活动、每瞬间的嘲弄、每周的愿望和恐怖、每一时刻的不幸，都当做“偶然”的戏弄的话，其实就是喜剧的场面。但，永远无法满足的欲望、徒劳无功的努力、被残酷的命运践踏的希望、苦恼增殖到最后亦难逃一死的生之迷惑等，这些通常都属悲剧。我们的一生必须带着悲剧的一切苦恼，似乎命运对我们生存的悲惨也加以嘲笑，而且，我们还不能坚持悲剧性人物的品位，在人生的广泛细节中，有时仍不得不扮演愚蠢的喜剧性角色。

人生虽然充满着大小不等、形色不一的灾厄，经常处在不安和动摇之中；照理已够使我们穷于应付了。但这尚不包括生存的空虚或浅薄，不包括人类在无忧无虑的闲暇时候的倦怠无聊。换言之，人类精神对现实世界所施诸的忧虑、悲哀、工作等仍嫌不足，还要以种种方法制造各种迷信，从而开拓幻想世界，并以它们做对象，去浪费时间和劳力；纵使现实世界给予我们休闲，我们也不领情。这种现象大多发生在气候温和土地肥沃生活容易的国度，尤以印度人为最，希腊、罗马、西班牙等地次之。——人们创造了类似自己形象的鬼神、神灵和圣者，不时向它们供奉祭品、祈祷或装饰神殿神像，此外当然少不了要许愿、解愿、朝圣、顶礼膜拜一番。我们对它们的忠诚服务到处与现实同在，甚至人生所做的事情，都要考虑它们的反应。为了它，致使我们被幻影所迷惑，对希望锲而不舍地追逐着。我们与它们的交往几乎占了人生的一半，甚至往往觉得比和现实交往来得有趣。这是人类二重要求的表现。其一是对助力和保护的要求，另一是对工作和消遣的要求。当发生灾难或危险时，人们并不用宝贵的时间和努力，以谋补救或预防，而徒以祈祷和浪费祭品，乞怜于神明；纵使未必有效，亦可借着与虚幻的神灵世界的想像性交往，而吻合第二要求——消遣和工作。这正是所有迷信的不可轻侮的功效所在。

□

从研究人生最主要的特征概括说来，在先天方面我们可确信的是：人生的全部根本不适于真正的幸福，它的本质已变形为各色各样的苦恼，人生彻头彻尾是不幸的状态。我们若取出某一特定的场合，试想像其光景，或翻阅历史的每一角落，看看其中所记载的许多难以名状的悲惨实例，必可从心底唤起上述的确信。然而，那已远离了哲学本质的普遍性立场，容易被责难：那是从个别的事实出发，是属于片面的；并且易于引起争论，认为人类的幸与不幸，是见仁见智的。

因此，惟有以先天性的方法、完全冷静的哲学态度，证出奠基于人生本质的难以避免的苦恼是从普遍性出发的话，才能免于非难和疑虑。但通常还是从后天方面较易获得确证。当我们从梦幻的青年期觉醒后，只要时刻注意自己或他人的经验，逐渐扩展见闻，学习过去或现在的历史，最后再读读大诗人的不朽杰作，先祛除既有的先入主见，不使自己的判断力麻痹，必可获得这样的结论：人间原是偶然和迷惑的世界；愚蠢和残酷恣意的挥动鞭子，支配着世界上大大小小的事情。要使“更好的东西”见诸实行，仍有待更大的努力。一个高尚而贤明的措施，很难使人倾听，要表现它的效果，更难如登天；相反的，思想界是充满不合理和错误，艺术界充斥着平凡和拙劣，行为领域则由邪恶和虚伪掌握主权，只是偶尔略被中断而已。在这种情形下，一篇出类拔萃的著作，通常是作者苦心孤诣的研究成果，从未倚赖任何凭借，然而它所赢得的却是同时代人的憎厌和唾弃，人们对于这些作品，恰如对异于地球事物秩序的外太空星球一样，始终被隔离、漠视着。——然则，个人的一生又是如何呢？我们可以说，所有的传记都是一部“苦恼史”，是大小灾难的连续记录，一般人所以会尽可能隐藏它，是因为他们了解，别人绝少会对它感觉同情怜悯，反而因为自己得以免除那些痛苦而暗自庆幸。——一个有思虑而正直的人，当他濒临人生终点的时候，一定不希望再度生于此世，反而宁愿选择完全的虚无。莎翁名剧《哈姆雷特》，归纳主角的独白内容，不外说明他已澈悟人世的悲惨状态，而断然以为“完全的虚无”更值得欢迎。如果自杀确实可获得这种空无的话，当一个人面临“要不要活下去？”的抉择时，自杀岂不成为他的最大期望、而毫无条件地选择它？不！那样做并不能解决一切，我们内心亦不做如是之想，似乎有某种东西喃喃念着：死亡并非绝对性的毁灭。

连有“历史之父”之称的海洛德斯[1]也说：“世上没有一再希望不要活下去的人。”两千多年来未见有人予以驳斥，可见这句话实在有它的真理性。所以，虽然我们经常

① 海洛德斯（Herodotos 484–425？ B. C.）：希腊最早的史学家，有“历史之父”之称。——原注

感叹人生的短促，但短促岂非正是一种幸运？——如果我们把一个人的生命中所遭遇到的痛苦与不幸，统统摆在他的眼前，他必定会大吃一惊，不寒而栗；如果我们引导那些最顽固的乐观主义者，到医院、疗养院、外科手术室去参观，再带他们到牢狱、拷问室、奴隶窝去，或者陪他到战场和刑场走一趟；如果把所有阴森悲惨的巢窟打开让他们看看；最后，再请他参观乌格林诺[①]的死牢，那么，他必定能了解“可能有的世界之最佳者”到底是何物了。但丁所描写的地狱，其材料若非取自现实世界，又能来自何处？而且，那也正是真正地狱的模样。反之，当他着笔描写天堂境况和它的快乐时，他便遭遇到无法克服的难关。因为我们的世界，对于这方面完全不能提供任何材料，因此，他只有再三重复他的祖先或比特丽丝[②]及许多圣贤的教训，来取代天国的快乐。由此，亦可使我们充分了解这个世界是何物了。

当然，表现的人生，有如粗糙的货品涂上彩饰一般，通常苦恼都被隐藏着，反之手中若有什么引人侧目的华丽物品，任何人都会拿出来搬弄一番；人心的满足愈感欠缺，愈希望别人认为他是幸福的人。一个人的愚蠢到了这

① 乌格林诺（Ugolino）：本系比莎的贵族，但在1288年，他的二子二孙皆被幽禁于饿死塔而死，但丁的《神曲》地狱篇三十三曲，即以此为主题。——原注

② 比特丽丝（Beatrice）：但丁的初恋对象，年龄与但丁相仿佛。据但丁在‘早期的生活’“Vita Nuova”所述，他在九岁时邂逅此女，即为她的美所打动，经过九年后再度在街头相遇，此后的生涯就抛不开她的倩影。因对她的思慕，而写成名著《神曲》。——原注

种地步，要以他人的所思所想，当做努力的主要目的。这种完全的空虚，从常言的 Vanitas Eitelkeit（虚荣）一词，原义即为空虚、乌有，亦可表现出来。——人生的烦恼纵是如此的掩人耳目，有时候却也无比明晰，然又那么令人绝望，烦恼者有时很清楚地看到命运的捉弄，却连逃避的场所都没有，只有接受它的慢慢宰割。因为操纵他的是“本身的命运”，即使向神灵求救也没用。但，就是这样的无可挽救，才足以反映出意志的难以克服的性质；其意志的客观化，就是他的人格。——正如外在的力量不能改变也不能祛除这种意志一样，同理，其他任何力量也不能从意志现象（生命）中所产生的苦恼，解放意志。人们经常在自然界中，或是在任何事情中，想回复自我；人们造出诸神，乞求、谄媚神灵，想获得惟有借自己的意志力量才能成就的东西，但却无济于事。旧约圣经告诉我们说，世界和人类是一个神所创造；但新约圣经又告诉我们，从这个悲惨世界解救和解脱，只有靠这个世界所产生的事情，为此，神也不得不以人类的姿态出现。左右人类一切的，通常都是人的意志。所有的信仰，所有名目的殉教者，以及先贤圣哲们，所以能够忍耐或甘于尝受任何苦难，是因为他们的求生意志已告断绝；对他们而言，那时的意志现象，甚至已逐渐喜欢破灭之途了。总之，我认为乐观主义者的空谈，不但不切合实际，而且是卑劣的见解，他们的乐观无异在对人类难以名状的苦恼做讽刺的嘲弄。——我们切不要以为基督教教义对于乐天主义非常适合，哪有一点吻合呀？福音书中不是几乎把世界和罪恶都看做相同的意义吗？

□

在无意识的夜晚，一个被生命所觉醒的意志，化成个体，它从广漠无涯的世界中，从无数正在努力、烦恼、迷惑的个体间，找出了他自己；然后又像做了一场噩梦一般，迅即回归以前的无意识中。——但，在未走到那里之前，他有无限的愿望、无尽的要求，一个愿望刚获得满足，又产生新的愿望。即使赐予他们世界上可能有的满足，亦不足以平息他的欲望、压抑他的需求、满足他内心的深渊。并且，试想纵使能获得所有种类的满足，那对人们究竟会形成何种局面呢？不外乎仍是日月辛劳以维持生存，仍不断地辛苦、不断地忧虑、不断地和穷困战斗，而死亡随时在前头等待他。我们要能明确了解幸福原是一种迷妄，最后终归一场空，如此来观察人生万事，才能分明。其中道理存在于事务最深的本质中，大部分人的生命所以悲惨而短暂，即是因为不知此道理。人生所呈现的就是或大或小从无间断的欺瞒，一个愿望遥遥向我们招手，我们便锲而不舍的追求或等待，但在获得之后，立刻又被夺去。“距离”这一魔术，正如天国所显示的一般，实是一种错觉，我们被它欺骗后便告消失。因此，所谓幸福，通常不是在未来，便是业已过去，而“现在”，就像是和风吹拂阳光普照的平原上的一片小黑云，它的前后左右都是光辉灿烂，惟独这片云中是一团阴影。所以，“现在”通常是不满，“未来”是未可预卜，“过去”则已无可挽回。人生之中的每时、每日、每周、每年，都是或大或小形形色色的灾难，他的希望常遭悖逆，他的计划时遇顿挫，这样的人生，分明已树起使人憎厌的标记，为何大家竟会把这些事情看错，而认定人生是值得感谢和快乐，人类是幸福的存在呢？实在令人莫名其妙。我们应从人生的普通状态——连续的迷妄和觉醒的交迭，而产生一种信念：没有任何事物值得我们奋斗、努力和争取，一切的财宝都是空无，这个世界终必归于破灭，而人生乃是一宗得不偿失的交易。

个体中的智慧如何能够知悉和理解意志所有的客体都是空虚的？答案首先在于时间。由于时间的形式，呈现出事物的变易无常，而显出它们的空虚。换言之，就是由于“时间”的形式，把一切的享乐或欢喜在我们手中归于空无后，使我们惊讶地寻找它到底遁归何处。所以说，空虚，实是时间之流中惟一的客观存在，它在事物的本质中与时间相配合，而表现于其中。惟其如此，所以时间是我们一切直观先天的必然形式，一切的物质以及我们本身都非在这里表现不可。因之，我们的生命就像是金钱的支付，受款之余，还得交出一张收据。就这样，每天每天受领着金钱，开出的收据就是死亡。由于在时间中所表现的一切生物的毁灭，因而使我们了解到那是自然对于它们的价值的宣告。

如此，一切生命必然匆匆走向老迈和死亡，这是自然对于求生意志的努力终必归于乌有的宣告：“你们的欲求，就是以如此做终结。再企盼更好的东西吧！”——它是在对生命提出如下的教训：我们都是受到愿望之对象的欺蒙，它们通常先是动荡不定，然后趋于破灭，最后，连它的立脚点也被摧毁无余，所以，它带给我们的痛苦远多于欢乐。同时，由于生命本身的毁灭，也将使人获得一个结论：一切的努力和欲望，皆为迷误。

老年与经验携手并进，
引导他走向死亡。
那时他所觉悟的是：
这一生的最大错误，
是徒然花费如此长久、如此辛劳的努力。

但，此一见解，是我遭受反对最多之点，所以，在这里我还要再详细深究解说。——以下，我们必须先确定，所有的满足——即一切的享乐或幸福，都是消极的，反之，只有痛苦才是积极的。

我们只有正视痛苦、忧虑、恐惧，才有所感觉，反之，当你平安无事、无病无灾时，则毫无所觉。我们对于愿望的感觉，就如饥之求食、渴之求饮一般的迫切，但愿望获满足后，则又像吞下一片食物的瞬间一样，仿佛知觉已停止。

当我们没有享受或欢乐时，我们总是经常痛苦地想念它。同时在痛苦持续一段长时间、实际已经消失、而我们不能直接感触到它后，我们却仍是故意借反省去回忆它。这就是因为惟有痛苦才有积极性的感觉，因为它都能自动呈现。反之，幸福不过是消极的东西，例如，健康、青春、和自由可说是人生的三大财宝，但当我们拥有它时，却毫无所觉，一旦丧失后，才意识到它们的可贵，其中道理正在于此，因为它们是消极性的东西。总之，我们都是在不幸的日子降临，取代往日的生活后，才体会到过去的幸福。——享乐愈增，相对的对它的感受性就愈减低，积久成习后，更不觉自己身在福中。反之，却相对增加了对痛苦的感受性。因为原有的习惯一消失，特别容易感到痛苦。如此，所拥有的愈多，愈增加对痛苦的感受力。——当我们快乐时，觉得时间过得很快，当处在痛苦时，则觉度日如年，这也正可证明能使我们感觉它存在的积极性东西，是痛苦而非享乐。同理当我们百无聊赖时，才会意识到时间，趣味盎然时则否。可见：我们生存的所谓幸福，是指一般我们所未感觉到的事情；最不能感觉到的事情，也就是最幸福的事情。最令人雀跃的大喜悦，通常接续在饱尝最大的痛苦之后。相反的，若“满足”的时间持续太长，所带来的却是如何排遣、或如何满足其他虚荣心等类的问题。所以，诗人不得不让他们笔下的主角先安排个痛苦不安的境遇，然后再使它们从困境摆脱出来。因之，通常的戏剧或叙事诗，大都是描写人类的战争、烦恼和痛苦；至于小说，则是透视不安的人类心灵的痉挛或动摇的镜子。司各特在他的小说《老人》一书的结尾中，曾坦率地指出这种美学上的必然性。得天独厚的伏尔泰亦云：“幸福不过如同梦幻，痛苦才是现实的。”并且，附带注明道：“这是我八年以来的切身体验，我只有看开地告诉自己，苍蝇是为充作蜘蛛的食饵而生存，人类则是为被烦恼蚕噬而生存。”——与我所揭示的真理完全一致。

确信人生是值得感谢的财富之人，不妨心平气和的试把人类一生中所能享受的快乐总和，与人们一生中所遭遇到的烦恼总和，比较一下，我想他便不难算出其中的比重如何。我们不必争论世上善与恶何者较多之类的问题。恶，既是存在的事实，论争已属多余，因为不管善、恶是同时存在，抑或善在恶之后存在，既然我们无法将恶祛除，我们也就只好默认事实。所以，佩脱拉克说道：“一千个享乐，也不值得一个苦恼。”

总之，纵使有一千个人生活在幸福和欢乐之中，但只要有一个人不能免于不安和老死的折磨，我们就不能否认痛苦的存在。同理，即使世界上的恶减少到实际的百分之一，但只要它表现出来，就足以构成一个真理的基础。这个真理虽带着几分间接性，但却有种种的表达方式，例如，“世界的存在并非可喜、毋宁是可悲的。”“不存在胜于存在。”“就根本而言，世界原不应存在。”有拜伦的诗为证：

我们的生存是虚伪的，
残酷的宿命，注定万事不得调和；
难以洗脱的罪恶污点，
像一棵庞大无比的毒树——，
地面是它的根，天空是它的枝和叶，
把露珠一般的疾病之雨洒落在人们身上；
放眼到处是苦恼——疾病、死亡、束缚，
更有眼睛所看不到的苦恼，

它们经常以新的忧愁填满那无可解救的心灵。

如果如斯宾诺莎或他今天的信徒所说:“世界和人生都有它们各自的目的，所以不需在理论上辩护，不必在实践上补偿和改良。它们是生命的原因，是神所显现的惟一存在；或者说，是神为了看到自己的反影，故意让他那样的发展，因此，其存在不必以理由来辩护，也不必借结果而解放”的话，人生的苦恼和劳苦，就毋须由享受和幸福来加以补偿了——果真如此，则用我现在的痛苦填满“现在”的时间，用本来的喜悦也填满“本来”的时间，又因为前者不能由后者加以消除，所以不可能有这样的事态。也就是说，完全的苦恼是不存在的，死亡也是不存在的；或者说死亡对于我们应该不是值得恐惧的事情。也许惟有抱持这种看法，人生才有它的报偿吧！

但是，正如地狱的周遭都带着硫磺味道一般，我们周围亦显示着要我们“最好不存在”的迹象，试看：一切事情通常皆不完整、而令人迷惑，愉快的事情总掺杂着不愉快，享乐通常不过只占一半，满足反而形成一种妨碍，安心伴随着新的重负。对于每天每小时所遭遇的困难，虽有方策，但它却坐视不救，眼睁睁看着我们所攀登的楼梯，在脚底下一阶一阶拆毁，不仅如此，还有大小不等、形色不一的不幸在前面等着我们。一言以蔽之，我们就像盲目预言家费诺斯（Phineus）一样，因哈皮怪兽[1]把他所有的食物都弄污了，已经无物可吃。对此，有两种手段可以试用，第一是利用才智、谨慎和谋略，但它的功效非常有限，往往只有自取其辱。第二是要有斯多噶派的恬淡，彻悟万事，对任何事都加轻视，借以缴除“不幸”所赖以为祸的武器。从力行实践方面而言，就是要有犬儒学派者的达观，干脆放弃一切的手段和助力，有如狄奥真尼斯[2]一般，把自己当做犬。事实上，人类是应该悲惨的，因为人类所遭遇的灾祸的最大根源，乃在人类本身，“人便是吃人的狼。”若能正视这最后的事实，那么这个世界看起来即是地狱，比之但丁所描写的地狱，有过之而无不及，人类相互间都成了恶魔。其中一人取得头目资格，以征服者的姿态出现，然后使数十万人相互敌对，并且对众人呐喊：“你们的命运就是苦恼和死亡。来吧！大家用枪炮互相攻打吧！”。于是众人也就糊里糊涂地拼起命来。——总之，综观人类的行为，大都是不正、极端的不公平、冷酷、甚至残忍，纵有与之相反的例外，也仅是偶然发生而已。基于此，才有国家和立法的需要。而一旦法律有所不及，人们立刻又表现出人类特有的对同类的残忍性。人类之间究

① 哈皮怪兽（Harpen）：希腊神话中一种胸部以上系女体、下半身鸟体的半人半鸟的怪物，有三个即 Aello，Ocypete，Celdeno，专司为神复仇之职。盲目预言家费诺斯因受其后妻唆使，将前妻之子女弄瞎，Harpen 即飞来攫夺弄污他们的食物。——原注

② 狄奥真尼斯（Diogones 公元前 412–323）：希腊哲学家，师事犬儒学派之祖安狄斯特尼斯，为最彻底实践犬儒派的代表者，以流浪乞丐的自由人寄居风尘，咒骂文化生活而尊重动物性的生活。——原注

竟如何互相对待？我们只要看看黑人奴隶买卖的情形，便可了然；它的最终目的，不过是为了砂糖和咖啡。但他们原可不必这样做的。这实在是出于人类不能餍足的自私心，偶尔亦有基于恶意的。再看看，有的人从五岁时就开始进入纺织工厂或其他工厂，最初工作十小时，其次十二小时，最后增至十四小时，每天做着相同的机械性劳动。付出这样高的代价，只为了得以苟延残喘。然而，这却是数百万人共同的命运，而其他数百万人的命运也莫不如此。

除此以外，一些极为微小的偶然亦可使我们导致不幸。世界上没有所谓完全幸福的人，一个人最幸福的时刻，就是当他在酣睡时，而不幸的人最不幸的时刻，就是在他觉醒的瞬间。——实际上许多不幸都是间接的，人们所以经常感到自己的不幸，是因为任何人心底都有强烈的嫉妒心，不管处在何种生活状态，只要看到别人胜过自己——不管哪一方面，即足以造成嫉妒的动机，并且无法平息。人类因为感到自己的不幸，所以，无法忍受别人的幸福。相反的，当他感到幸福时——即使只有短暂的一刹那，立刻洋洋自得起来，恨不得向所有周围的人夸耀："但愿我的喜悦，能成为全世界人的幸福。"

如果能明白显示人生本身就是贵重财富的话，那么对死和死亡的恐惧守卫者，就不该设置在它的出口。反之，若说死亡真如想像中那般可怕的话，又有谁愿意逗留在这样的人生中呢？——还有，若人生纯粹是欢乐美好的话，当想到"死亡"时，又是何种滋味？恐怕也将无法忍受吧！话虽如此，以死亡作为生命的终点，也有好的一面，在苦恼的人生中，由于有死亡，可以得到一种慰藉。其实，苦恼和死亡是联结在一起的。它们制造了一条迷路；虽然人们希望离开它，但却相当困难。

从实践方面而言，如果说世界并不宜于存在，在道理上也应该可以站得住脚。因为存在的本身已显示得很清楚，或者从存在的目的，也可以观察出来，当不致使人对它有所惊讶或怀疑，至少毋须多加说明。但事实并不如此，世界原是永远无法解决的难题，不论如何完整的哲学，也有无法触及的一面，它仿佛像不能溶解的沉淀物，又如两个不合理数之间的关系。所以，如果有人提出这样的疑问："如果除世界之外再无任何东西，不是更好么？"它（指世界）也没办法替我们解释，我们亦无法从这里发现其存在的理由或终局的原因，亦即它本身不能表示它是否为自身的利益而存在的命题。

根据我的见解，这件事可以从下述理由加以说明：世界存在的理由并没有明显的根据。只是由物自体盲目的求生意志以现象的形式，来表示"为什么"，而不受根本原理的支配。这和世界的性质是相一致的，因为安排我们活动的，是肉眼所看不到的意志，如果眼睛能够看到这种意志，它应该马上能估计这种事业的得不偿失，能知道：在不绝的忧虑、不安和穷困之中，即使我们付出全力，努力奋斗，任何个体的生命也无法免除破灭的厄运，所能得到的生存只是一时性的，到最后仍难免在我们手中归于乌有，得不到任何报偿。所以，如果世界正如安那萨哥拉斯[①]所说，世界是“理性（即认识）引导意志”的话，那就难怪乐天主义者会那样乐天了。所以，尽管世界充满悲惨是昭然若揭的事，一般人仍打着乐天主义的旗号；在这种场合中，生命被称为一种赠物。但是我们若能预先详细调查这个赠物的话，很明显的，任何人都将谢绝接受它。莱辛[②]所以惊叹他儿子的智慧，即为此之故；他的孩子似有先见之明，不愿来到这个世界，而是被助产妇强行拖出来，但在落地后，立刻又匆匆逃去。反之，也有人认为人生的过程，只是一种教育。果真如此，也许大多数人将这样回答：

“我们宁愿投身于虚无的休息中，因为这里没有教育之类烦人的东西。”——根本见解错误的话，就会形成这种结果。所以，与其说人类的生存是一种赠物，莫若说是一种负债契约，负债的原因是由于生存的实际要求、恼人的愿望及无限的穷困。通常，我们一生之间都是耗费在这种负债的支付上。但，也仅仅勉为其难的才把利息偿还。至于本金，只有由死亡来偿付了。——然则，这种负债契约是在何时订定的呢？——是在生殖之时。

因而，我们一定要把人类的生存当做是一种惩罚、一种赎罪的行为，惟有如此，才能正确的观察世相。人间

① 安那萨哥拉斯（Anaxagoras 公元前 500–428 左右）：希腊 Ionia 派哲学家。——译注

② 莱辛（Lessing 1729–1781）：德国诗人、戏剧家、批评家。——译注

“堕落”的神话（所有犹太教皆如此，大概是借自波斯教圣典 Zendavesta[1] 的吧！），虽然只不过是个比喻，但也具有形而上的真理，这是我在旧约全书中惟一承认的东西，也是整部旧约全书中惟一和我的见解取得一致的地方。我们的生存类似一种过失的结果，一种宜受惩罚的情欲的结果。新约圣经的基督教最聪明之处，即在直接地和这个神话相结合，而其伦理精神则和婆罗门教或佛教相同。至于其他方面，则又与乐天的旧约圣经毫无关系。实际上，若不如此，它与犹太教即无任何关联了。——如果有人想要测量一下我们的生存本身的负罪程度，不妨看看与它连结在一起的苦恼。不论精神上或肉体上的巨大苦恼，都可明显的表示出我们的所值究竟多少。换言之，如果我们的价值不如苦恼的话，苦恼当不会到来。基督教对我们的生存亦持这样的看法，我们只要翻翻路德的《加拉太书》第三章注释，便可了然。“我们的肉体、境遇及一切皆被恶魔所征服，这个世界中不过是些外邦人，他们的主人、他们的神是恶魔。因此，我们所吃的面包，我们所喝的饮料，我们所穿的衣物，甚至连空气等一切供养我们身体的东西，都要受其支配。”——我的哲学常被抨击为消沉悲观，但我并无意制造一个补偿罪恶的未来地狱，“现在”即是罪恶的场所；换言之，我的意思在表示这个世界就像地狱一般。即使你想否定这件事，其实你本身就经常经验到它。

再进一步说，这个世界就是烦恼痛苦的生物互相吞食以图苟延残喘的斗争场所，是数千种动物以及猛兽间的

[1] Zendavesta 德文，意指波斯教圣典。——译注

活坟墓，它们经由不断地残杀，以维持自己的生命。并且，它们感觉痛苦的能力是随着认识力而递增的，因此，到了人类，这种痛苦便达到最高峰；智慧愈增，痛苦愈甚。——在这样的世界中，竟然有人迎合乐天主义的说法，来向我们证明是“可能有的世界中之最佳者”，这种理由显然太贫弱了——不独如此，乐天主义者还叫我们张开眼睛看看世界：世界中有山、有谷、有河、有植物、有动物等，在美丽的阳光的照耀下，这一切不是很美很可爱吗？诚然，如若大略一瞥，情况的确如此，但仔细调查其中的内容，却不是那回事了。——接着，神学家又出来向我们赞美世界的巧妙组织。由于这种组织的精巧，星辰的运行永远不会相碰头，陆地和海洋不会错置相混，寒流不会滞留不去而使万物僵硬，酷暑不会长在而使万物烧灼，春夏秋冬四季的轮转，井然有序，而有各种作物的收成。——这一切的一切，仅是世界不可或缺的条件而已；如果它不要让我们像莱辛的孩子一般，降生后立刻离去的话。——这个世界的构造当然不至于拙劣到连基柱都会崩坏的程度。但我们试进一步再观察这个被赞美的作品的“成果”，在这坚固舞台上的演员，他们的痛苦是和感受性同时表现的，感受性发达后乃形成智慧，痛苦亦随之俱增，欲望亦与之共同发展，永无止境地繁衍着，高腾到提供人类生活的材料除悲剧和闹剧外，竟再也找不出其他东西了！看到这些情景，我想除了伪善者外，必将忍不住怀着合唱“哈利路亚”的心情了！上述最后一项，虽然它的真正起源一直被隐匿着，但在休谟所著的《宗教自然史》一书中却曾毫不容情地将它暴露出来，这该是真理的一大胜利。同时，他的那一篇《自然的宗教对话》，立论虽然和我完全相反，但他以适中的论据，率直明显地说出这个世界的悲惨性质，以及一切乐天主义的缺乏根据，并把乐天主义的根源抨击一番。休谟的这两篇著作，虽然今天的德国人还大半不知，但却颇有一读的价值。他在字里行间所教导我们的事情，比之黑格尔、赫伯特[1]、舒莱尔马赫[2]三者的哲学著作总和，还要更多。

我不否定乐天主义的集大成者——莱布尼兹在哲学上的功绩，也无暇深究他的“单子论”（Monadologie）和“预定调和说”是否一致。他的《新悟性论》不过是些摘录，以订正洛克的名著《人类悟性论》（Essay On human understanding）为目的，但其中虽有详细的批评，内容却失诸贫弱。他的反对洛克，正如他写《关于天上动力的原因的试验》——反对牛顿的重力学说一般，最后仍然招致失败。康德的《纯粹理性批判》即是特别为反对莱布尼兹的这种哲学而执笔，对它的论点是攻击性、甚至是破坏性的，但与洛克和休谟则有继承和发展的关系。今天的哲学教授们，对莱布尼兹各方面都推崇备至，一心一意复兴他的“蒙蔽术”；另一方面，对康德则尽可能贬抑并且排挤他。究其原因，不外是为生活问题。所以《纯粹理性批判》认为，犹太神话不能与哲学并称，它们甚至轻率地把

① 赫伯特（Herbart 1776–1841）德国哲学家、教育家。——译注

② 舒莱尔马赫（Schleiermacher 1768–1834）德国哲学家、神学家。——译注

灵魂当做实存之物。这种说法必须要有所根据，以科学态度来证实这种观念，不能轻下断论。但是，在我们这个生活第一、哲学次之的哲学界，却只有埋葬了康德，捧出了莱布尼兹。——因此，莱布尼兹的《辩神论》（Theodioy）虽将乐观主义作系统化而广泛的开展，然而从其性质来看，它只不过替后来伏尔泰的不朽名著《纯洁》（Candide）造成契机而已，此外并无何贡献。由莱布尼兹再三对恶的世界所作的并不完美的辩解中——恶有时会促成善的实现——最后得到的却是出乎他意料之外的结论。伏尔泰在他书中主角的名字里，已暗示着：为了认识乐天主义，我们必须要有诚实的态度。实际上，在这散布着罪恶、苦恼和死亡的舞台上，乐天主义所表现的姿态其实很奇妙；如果像前面所述，乐天主义的秘密源泉（伪善者奉承地说，那是成功的信心）已被休姆无情地揭发出来，认为他们对其起源并不能做充分说明，那么乐观主义也许可说是对人类灾难作了一种讽刺的嘲弄！

对莱布尼兹那种明显的诡辩中所说的，这个世界是“可能有的世界中之最佳者”，我可以举出更正大堂皇的理由，来证明这个世界是“可能有的世界中之最坏者”。因为所谓“可能有”，并不是以人的幻想杜撰出来的，而是本来即已存在的。然而，由于过去人类历史所显现出来的无非是永无休止的烦恼和无可疗治的哀伤，如人的生老病死等，我们可以知道，这世界的构成早已为痛苦的存在做了最好的准备，比它更坏的世界似乎是不可能存在了。所以我们说，它是“可能有的世界中之最坏者。”这不是故作惊人之语，因为不但行星会互相碰头——行星的运行会产生摄动[1]现象，两个行星间会因相互影响而使其中之一逐渐失去平衡，严重的话，还可能使两者互相撞击，所以也许世界不久后也将寿终正寝。虽然一般天文学家认为那些不过是偶发现象，其主要原因系由于运行时相互间的不协调产生，他们还费尽心血推算出今后或许可能顺利运行下去，以及世界应该可以继续照常存在的理由。但牛顿却持相反的意见。当然我们也希望天文学家的计算并无错误，行星系统的机械式的永久运动能与其他系统相同，得以永无休止的运行下去！——而且，行星的坚硬外壳下还潜藏着无数强烈的自然力，如因偶然的触发，给予了它们活动的余地，必会破壳而出，而使地球上的一切生物毁灭。这类事情在我们的地球上至少已经发生过三次，今后恐怕还会接二连三发生。里斯本和海地的地震，以及庞贝的毁灭，只不过是对于它的可能性给我们一点开玩笑的暗示而已。——化学方面，无法证明的空气的一点点变化，也都可能成为霍乱或黄热病、黑死病的原因，轻而易举的攫取数百万人的生命，如果再发生稍大的变化，也许更灭绝一切生命了。再者，上苍赋予动物的器官和力量，不管如何努力，充其量也仅能勉强供应自身食用，以及哺育幼儿而已，所以，动物的手足若失其一，或者不能充分利用它，大抵都非死不可。人类虽然具备所谓“悟性”和“理性”两种强力工具，但其中的百分之九十却都消耗在与贫乏的

[1] 摄动——天体因相互间的引力及太阳引力致使其运行受影响之谓。——译注

挣扎中，经常站在破灭的边缘，痛苦地保持身体的平衡。可见，不论就全体的存续或个体的存续而言，上苍所赋予我们的条件都不完备。因此，个人的生命只有为生存而不断斗争；而且，破灭的危险还一步步向我们逼近。正因为这些危险成为事实的例子极多，所以，我们必须妥为照顾自己的幼儿，不致因个体的灭亡而引起种族的灭绝。对自然而言，真正重要的只有种族。——因之，若世界仍宜于存在的话，恐怕没有比这更坏的世界了，其实例已不胜枚举。——曾经住在地球的任何动物化石，都可作为我们推算的蓝本，它们正可向我们提供：比“可能有的世界之最坏者”更坏的世界的有力明证。

乐观主义其实就是世界真正的创造者——求生意志的自我陶醉，在自己的作品中自我欣赏而得意忘形。这不但是错误的，而且是有害的学说。因为乐观主义对人生的状态表示欢迎，并把幸福列为它的最高目的。基于此，每个人似乎都相信他有要求幸福和快乐的权利。但，通常世上这些东西是不会赋给任何人的，因此人们转而认为自己碰上霉运，甚至还以为自己的生存目的有了错误。——实际上把劳动、缺乏、穷困、苦恼以及最后的死亡等等，当做人生目的，才是正当的。（婆罗门教、佛教以及纯正的基督教，均做如是观。）为什么呢？因为惟有如此，才能把我们引导向求生意志的否定。新约圣经中形容世界是“眼泪之谷”，称人生是一种净化的过程，基督教则以拷问的道具（十字架）作为象征。所以，当莱布尼兹、夏夫悌斯伯利[①]、柏宁布洛克[②]、波普[③]之徒搬出乐天主义时，却换来一般世人的激愤，主要即在于乐天主义和基督教的基础不能并立。伏尔泰在他那篇出色的诗集《里斯本震灾赋》的序言中，亦述及此，该文坚决反对乐天主义。这位备受德国下三滥文人诽谤反对、而为我所钟爱赞美的伟人，他的学术地位毫无疑问应该凌驾卢梭之上，理由是他告示了以下的三种见解，表示出他的思想极为深刻。（一）确信恶的绝对性大小和生存悲惨的见解。（二）有关意志行为之残酷的必然性见解。（三）把洛克的命题——在物质中亦可能有思想——当做真理的见解。相形之下，卢梭只具有一个浅薄的新教牧师哲学。他在那篇《沙波亚牧师的信仰告白》中，拼命批驳伏尔泰的上述几点；同时，又在一七五六年八月十八日寄给伏尔泰的信函中，以肤浅错误的逻辑，对上述优美的诗句大肆攻讦，而表示拥护乐天主义。尤其，卢梭哲学的特征和他的根本错误是在于：他说人类本来是善的、是无限而完整的，却因为文明及其结果而使人类陷入邪途。他以此来取代基督教教义——原罪和人类根源性的堕落，作为他的乐天主义和人道主义的基础。

一如伏尔泰在《纯洁》（Candide）一书中，以诙谐的作风向乐天主义的挑战，拜伦亦以其严肃悲壮的作风，在不朽的杰作《凯因》（Cain）诗集中展开相同的宣战。为

① 夏夫悌斯伯利（Schaftesbury 1671–1713）：英国伦理学家。——译注

② 柏宁布洛克（Bolingbroke 1678–1751）：英国政治家、著述家，以雄辩著称。——译注

③ 波普（Pope 1688–1744）：英国诗人，拟古主义派领袖。——译注

此，他也光荣地招致反启蒙主义者费德利希·薛林格[1]的诽谤辱骂。

从历代伟人的言论中，我们不难找出许许多多反乐观主义的名言，他们都看出这个世界的悲惨，而以发人深省的语句叙述出来。在这里，我想引述其中的几则，以作为我的见解的诠释和佐证，并作为本文最后的点缀。先说希腊，希腊人的世界观与基督教及亚细亚高地人大异其趣，尽管他们是站在坚决主张意志的立场，但仍深刻地感到生存的悲惨，因而才有悲剧的发明。另一个证据，出于海德洛斯所述，而且常被后人引用。他说，特拉基亚人往往以伤感的心境迎接新生婴儿，对着他们喃喃历数其前途中所有的灾祸；同时又以欣喜和玩笑的心情埋葬死者，因为他们从此以后已可免除许多大苦恼。在普鲁塔克[2]所保存的美丽诗句中，这样写道：

> 所以感叹生者，是因为他们要面对许多灾祸，
> 所以为死者欣慰和祝福，
> 是因为他们今后可免除许多苦恼。

据说，墨西哥人当婴儿降世时就对他念道："我的孩子！你的诞生是为了忍耐，所以你必须忍耐、烦恼、沉

① 费德利希·薛林格（Friedrich von Schlegal 1768–1823）德国浪漫派文艺批评家。——译注

② 普鲁塔克（Plutarch 50–120）希腊作家，著有《希腊罗马英雄传》。——译注

默。”该地与前面所述的国度，远隔千山万水，民俗上该不致有历史上的渊源，因此这种雷同可以归之于道德观念的一致。正是基于这种心理，所以斯威夫特[①]从孩童起对自己的生日就不当做是欢喜的日子，而以一种悲哀的仪式来纪念，每逢这天他必定反复阅读《圣经约伯记》第三章中的一节（事见司各特编著《斯威夫特传》）这一节是写约伯诅咒自己生日的情形。

柏拉图在《苏格拉底的辩护》书中也曾说：“死亡虽永远攫夺了我们的意识，但也有意想不到的好处，最聪明的人不求最幸福的日子，但求没有酣梦的睡眠。”

海拉克利图斯[②]的格言也说得妙：“生命之义一如其名，而死亡是它的事业。”

特库里斯亦有如下的一段名诗：

对人而言，最善之策是不要出生，
不要看到太阳神所惠予的光。
生存中人！
莫若尽早进入黄泉国度之门，
走向地下吧！

① 斯威夫特（Swift 1667–1745）：英国讽刺作家。——译注

② 海拉克利图斯（Herakleitos）：希腊哲学家。主张万物变动不居，火是宇宙最基本元素，有名的格言“一个人不能两次进入同样的河水”即其所说。——译注

索福克里斯[1]名著《在科罗那的伊底帕斯王》也有几句简短的话，叙说前述的观感：

不生，是最善的事，
至于生者，
应尽速回到原来的场所，
即为第二之善。

欧里匹得斯[2]也说：

悲惨充满人的一生，
永无尽期。

同时，荷马也说：

世上没有比人更悲惨的——
在地上呼吸步行的一切东西中。
——《伊里亚特》

连普利纽斯[3]都说：“任何人内心都有‘得救第一’的念头，所以自然赋予人类最大财富，无过于取得适当时机

① 索福克里斯（Sophokles 公元前 496–406）：希腊悲剧之完成者。——译注

② 欧里匹得斯（Euripides 公元前 485–407）：希腊三大悲剧作家之一。——译注

③ 普利纽斯（Plinius 23–76）：罗马博物学家。——译注

而死。”

莎士比亚也让老亨利四世说：

噢！
人们苦能读出命运的天书，
若能看到时间的回转，看到命运的嘲笑，
看到“虚幻无常”化为形形色色的美酒、倾满一杯杯不同的杯子。
现在处身非常幸福的青年，
若回头眺望，
他曾摆脱多少危险和苦难，
他也许将寂坐迎接死亡。

最后，我再举拜伦的诗为证：

试数数看你一生中所有的欢欣，
再数数你没有烦恼的日子究竟有多少？
纵使你现在拥有些什么，
但最善之策是不要存在。

以目前而言，讨论此问题最彻底、最根本的应推雷奥帕地[1]，他的脑海永远充满这些思维，他的著作完全在强调：世界到处都是生存的嘲笑和悲惨，翻开他的每一页作品，无非是以各种形式和表现来叙述这些，并且比喻非常

① 雷奥帕地（Leopardi 1793–1838）：意大利诗人。——译注

丰富，读起来不仅不感厌倦，还可以说很能引人入胜。

10. 求生意志的肯定

若说求生意志只以自我保存的冲动而表现的话，那也仅是肯定个体现象在自然中的刹那存续而已。按理这种生命实毋须耗费太大的劳力和忧虑，其一生的生涯应该很容易获取快乐的。然而不幸，意志却无时无刻要求着绝对的生命，它的目标放在绵延无尽的世代交替上，所以才有性欲的表现。这种冲动，剥夺了或许只伴随着个体生存的安心、快活和纯真，带来意识的不安和忧郁，使个体的一生充满不幸、忧愁和苦难。——反之，个体亦可凭克己的工夫，把这种冲动加以抑制，从而改变意志的方向，使意志在个体中消灭，无法溢之于外，如此，便可望获得个体生存的安心和快乐，而且还能赋予更强烈的意识。当然这是极为罕见的。一般常见的是——最强烈的冲动和愿望一旦达成，亦即满足了性欲之后，必定联结着新生命的完成，另一个新的生存继之而起，随之而来的便是无数的负荷、忧愁、穷困及痛苦等等。当然，那不是为自己而是为别人，但现象相异的两个个体，如若其内在本质绝不相同，世界还会有所谓“永恒的正义吗”——生命是一种课题，一种非完成不可的惩罚，通常它是对穷困的不断斗争，因此，任何人无不盘算着尽其所能的通过这一关隘，圆满的达成对于生命所应尽的义务。但究竟谁来订定这种负债契约呢？就是那些为贪图一时肉体快乐的男人。如此一个人短暂的享乐，随之亦带来另一个人的生存、烦恼和死亡。其所以呈现差异，无非因受时间和空间的限制而已。在这意义下，所以我把它们名之为“个体化原理”。身为人父者，认为子女是自己的化身，而形成父爱的基础，所以他们努力、奋斗、不惜任何牺牲，认为这是自己的责任和义务。

人类一生所伴随的无穷无尽的辛劳、穷困和苦恼，正可作为生殖行为——即求生意志的决定性的肯定说明，同时，也因为如此，他对自然还欠上一笔所谓“死”的负债；为这笔债，使他惴惴不安。——这岂不正可以证明我们的生存是一种罪过？——总之，我们就是这样永远支付着“死”和“生”的定期租税，这样相继承受生命所有的烦恼和喜悦。这是肯定求生意志的结果所无可避免的现象。所以尽管人生多熙攘纷杂，但对它的眷恋——即对死亡的恐惧，原本就是幻想的作祟。同理，把我们诱进“人生”的冲动亦属幻想。就客观来看，这种诱惑的原动力，在于互相爱慕的男女眼神中，这是肯定生存意志后的最纯粹表现。这时的意志显得非常温柔娴静，在幸福中陶醉之余，而为其本身、为对方、为大众平静的快乐和安详的喜悦祈愿；这是阿那克勒翁[①]诗歌的主题。但如果这种状态下的意志，一受到诱惑和谄媚，它便会缩进其生命的本源中，意志一缩回去，苦恼接踵而来，于是苦恼引发犯罪，犯罪更带来苦恼，恐惧和颓废充满人生舞台。这是艾思奇

① 阿那克勒翁（Anakreon 公元前 563 ～ 448）：希腊抒情诗人，其诗大都以恋爱和酒为题材，凡五卷，如今大部分已失传。——译注

里斯[1]的主题。

虽然如此，但人人内心中都把这意志所肯定、造成人类原因的这种行为，深深引为羞耻，不仅小心翼翼地把它隐藏起来，如果无意中瞥见，还会大惊失色，有如发觉犯罪现场。事实上，冷静深思之下，这种行为确是可憎的，尤其在高尚的气氛下，更觉令人作呕。诸位不妨以蒙田[2]在“什么是爱？”一文中所下的注脚，对这行为试作详细的观察。大抵言之，当完成这种行为后会产生一种独特的悲哀和后悔，尤以初次性行为为然；性格愈高尚的人，感觉愈为强烈、显著。因此，连异教徒的普利纽斯[3]也说：“只有人类才会在初次性交之后感到后悔。后悔自己的起源，这确是生命的一种特征”（《博物志》）。我们再以歌德的《浮士德》为例，剧中，恶魔和魔女们在祝宴时的所作所为所歌咏的是什么呢？无非淫乱和猥亵。恶魔在群集的大众前，所揭橥的人类是何等模样呢？亦无非是淫乱和猥亵。——但也惟有赖这种行为的持续不断，人类才得以存续。——乐天主义论者认为我们应该感谢上苍的特别青睐，因为我们的生存有明敏的智慧来引导，这是最值得我们自豪和引以为荣的地方。如果说这种论调正确无误，那么，使我们永远生存的行为，便应当做纯粹的外观。反之，若这种生存是一种过失或迷误的话，那也原本就是盲目意志

① 艾思奇里斯（Aeschylus 公元前 523 ～ 456）：希腊三大悲剧诗人之一。——译注

② 蒙田（Montaigne 1533 ～ 1592）：文艺复兴期法国怀疑学派思想家。——译注

③ 普利纽斯（Plinius 23 ～ 76）：罗马博物学家。——译注

的盲目工作，即使能有良好的发展，也仅是意志为扬弃本身然后回复到其本源的过程而已。因此，这种行为，当然如同外观所呈现的一般。

此外，还有一点和我中心理论有所关联的，我也顺便在此带上一笔。生殖行为中所使用的局部器官，尽管与其他器官一样同是与生俱来的，然而，上述生殖行为所产生的羞耻之念亦波及到此一局部来。由此，我们又可取得确切的证明：不只行为，就是人类的身体也属于意志现象，是它的客观化，是意志所产生。因为，一个人假若没有意志而能存在的话，人们自无把它（生殖器）引为羞耻的道理。

进而言之，生殖行为与世界之间的谜一般的关系，在这里似乎也有了答案。即世界虽系由广阔的空间、绵长的时间以及繁复多样的形态所构成，但这一切无非是意志的现象而已，而意志的焦点则是生殖行为，这种行为就是世界之内在本质上的最明显表现，是它的核心、根本、精髓。简而言之，宇宙这一大谜团的谜底就是生殖行为，亦即所谓“智慧之木”之意，人们在了解它之后，才能知悉生命之真谛。拜伦所云：“摘下智慧之木后，方可了解万事。”（《Don Juan》）其意在此。

快乐的要素通常在于秘密，生殖即是一大秘密行为，它不能直截言宣，也没有时间场所的限定。这些虽是它的主要特色，但因人人均能领会、时时萦绕心中，故只要稍加暗示，即可理解。性爱，到处被实行、经常被幻想，所以，与此行为有关的事情，在世界扮演着主要的任务，此正与它的重要性——世界的核心，完全相呼应。

然而，当青年人的纯真智慧，初度了解这个世界的大秘密时，仍难免被它的巨大性所惊骇，归结起来，原因是这样的：人类的智慧——尤其理性方面的智慧，必须经过一段漫长的路程，才能臻于成熟，此时，原本没有认识力的意志距离它已经非常遥远，已忘却那该后悔的起源，而仍以纯真无邪的立场来观察，自然难免惊骇。

性欲及性的满足，是意志的焦点和它的最高表现。但个体化的意志——即通过人类或动物的生育之门而出现于世界的事情，实在蕴涵极深刻的意义，并且也是自然所表现的最纯朴的象征性词汇。

动物群中很难避免求生意志的肯定、及其中心的生殖行为，因为自然的意志中，只有人类才有反省能力。反省力不只用于认识个人意志眼前短暂的需要——动物的认识力如此足矣——而是借此获得更广阔的认识幅度，从对过去的鲜明记忆，及对未来的大体预想，而展望个人的生活或一般生存。实际说来，不论任何种类的动物通过数千年的生存，它的生命仅等于一瞬间而已，因为它们只有现在的意识，而无过去、未来或死亡的意识；因此，我们不妨称之为“永恒的瞬间”或“永久的现在”。只有人类才有“现在”、“过去”、“未来”的意识，然而也仅止于概念而已，在根本上，他们还不了解它的真义。

所以，动物系列各阶段的求生意志，总是不休止的追求完全的客观化和享乐。而具备理性的生物——人类，虽取得反省力，却未以此满足，意志仍然无可抑止地发生如下的疑问：万物从何而来？归于何处？生命的努力和困苦所取得的报偿是什么？这种游戏所消耗的“蜡烛费”是否值得？——现在，在明晰的认识之光的照耀下，正是决定肯定或否定意志的时候；然而，后者通常只是穿着神话的外衣，表现于意识而已。——由此观之，意志并未具备可达致较高度客观化的证据，因此时已是意志到达其转机的时候了。

11. 死　亡

死亡是给予哲学灵感的守护神和它的美神，苏格拉底所以说哲学的定义是“死亡的准备”，即是为此。诚然，如果没有死亡的问题，恐怕哲学也就不成其为哲学了。

动物的生存不知有死亡，每个动物，只意识着自己的无限，直接享受种族的完全不灭。至于人类，因为具备理性，必然产生对死亡的恐惧。但一般而言，自然界中不论任何灾祸都有它的治疗法，至少有它的补偿。由于对死亡的认识所带来的反省致使人类获得形而上的见解，并由此得到一种慰藉，反观动物则无此必要，亦无此能力。所有的宗教和哲学体系，主要即为针对这种目的而发，以帮助人们培养反省的理性，作为对死亡观念的解毒剂。各种宗教和哲学达到这种目的的程度，虽然千差万别互有不同，然而，它们的确远较其他方面更能给予人平静面对死亡的力量。婆罗门教或佛教认为：一切生灭，与认识的本体无关。此即所谓“梵”。他们并教导人们以“梵”观察自己。

就此点而言，实比一般解释："人是从无而生"、"在出生之后始而为有"的西方思想高明得多。因而，在印度可发现安祥就死和轻视死亡的人，这在欧洲人的眼中简直是难以理解的事。因为欧洲人太早就把一些根据薄弱的概念强迫灌输进人们脑中，致使永远无法接受更正确合适的概念，这实在是很危险的事。其结果，就像现在（一八四四年）英吉利某些社会主义的堕落者和德意志新黑格尔派学生的否定一切，陷入绝对形而下的见解，高喊："吃罢！喝吧！死后什么也享受不到了！"也许他们就是因为这点才被称为兽欲主义吧！

然而，由于死亡的种种教训，却使一般人——至少欧洲人，徘徊于死亡是"绝对性破灭"和"完全不灭"的两种对立见解之间。这两者都有错误，但我们也很难找出合乎中庸之道的见解，因此，莫若让它们自行消灭，另寻更高明的见地吧！

我们先从实际的经验谈起。——首先，我们不能否定下列的事实：由于自然的意识，不仅使人对个人的死亡产生莫大的恐惧，即使，对家族之死亦哀恸逾恒。而后者显然并非由于本身的损失，而是出于同情心，为死者的遭遇大不幸而悲哀。在这种场合下，如果不流几滴眼泪，表示一些悲叹之情，就要被指责为铁石心肠不近人情。基于此，若复仇之心达到极点，所能加诸敌人的最大灾祸，就是把敌人置于死地。——人类的见解虽因时代场所的不同，经常有所变迁，惟独"自然的声音"，却不拘任何角落，始终不变。从上述看来，自然之声显然在表示"死亡是最大的灾祸”，亦即死亡意味着毁灭，以及生存的无价值。死亡的恐惧实际是超然独立于一切认识之上的；动物虽不了解死亡是怎么回事，但对它仍有着本能的恐惧。所有的生物都带着这种恐惧离开世界。这是动物的天性，正如它们为自我的保存，时时怀着顾虑一般，对本身的破灭亦常生恐惧。因此当动物遭遇切身的危险时，不但对其本身、连其子女亦加以小心翼翼的守护，不仅为了逃避痛苦，亦为对死亡的恐惧。动物为何要逃窜、颤抖、隐匿？无非动物的生存意志使它们力图延迟死亡而已。人类的天性亦同，死亡是威胁人类的最大灾祸；我们最大的恐惧来自对死的忧虑；最能吸引我们关心的是他人生命的危险；而我们所看到的最可怕的场面则是执行死刑。但我要特别强调，人类所表现的对生命的无限执著，并非由认识力和理智所产生；它们反将认为眷恋生存是最愚蠢不过的事，因为生命的客观价值是非常不确定的——至少它会使人怀疑存在究竟是否比非存在好。经验和理智必定会告诉我们，后者实胜于前者。若打开坟墓，试问问那些死者还想否重返人世，相信他们必定会摇头拒绝。从柏拉图对话录的《自辩》（Apology）篇中，可以看出苏格拉底亦有类此见解，即连笑口常开的伏尔泰也不得不说道：“生固可喜，但‘无’亦佳。”又说：“我不知道永恒的生命在何处，但现在的生命却是最恶劣的玩笑。”并且，人生在世，只是短短几十年，比之他不生存的无限时间，几乎可说等于零。因此，若稍加反省，为这短暂的时间而太过忧愁，为自己或他人的生命濒临危险而大感恐惧，或创作一些把主题放在死亡的恐怖、使人感到惶恐悚惧的悲剧，实在是莫大的愚蠢。

人类对于生命的强烈执著，是盲目而不合理的。这种强烈的执著充其量只在说明，求生意志就是我们的全部本质。因之，对意志而言，不管生命如何痛苦、如何短暂、如何不确实，总把它当做至高无上的瑰宝；同时，也说明了意志本身原本就是盲目、没有认识力的——反之，认识力却可暴露生命的无价值，而反抗对生命的执著，进而克服对死亡的恐惧。——所以通常当认识力获胜、得以泰然自若地迎接死神时，那些人就可以被我们推崇为伟大高尚的人。反之，若认识力在与盲目求生意志的对抗中，败下阵来，而一心一意眷恋着生命，对于死亡的逼近极力抵抗，最后终以绝望的心情迎接死亡，则我们对这样的人必表轻蔑。（但后者这类人，也只不过是表现着自我和自然根源中的本质而已。）在这里，我们不禁要提出疑问：为什么对于生命有无限执著的人，以及尽一切方法延长寿命的人，反而被我们鄙视轻贱呢？还有，如果生命真是大慈大悲的诸神所赠与的礼物，我们应衷心感谢的话，为什么所有宗教皆认为眷恋生命与宗教有所抵触？为什么轻视生命反而被认为伟大高尚？——总之，从以上这些考察，我们可以获得以下四点结论：（一）求生意志是人类最内在的本质。（二）意志本身没有认识力，它是盲目的。（三）认识是无关本来意志的附带原理。（四）在认识与意志的战斗中，我们一般偏于前者，赞扬认识的胜利。

既然“死亡”、“非存在”如此令人恐惧，那么，按理对于“尚未存在”的事情，人们也该会有恐惧之心。因为，死后的非存在和生前的非存在，应该不会有所差别，我们在未出生前，不知已经经过多少世代，但我们绝不会对它悲伤，那么，死后的非存在，又有什么值得悲伤的？我们的生存，不过是漫长无涯的生存中之一刹那的间奏而已，死后和生前并无不同，因此实在大可不必为此感觉痛苦难耐。若说对于生存的渴望，是因“现在的生存非常愉快”而产生，但正如前面所述，事实并不尽然。一般说来，经验愈多，反而对非存在的失乐园怀有更多憧憬。还有，在所谓灵魂不灭的希望中，我们不也是常常企盼着所谓“更好的世界”吗？——凡此种种，皆可证明“现世”并没有多美好。——话虽如此，世人却很热烈于谈论有关我们死后的状态问题：一般书籍论述、家常闲话触及这方面的，可说比谈生前状态问题还要多出几千倍。这两者虽然都是我们的切身问题，谈论原无可厚非，但若过分偏于一端，则难免钻入牛角尖。不幸的是，几乎所有的世人都犯这毛病。其实，这两者是可以互相推证的，解答其一，亦可查究其另一。现在，我们权且站在纯粹经验的立场，假定我过去全然不曾存在，如此，我们亦可进而推论，在我不存在时的无限时间，必是处于非常习惯而愉快的状态；那么对于我们死后不存在的无限时间，亦可引以为安慰。因为死后的无限时间和未出生前的无限时间，并没有两样，毫无值得恐惧之处。同时，证明死后继续存在（例如“轮回”）的一切，同样也可适用于生前，可以证明生前的存在。印度人或佛教徒，对于这点，即有着脉络一贯的解释。但，如上所述，人既已不存在，一切与我们生存无关的时间，无论是过去或未来，都不重要，为它悲伤，实在毫无来由。

反之，若把这些时间性的观察，完全置之度外，认为非存在是灾祸，其本身也是不合理的。因为一切所谓的善善恶恶，都是对生存的预想，连意识亦如此。但意识在生命结束的同时，便告停止，在睡眠或晕倒的状态下也同样停息。因此，我们很可知道若没有意识，也就根本不会有灾祸了。总之，灾祸的发生是一瞬间的事情。伊壁鸠鲁斯从这种见地做出他研究死亡问题的结论，他说：“死是与我们无关的事情。”并加注释说：“因为我们存在时死亡不会降临，等到死神光临时，我们就又不存在了。即使丧失些什么，也不算是灾祸。”所以不存在和业已不存在的两者即应视为相同，无须惦挂在心。而以认识的立场来看，绝不致产生恐惧死亡的理由。再者因意识中有着认识作用，所以对意识而言，死亡亦非灾祸；实际说来，一切生物对于死亡的恐惧和嫌恶，纯粹都是从盲目的意志产生，那是因为生物有求生意志，这种意志的全部本质有着需求生命和生存的冲动。此时的意志，因受“时间”形式的限制，始终将本身与现象视为同一，它误以为“死亡”是自己的终结，因而尽其全力以抵抗之。至于意志是否有非恐惧死亡不可的理由，我将在后文再详细分析。

生命，不论对任何人来说都没什么特别值得珍惜的，我们所以那样畏惧死亡，并不是由于生命的终结，毋宁是因为有机体的破灭。因为，实际上有机体就是以身体作为意志的表现，但我们只有在病痛和衰老的灾祸中，才能感觉到这种破灭。反之，对主观而言，死亡仅是脑髓停止活动、意识消失的一刹那间而已，继之而来的所有波及有机体诸器官停止活动的情形，究其实不过是死后附带的现象。因而，若从主观来看，死亡仅与意识有着关联。意识的消失究竟是怎么回事呢？这点我们可以由沉睡的状态，做某种程度的判断。有过晕倒经验的人，更可有深刻的了解。大体而言，晕倒的过程，并不是逐步而来，亦非以梦为媒介的。在意识还清醒时，首先是视力消失，接着迅即陷入完全无意识的状态，这时的感觉绝不会不愉快。的确，如果把睡眠比喻为死亡的兄弟，那么晕倒就是死亡的孪生兄弟。“横死”或“暴毙”想来也不会痛苦，因为受重伤时，通常最初都没感觉，过一阵后，发现到伤口才开始有疼痛的感觉。以此推测，若是立即致命的重伤，当意识还没发现到它时，业已一命呜呼了。当然，若受伤久久以后才致死，那就和一般重病没有两样。其他，如因溺水、瓦斯中毒、自缢等，足以使意识瞬即消失的，都没有痛苦。最后，谈到自然死亡，因衰老而溘然长逝的死亡，通常那是在不知不觉间生命徐徐消逝的。因为人一到老年，对于热情和欲望的感受，逐渐减低，以至消失，可说已没有足以刺激其感情的东西；想像力渐次衰弱，一切心像模模糊糊，所有印象消逝得无影无踪，事事俱丧失其意义，总之一切皆已褪色，只觉岁月匆匆飞逝。老人的蹒跚脚步，或蹲在角隅休息的身子，不过是他昔日的影子、他的幽灵而已，这里面又还有什么值得死亡去破坏的东西呢？就这样，有一天，终于长睡不醒，像梦幻一般——那种梦，就是哈姆雷特在他的独白中所寻觅的梦境。想想，我们现在正是在做那种梦啊！

还有一点必须附带说明的。生活机能的维持虽也有着某种形而上的根据，但那不是不需努力的。有机体每晚皆对它屈服，脑髓作用因而为之停顿下来，各种分泌、呼吸、脉搏，及热能之产生等也因而减低。就此看来，若是生活机能完全停止的话，推动它的那股力量，大概一定会感到不可思议的安心。自然死亡者的面孔大都显出满足安祥的表情，或许就是因此之故。总之，在临死的刹那，大致和噩梦觉醒时的那一瞬间相类似。

从以上的结论，可知不管死亡如何令人恐惧，其实它本身并不是灾祸，甚至我们往往还可在死神海因（Hain）身上找到你所渴望的东西。当生存中或自己的努力遭遇到难以克服的障碍，或为不治之症和难以消解的忧愁所烦恼时，大自然就是现成的最后避难所，它早已为我们敞开，让我们回归自然的怀抱中。生存，就像是大自然颁予的“财产委任状”，造化在适当的时机引诱我们从自然的怀抱投向生存状态，但仍随时欢迎我们回去。当然，那也是经过肉体或道德方面的一番战斗之后，才有这种行动。大凡人就是这样轻率而欢天喜地的来到这烦恼多、乐趣少的生存中，然后，又拼命挣扎着想回到原来的场所。——印度人为他们的死神雅玛塑成两种面孔，一种是令人毛骨悚然的恐怖脸庞，另一种则是神色愉快的脸孔。何以若此？这可以从我以上所做的观察中，获得某种程度的说明。

我们仍从经验的立场，以观察尸体作为说明。众所周知，尸体已停止知觉、感受性、血液循环、恢复作用等现象。虽然我一直无法查明，这些现象为什么会停止？如何停止等问题，但我们可以推断，从前推动人体活动的那一股力量，如今业已离去。那股力量究竟是什么？若说它是意识——即一般理性所谓的“灵魂”的话，显然是不当且错误的。因为以我向来的看法而言，意识并不是有机体生命的原因，毋宁说还是它的产物，是其结果的表现物。总之，意识会因年龄的不同，而有所差异；因健康情形、睡眠、觉醒、晕倒等等不同的状态，而呈现或强或弱。因此说它不是有机体生命的原因，而是其结果的表现，通常它只限于有机体存在时才能发生作用，一旦有机体死亡，它的作用也随之停止。我又发现，意识的完全错乱（即疯狂），虽会伴随着诸种活动力的低下或衰弱，使生命陷于危险的境域，然而他（精神错乱的人）的感受性和肌肉力量却反而增强；只要没有其他原因加诸他身上，他的寿命不但不会缩短，反而会延长。——其次，我又发现个体性是一切有机体的特性，同时它也是意识的特性。我虽然完全不了解这种个体性，但至少知道自然界的个别现象都是由一种普遍性的力量在无数相同的现象中推动着。——再者，我们也不能因为如今有机体的生命已停止了，就据以推测此前推动它活动的那股力量也归于乌有。——那就像纺车虽已停止不动，但我们却不能因此推测纺织女郎亦已死亡一样。它也像钟摆再度回复它的重心，然后静止一样。乍看虽已停止活动，但不能认为重力已消失；重力依然在无数的现象中活动着。诚然，或许有人会反对我以上的比喻，认为在这种场合下，重力并没有能力停止这个钟摆的活动，只是我们肉眼看不到而已（钟摆仍永远在摆动之中）。有这种主张的人，不妨回头观察一下电气，当放电之后，电气实际上已停止其活动。我所以引用此例，不过是想表示即使在最下等的自然力中，也有永远性和普遍性。我们切不可被那些短暂无常的现象所迷惑，更不必以为生命已停止，赋予生命的原理即已根绝，而认定死亡是人类完全的破灭。虽说现在已没有人有那么强的腕力能拉起三千年前奥德塞[①]的那把弓，但一个有正确理解力的人，总不致认为那一把弓强劲的活动力已完全根绝。由此推论可知，以前使那业已消灭的生命活动的那一股力量，与如今欣欣向荣的生命中活动的力量是相同的，这种思想，才比较切近真理。不错，我们的确知道，被因果的连锁所束缚的东西，是会破灭的，因为那仅是状态和形式而已。但另有两种东西与这些因果变化无关，一为物质，另一是自然力，这两者都是一切变化的前提。至少，我们若要做深一层的探究，认识一下赋予我们生命的基本因素到底是何物，必须在最初把它假设为自然力，同时还要假设它和形式、状态的变化完全无关。这些形式或状态，由于原因和结果的束缚，而时有改变，惟其如此，它们亦须受存在的生成和消灭因素所支配。从这一点，也足可证明我们的真正本质是不灭的。当然只凭这些，还不能证明我们死后生命的存续与否，更不能期待从上述证明中得到些什么慰藉。

① 奥德塞（Odysseus）：希腊神话中主角伊利亚之城主，荷马史诗《奥德塞》的主角。——译注

虽然如此，但这点往往很重要，连认为死亡是绝对的破灭而产生恐惧的人，也无法对之轻视；生命最深奥的基本因素是不会被死亡所拘束的。

物质亦同于自然力，并未参与因果所引导的无间断的状态变化，它以绝对的固执性，保证人类的不灭性，因此，即连一般愚夫蠢妇，脑海中亦有本身不灭的信念。或许有人要说：“哪里！物质如尘灰，怎么可说固守着物质的自然状态，就可当做人类本质不灭的证据？”——错了！你们知否这些尘灰是何物？知道它们是由什么制造而成？你们在轻蔑它之前，对这些应该要有所了解。如今，那些被当做尘灰或躺在那里的物质，如溶解于水中立刻变为发出金属光辉的结晶体如施以电气的压力，甚至可发生电光。不仅如此，物质可自行变成动物或植物，从那神秘的怀抱中发生生命——一个因为人类的肤浅而时刻担心着不知是否会消失的那种生命。但是，以这样的物质当做永恒，是否太无谓呢？并不，我敢下断言，惟有物质的这种固执性，正可证明我们真正本质的不灭性。也只有这些纯粹无形的物质——不是知觉所能感触到的，才正可作为思考永恒性事物的经验界基础。——这些物质是物自体（即意志）的直接反映，同时，它们以时间不灭性的姿态再现意志真正的永恒性。

我们已曾述及，自然之声是毫不虚伪的。但诸位切不可将上述见解与“物质不灭”相提并论。一般从逻辑所产生的论点，虽不致有绝对的错误，但大抵是片面不完全的，例如，伊壁鸠鲁斯的彻底唯物论以及与之相反的柏格莱[1]的绝对观念论，皆为极端片面的见解。这些学说固有“真”的一面，但必须附带某些特定的条件，才能显现出它的真理。若从更高的立场去观察，则可发现它仅是相对的真理，甚至是错误百出的。所以，惟有站在最高的立场，才能获得绝对的真理。我上述的见解，应是极不成熟的，但从古老的唯物论中所主张的物质不灭，已显现出人类真正本质的不灭性；再从更高一层的绝对物理学立场，亦可显现出自然力的普遍性和永恒性——生命力亦为一种自然力。因此，上述不成熟的见解，实际也含蕴着生物不会由于死亡而蒙受绝对性破灭的主张，认为生物是在自然之中或者与自然共同存续。

现在我们且换个角度，试观察死亡与自然究竟有何关系。以下，我们仍以经验的根据来讨论这个问题。

无可否认的，生死的决定应是最令人紧张、关心、恐惧的一场豪赌，因为在我们眼中看来，它关乎一切的一切。但永远坦率正直、绝不虚伪的自然，以及“圣婆伽梵歌[2]”中的毗瑟孥，却向我们表示：个体的生死根本无足轻重，不管动物或人类，它只把他们的生命委之于极琐细的偶然，毫无介入之意。——看罢，只要我们的脚步在无意识中稍不留意，就可决定昆虫的生死；蜗牛不论如何防御、逃避、

① 柏格莱（Berkeley 1788–1824）：英国哲学家，一生皆任圣职。——原注

② 圣婆伽梵歌（Bhagavad-Gita）：系由长叙事诗《玛哈布拉达》（Mahabharata）第六卷的第 25 章至 43 章的七百句诗所构成。——原注

或施展隐匿、欺骗的手段，任何人都可轻而易举地将它捕获；再看看在张开的网中悠游浮沉的鱼，欲逃无门，无法挣脱；还有，在老鹰头顶上飞翔的鸟，在草丛中被狼所看准的羊，它们都毫无戒心地飞翔着、漫步着，竟不知威胁自己生存的危险已迫在眼前。就这样，自然不但把这些构造巧妙得难以形容的有机体委之于强烈的贪欲，并且毫不容情地将它们委之于极盲目的偶然、或愚者的反复无常、或小孩子的恶作剧。自然极明显地表示——它以简洁的神谕口吻说出，并未多加注释——这些个体的破灭与它毫无关联，既无意义，亦不值怜惜。并且，在这种场合，原因或结果都不重要。万物之母所以一任其子民处于无数恐怖危险的境遇中，丝毫不加保护，乃是因它知道他们虽毁灭，但仍可安全回到自然的怀抱中；它们的死不过是一种游戏而已。自然之对待人类与动物相同，在人类身上，个人的生死对于自然根本不成其为问题，因为我们本身亦等于自然。仔细想想，我们的确应该同意自然的话，同样不必以生死为念。——附带必须说明的一点是，自然所以对个体生命漠不关心，是因为这种现象的破灭丝毫不影响其真正的本质。

但是，更进一步说，正如现在所观察的一样，生死问题不仅是被极细微的偶然所左右，并且一般有机体的存在亦是短暂无常，不论动物或人类也许今天诞生明天就消灭，出生和死亡迅速的交替着。但另一方面，那些远为低级的无机物却有非常漫长的生命。——造物何以厚彼而薄此？我相信它本来的意旨是这样的：这种秩序只是表面的现象，这种不断的生灭只是相对性的，绝不会波及事物的根底；不仅如此，一切事物真实的内在本质，虽是我们肉眼所看不到的神秘东西，但它向我们保证：其本质绝不会因生灭而有所影响。至于谈到这些是如何发生的，我们既看不到，当然也无从理解，因而只有把它当做是一种戏法。因为，最不完全、最低级的无机物，都可不受任何事态的影响继续存在，然而具有最完全、最复杂，巧妙得无法描述其组织的生物，却经常除旧更新，短时间后必归于乌有，把自己的场所让给从无而进入生存之中的新同类。——显而易见，这是很不合理的现象，它绝不可能是事物的真实秩序，它所秘而不宣之处一定很多；说得确实一点，那是由于我们的智慧被限制之故。

总之，我们必须要能了解生与死、个体的存在与非存在，两者虽是对立的，但那仅是相对性的，更非自然之心声。它所以使我们造成错觉，皆因自然实在无法表现事物的本质和世界的真正秩序。——绕着大弯说了一大堆，相信诸位心里必定会涌起我刚才所述的那种直接而直观的信念了。当然，如果他是个平庸至极的人，他的精神力和动物的智慧无大差别，只限于能认识个体的话，则属例外。反之，只要有稍高的能力、可以看出个体之中的普遍相，亦即可以看出其理念的人，便该有某种程度的那种信心。而且，这种信心是直接的，因而也不会有差错。实际上，那些以为死亡是本身的破灭而过分恐惧的人，多半只是一些观念狭隘的人；至于极优秀卓越的人，便可完全免除这种恐惧心。柏拉图把他的哲学基础放在观念论的认识上（即在个体中看出他们的普遍相）这是很正确的。然而，我刚才所述的那种直接从自然的理解所产生的信念，在吠陀（Veda）经《奥义书》（Upanischad）① 作者心胸中，却是根深蒂固得出乎常人想像之外。因为从他们所说的无数言词中，能把那种信念强烈地迫近到我们胸中来，令人不得不以为他们的精神所以能直接受到这种启发，是因为这些贤哲在时间上比较接近人类的根源，能够明显地理解深刻的事物本质。印度那种阴郁神秘的自然背景，对于他们的理解，的确是有所裨益。——但是，我们也可以从康德的伟大精神所形成的彻底反省中，达到和他们相同的结果。反省告诉我们，那迅速流转而为我们的智力所能理解的现象界，并非事物的真相，也不是事物的终极本质，而不过是它的现象而已。若再进一层说明的话，那不过是因为智慧原本就是由意志赋予动机，亦即，当意志追逐它的琐碎目的时，指定智慧要为它服务。

我们再客观的观察自然现象——假若我现在想杀死一只动物，不管是狗、鸟、青蛙或昆虫，这时，它们大概万万想不到，它们的生命原动力会在我的恶作剧或不慎的行为下归于乌有。——反之，在所有的瞬间中，以无限多样的姿态，满溢着自然力和生命欲而诞生的数百万种动物，它们也绝对想不到在生殖行为之前，是完全没有的，它们是从无中创造出新生命。——再说，一个动物从我的眼帘消失，它将往何处去？不知道。另一个动物出现，它又是

① 吠陀经是婆罗门教的圣典，《奥义书》是其中的哲学论著。——译注

从何而来？我也不知道。这两个具备着相同性质、相同性格和体型的动物，惟一不同的只是物质，它们把这些物质不断地丢弃，而产生新的生命，乃在使其自身的生命更新。——就此看来，已消失的东西和代之而起的生命，其本质应该完全相同，只不过稍微有了变化，生存形式稍微更新而已，因此，我们不妨说死亡之于种族，不过犹如睡眠之于个人而已——这种假定是很合理的。

不论在哪里都无例外，自然的纯粹象征是圆形，因为圆形是循环的图式。这实是自然界中最普遍的形式，上自天体的运行，下至有机体的生生死死，万物之中的所行，只有因这种图式，在时间和其内容不断的流动中，才可能产生一种现实存在，即眼前的自然。

我们不妨观察一下秋天时昆虫的小宇宙，有的为了漫长的冬眠，预先准备自己的床铺；有的变成蛹以渡过冬天，到春天时，才觉醒自己业已返老还童已是完全之身才作起茧来；更有许多昆虫像被死神的手腕抱住似的休息，只为了他日从它们的卵中产生新的种子，专心一意仔仔细细的整顿适合卵生存的场所。——这些都是自然的伟大不朽的法则，它告诉我们，死亡和睡眠之间根本上并无任何区别，对于生命并无任何危害。昆虫的预备巢穴或营筑自己的小房子，在那里产卵，把翌年春天即将出世的幼虫的食物安排妥当，然后，静待死亡的来临。——这正如人们在前一天晚上为翌晨所要用的衣物或食物而张罗、而忧虑、或是准备，然后，才能安心的就寝一般。同时，昆虫的秋死春生，也和人类的就寝起床一样，如果这种秋死春生和它的自体或真正本质不同的话，那么它根本就不会发生。

我们做这样的观察之后，再回到我们本身和我们的种族，若瞻望遥远的未来，人们脑中难免升起：此后将有数百万的个人以异样的风俗习惯而表现，他们究竟从何而来？他们如今又是在哪里——难道有一种巨大无比的“虚无”，隐匿着那些后代人？也许这真是惟一的答案——如果你无视本质问题的话。但你所恐惧的虚无深渊究竟在哪里？至此，你应该恍悟，万物都有它的本质。以树木为例，那是树木内部有着神秘的发芽力，这种力量通过胚芽，每一代都完全相同，尽管树叶生生灭灭，它仍继续存在。所以说：“人间世代，犹如树木的交替。”现在在我周围嗡嗡作响的苍蝇，夜晚进入睡眠，明天还嗡嗡飞旋，或者，晚上死去，但等到春天它的卵又会生出另一只苍蝇。苍蝇在早上可再现，到春天仍会再现，冬天和夜晚之对于苍蝇又有何区别？——布达哈所著《生理学》一书中这样写道：“尼基曾连续作六天的观察，他发现在浸剂中的滴虫类，上午十时以前还看不到，十二时以后就发现它们在水中乱动乱窜了。而一到夜晚它们便死亡，但到第二天清晨它们又产生新的一代了。”

就这样，万物只有一瞬间的逗留，又匆匆走向死亡。植物和昆虫在夏天结束它们的生涯，动物和人类则在若干年后死亡。死亡始终不倦怠、不松懈地进行它的破坏。尽管如此，万物似又毫无所损、照常的生存着，仿佛不灭般存在于各自的场所。植物经常一片绿油油，百花竞妍；昆虫嗡嗡作响；动物和人类不拘任何时候永远朝气蓬勃；已经久不结实的樱桃，一到夏天又鲜红圆润的呈现在我们眼前。有的民族虽然不时改变它的名称，但仍以不灭的个体延续着，不仅如此，历史虽是经常叙说着不同的故事，但通常它的行动和苦恼则是相同的。总之，历史有如万花筒，每当回转时，都让我们看到了新的形状，而实则不论何时我们所看到的都是相同的东西。因此，这样的生灭并不影响事物的真正本质，同时，这种本质的存续与生灭毫无瓜葛，因而它是不灭的。生存和一切的欲望，在现实中无间断而无限的涌现着，因之，从蚊子以至大象，在一切动物中，即使我们随意抽取一段时间来观察，它们皆保持着一定的数量，它们虽已经过几千次的更新，虽然它们不知道在自己之前生存或在后来生存的同类，但出现的永远是相同之物。种族常存，只有它是不灭的，而个体也意识到它和自己为同一之物而快乐的生存着。求生的意志表现在无限的现在中，因为“无限的现在”，乃是种族生命的形式。因而种族是不会衰老、永远年轻的。死亡之于种族，犹如个体的睡眠，或者是眼睛的一瞬。印度诸神化身为人的姿态时，即知悉个中的奥秘。一到夜晚世界似乎已消灭，实则却一瞬也不停止它的存在。同理，人类和动物看起来似是由于死亡而告消灭，但其真正的本质仍不间断的延续着；出生与死亡、迅速的交替着，而意志永远的客观化——即本质不变的理念，却像出现在瀑布上的彩虹一般，是确立不动的。这是时间性的不朽。为此，死亡和毁灭经过数千年后，一切皆已乌有，但自然所表现的内在本质，仍丝毫无损。所以，我们经常快活地叫着：“不管海枯石烂，我们永不分离。”

对于这个游戏，应该把那些曾衷心说道“此生已不虚度”的人除外。但对此我们不准备详加叙述，这里只特别提醒读者一件事情：出生的痛苦和死亡的难逃，这两者本是求生意志本身为走向客观化及通往生存的不变条件；只有在这两个条件之下，我们的本质本身才能不参与时间的经过或种族的死灭，而存在于永远的“现在”中，享受求生意志的肯定果实。

“现在”的基础，不论就其内容，或材料而言，通过所有的时间，本来是相同的。我们所以不能直接认识这种同一性，正是因为时间限制了我们的智慧形式。使我们对未来到的事情产生错觉，需待到来时，才能察觉这种错觉，我们的智慧的本质形式，所以会有这种错觉，乃是因为它并不是为理解事物的本质而生，它只要能理解动机即可。

归纳以上的观察，诸位或许已能理解被视为异端邪说的伊里亚学派[1]所说“无所谓生灭，全体并未变动”的真正意义了。“巴门尼底斯和梅利索斯之所以否定生灭，是因为他们深信万物是不动的。”同时，普鲁塔克为我们保存的恩匹多克里斯[2]的优美语句，也很明显地说出了这些现象：

① 伊里亚学派：出生于意大利维拉地方，或在该地教授的古代诸哲学家。如：巴门尼底斯（Parmenides 公元前 540–470）、克塞诺法纳（Xenophon 公元前 430–354）、梅利索斯等为其中之代表者。他们主张存在的惟一不变，反对海拉克利图斯（Herakleitos）一派的哲学。——译注

② 恩匹多克里斯（Empedokles 公元前 495？ –435？）：希腊哲学家。——译注

“认为存在的东西是由生至灭、以至归于零的人，是个欠缺深沉思虑的愚者。一个贤者，绝不会在我们短暂的生存期间——此称之为生命——为善善恶恶所烦恼。更不会以为我们在生前和死后皆属乌有。”

此外，狄德罗[1]在《宿命论者杰克》(Jacques le fatalists）一书中，有一节常为人所疏忽的文字，在这里大有一记的价值。“一座广大的城堡入口处写着：‘我不属于任何人，而属于全世界，你在进入这里之前、在这里之际、离开此地之后，都在我的怀抱中’。”

诚然，人类由“生殖”凭空而来，基于此义，“死亡”也不妨说是归于乌有。但若能真正体会这种“虚无”，也算颇饶兴味了。因为这种经验性的“无”绝不是绝对性的“无”。换言之，只须具备普通的洞察力，便足以理解：这种“无”不论在任何意义下，都不是真正的一无所有。或者，只从经验也可以看出，那是双亲的所有性质再现于子女身上，也就是“击败了死亡”。

尽管永无休止的时间洪流攫夺了它的全部内容，存在于现实的却始终是确定不动而永远相同的东西，就此而言，我们若能以纯客观的态度来观察生命的直接进行，将可很清楚地看出：在所谓时间的车轮中心，有个“永远的现在”。——若是有人能与天地同寿得以一眼观察到人类

① 狄德罗（Diderot 1713–1784）：法国启蒙期哲学家、百科辞典编辑者。——译注

的全盘经过，他将可看到，出生和死亡只是一种不间断的摆动，两者轮流交替，而不是陆续从“无”产生新个体，然后归之于“无”。种族永远是实在的东西，它正如我们眼中所看到的火花在轮中的迅速旋转，弹簧在三角形中的迅速摆动，棉花在纺锤中的摆动一般，出生和死亡只是它的摆动而已。

一般人对于我们的本质不灭这一真理的否认，并非根据经验，而是来自偏见，此最妨碍我们认识人类本质不灭之说。所以，我们要断然舍弃偏见，遵循自然的指引，去追求真理——首先，我们先观察所有幼小的动物，认识那决不会衰老的种族生存。不论任何个体，都只有短暂的青春，但种族却永远显得年轻，永远新鲜，令你觉得世界宛如在今天才形成似的。试想想看，今年春天的蓓蕾，与天地始创那年春天的蓓蕾，不是完全相同吗？同时，你能相信，这些事实是由：这期间世界发生过数百万次从“无”创造出的奇迹，以及相同次数的绝对性毁灭，那种同一因素所引导的吗？——如果我郑重其事地断言说，现在在庭院里游戏的猫，和三百年前在那里跳跃嬉游的猫，是相同的一只，的确会被认定是疯子；但若坚信今天的猫和三百年前的猫，根本上完全相异，那就更像疯子了。诸位不妨仔细认真地观察任何一种高等脊椎动物，当可看出，这些动物的理念（种族）的永恒性，是表现于个体的有限性之中。亦即，只有通过个体，种族这一个集合名词才有意义。就某种意义言之，在时空之中所表现的个别存在，当然是真实的，但“实在性”是隶属于理念，只有它才是事物不变的形式；基于此，个别的存在只是在彰显全体的“实在性”而已。柏拉图深悉于此，所以，理念成为他的根本思想、他的哲学中心。对这一点必须要有所理解，才有深入一般哲学的能力。

哗哗飞溅的瀑布，像闪电一般迅速的转变，但横架于飞瀑之间的彩虹，却始终确立不动。同样，一切的理念——亦即一切动物的种族，亦无视于个体不间断的转变。求生意志原本扎根于斯、表现于斯，所以，对意志而言，真正重要的只是理念（种族）的存续，生物的生生死死，正像飞溅的瀑布，而理念的形态，正如横架飞瀑之上确立不动的彩虹。是以，柏拉图看出，只有理念（种族）才是真正的存在，个体只是不断的生灭。惟其能深深意识到本身的不灭，不管动物或人类，才能平心静气、心安理得地面对不知何时降临的个体毁灭，所以，两眼之中呈现着不受死灭的影响及其侵犯的种族的安详。若说人类会具有这种安祥的话，该不是由于不明确而易变的教条吧！正如以上所述，我们不论观察任何动物，都可了解死亡并不妨碍“生命核心”——意志的发现；这或许是因为一切动物都蕴藏某种难以测度的神秘吧！诸位且试观察你所饲养的狗，它们活得多么安祥！多么有生气！这只狗的先世，必已经历数千只狗的死亡，但这几千只狗的死，并不影响狗的理念，它的理念，亦不因它们的死，而有丝毫的紊乱。所以，这只狗就像不知有末日来临似的，生气蓬勃地生存着，它的两眼，散发出不灭的真理——即原型的光辉。那么，数千年以来死亡的是什么呢？那不是狗，狗仍丝毫无损的呈现在眼前，死去的仅是它的影子；出现在被时间所束缚的我们的认识中的，不过是它的影像而已。我们怎可相信，时时都生存着、填满一切时间的东西，竟会消灭呢？——当然，这些事情亦可由经验方面来说明，也就是说死亡若是个体的毁灭的话，一个由生殖产生的个体便会代之而生。

康德以他主观的见解，认为时间的形成先于我们的理解，所以不属于物自体，此虽带消极性，却也是一项伟大的真理。如今，我再以客观的方法，努力寻求以显示它积极的一面。重要的是，物自体只有和时间结合，才能显示出来它无关乎生灭；再者，如果时间的生灭现象，没有永恒性的核心的话，恐怕也无从周而复始、生生灭灭了。永恒性是不以任何直观为基础的概念，它意味着超越时间的生存。但正如普罗提诺斯[1]所说："时间是永恒性的复制品"，时间只是永恒性的影像。同理，我们的生存也只是本质的影像。因为时间是我们认识的一种形式，所以这个本质一定存在于永恒之中，但也由于这个形式，我们才认为我们的本质及一切事物的本质是无常的、有限的、会破灭的。

作为物自体的意志，最充分的客观化是其各阶段中的（柏拉图式的）理念。然而，本质的诸种理念，只有在特别优惠的条件下（即无上智慧的观照中），才偶尔呈现。反之，对于个体的认识而言，在时间之中，理念是采取种族的形式而表现。理念在时间之洪流中变成对全种族的观

① 普罗提诺斯（Plotinos 204–270）：希腊哲学家。——译注

照。因之，种族是物自体（即求生意志）最直接的客观化，一切动物以及人类最内在的本质，乃是在种族中。求生意志强烈活动的根源也在种族中，而绝不是在个体内。相反的，直接的意识，则只存在于个体中，故而，个体总以为自己与种族相异。为此，我们才会恐惧死亡。求生意志所表现于个体的是，饥饿和死亡的忧虑；关系于子孙的则是，性欲以及对于子孙的舐犊之情。同时，造化并未具有个体所特有的妄想，它只密切注意种族的维持，对个体的破灭，则表冷淡。因为对造化而言，个体仅为手段，种族才是目的。为此，造化所加诸于个体的恩赐，只是尽量求其节约，加诸于种族的，则为大量浪费，其间差距极为显著。我们且举后者的例子，如树木、鱼、虾、白蚁等每一个体年均可产生数百万以上的胚种，而对于它们自身的力量或器官，则往往不甚周全，只有经过不断努力，才勉能维持它的生存，因此，某些动物一旦残废或衰老，通常只有饿死一途。有时，如果在缺少了一种器官的场合下，又将如何呢？如果可以节约的话，有的会成变态，有的甚至免掉该器官，例如，许多幼虫没有眼睛，就是为此。那些可怜的动物，在树叶中摸索着，因为没有触角，在触到物体之前，四分之三的身体总是在空中晃来晃去的，经常连身侧的食物也错过了。然而，这就是自然界的节约法则。我们很可以在“大自然从不制造任何无益或多余的东西”的语句下，另加一句：“大自然从不浪费任何东西。”——与此相同的自然倾向，亦表现在以下诸点：个体的年龄如愈适合生殖，则他的自然治愈力愈强，创伤和疾病较易康复，这种治愈力随着生殖力的衰弱而减退；生殖力消失后，则极微弱。因为，在自然的眼中看来，此时的个体已毫无用处了。

试一瞥从水螅以至人类的各阶段生物，以及伴随它们的意识等级，我们诚然可发现这可惊的金字塔，由于个体不断的死亡，的确是在动摇着，但由于生殖的维系，通过无限的时间，种族仍可持续不坠。所以，正如前面所说明，虽然客观的种族表现着不灭，但其主观仅是生物的自我意识而已。再者，它们的生存极短暂，且不断地遭遇破坏，但每当此时，它们就似乎以不可解的方法，再从无中生出有来，生出新的个体。

追根究底，一切客观性的东西（即外在的存续）不外是主观性（即内在）的不灭表现，同时，前者若不是借自于后者，必将一无所有。其中道理至为明显，因为客观性必须借助于主观性的表现，才能存在；主观性是本质，而客观性是现象。以上秩序绝不能颠倒错置，因为一切事物的根源，必是为了事物的本身，且必定存在于主观性的东西中，而不存在于客观性的东西中，亦即不是为他物、不存在于他者的意识中。因而，哲学的出发点，是本质性、必然性、主观性，亦即观念性的东西。反之，若从客观性的东西出发，则流于唯物论了！

我们常会涌起这样的感觉：一切实在的根源，在于我们的内部中。换言之，凡人都有着“本质不灭”的意识，这种不会因死亡而破坏的深刻信念，也可由人们在临死时无法避免的良心自责证明出；任何人的心灵深处无不具备它。这种信念完全是以我们的根源性和永恒性的意识为基础的。所以，斯宾诺莎说过这么一句话：“我们能感觉和经验着我们是永恒的。”总之，凡是有理性的人，只要不认为本身是起源，而能超越时间去思索，就会了解自己是不灭的。反之，认为自己是从无中产生出来的人，势必也要以为自己会再回到乌有中去。

有几句古代格言，实可作为生物不灭说最确实的根据。“万物并不是从无中所产生，同时，也不是复归于乌有。”所以，巴拉塞斯[1]曾说过一句很适切的话：“我们的灵魂是从某物所产生，因此不会回归于乌有——就因为它是从某物所产生的！”他已隐约指出真实的根据。但对于那些认为人类的出生是“绝对”起点的人而言，就无法不认为死亡是人类绝对的终结了。这两者，意味相同。因此只有认为自己非“出生”的人，才会认为自己不死。所谓出生，若按其本质及涵义而言，实亦包括死亡，那是向两个方向伸出的同一条线。如果，前者是从真正的无所发生，那么后者也是真正的灭亡。但实际上，惟有我们的真正本质是永恒的，我们才可以承认它的不灭；因而所谓不灭，并不是时间性的。如果假定人类乃是从无中所产生，当然也只有假定死亡是它绝对的终结了。这一种观点，和旧约所持的理论完全相符。因为，万物是从无中所创出来的理论，与不灭说大相径庭。新约的基督教也有不灭说，但它的精神是属于印度化的，也许它的起源也来自印度，而以埃及

① 巴拉塞斯（Theophrastus Paracelsus 1493—1541）：瑞士文艺复兴期的医学家、科学家，并精擅占星术、炼金术等。——译注

为媒介注入基督教中。但是那种印度的智慧，虽接上迦南之地的犹太枝干，但与不灭说并不调和。这正如意志自由论之不调和于意志决定论一样。

不是根本的、独创性的东西，或者，不是由同一块木料所做成的家具，它总是显得有点别扭。——反之，婆罗门教或佛教的论点就能够与不灭说前后衔接，脉络一贯。他们认为，死后的存续也连带着生前的生存，生物是为偿还前世的罪孽而有生命。在哥鲁·布尔克的《印度哲学史》中有一节曾说："毗耶婆[①]虽认为婆伽梵派的一部分稍涉异端，但他所强调反对的是，如果灵魂是'产生'出来的话——亦即有'开始'的话，那就非永远的了。"乌布哈姆在《佛教教义》中更有如下的叙述："堕于阿鼻地狱者，是受最重惩罚的人，因为他们不信任佛陀的证言，而皈依'一切生物始于母胎，而止于死亡'的异端教义。"

把自己的生存解释为偶然现象的人，当然不免对因死亡而丧失生存，感到无比的恐惧；反之，若能洞察大体的人，尚可了解其中心有某种根源的必然性，而不相信我们的生存只限于短暂的一刹那。试想，在我们"实存"的过去，既已经有过无限的时间，发生了无限的变化，在我们的背后，亦横亘着无限的时间，以此推测，我们不能不说，我们实在生存于所有的时间中——现在、过去和未来。因为，若"时间"的力量能引导我们的"实存"走向破灭，我们应早已破灭。我们更可说，"实存"是一种固有的本

① 毗耶婆：本为"编辑者"之意，后来成为印度的专有名词，各种经典皆托为毗耶婆所作。——译注

质，一旦形成这种状态，即永远屹立不坠，不受破坏。它正如阳光，虽在黑夜消失，或偶受云雨、暴风的遮挡；但黑夜过去，阳光复现，云破雨霁，阳光仍普照大地，它是永恒的，不可能归之于乌有。所以，基督教告诉人们“万物复归”。印度人认为由于梵天不断地反复而创造世界，希腊哲学家亦有类似的说法。这些教训都可显示出存在与非存在的巨大秘密，即它在客观方面构成无限的时间，主观方面形成一个“点”——不能分割、经常实存的现在。康德的不灭说中亦曾明白地说明：时间是观念性的，物自体才是惟一的实在性。但有谁能了解此中的道理呢？

如果我们能够站在更高的立场——亦即“出生”并非我们生存的开始，当可升起这样的信念：必有某种东西非死亡所能破坏。但那并不是个体，个体只在表现种族的一种差别相，它借着生殖而产生，具有父母的性质，故属于有限的东西。因之，个体不复记忆生前的生存，死后也无法带去今生的生存记忆。然而各人的自我仍留存于意识之中，“自我”常存着与个体性结合的欲望，更希望能与自己的生存永远结合在一起，故当个体性不存在时，即感意气消沉。因为，意识具有这样的特性，所以，要求死后的无限存续的人，恐怕只有牺牲生前无限的过去，才可望获得了。所以，他对生前的生存既然毫无记忆，在他的认识中，意识是与出生同时开始的，故必以为他本为乌有，而由出生带来他的生存。这样一来，就得以生前无限的时间去买取死后的无限生存了。所以，我们必须把意识的生存，当作另一回事，才能不介意死亡的问题。

我们的本质可区分为“认识”和“意欲”两部分，明乎此，即可了解“我”实际是很暧昧的词汇。有人认为“死亡是‘我’的完全终止。”，有的见解则较达观：“正如‘我’只是无限世界中的一小点，‘我’的个人现象亦为‘我’的真正本质的极微小部分。”仔细探究，“我”实际是意识中的死角，因它正如视网膜上视神经所穿入的盲点一般，并无感光作用；亦如我们的眼睛，能够看到一切，惟独看不到自己。此正与产生认识力的脑髓作用完全相应，我们的认识能力完全外向，其目的仅在保存自我，亦即为搜寻食物、捕获猎物而活动。因此，各人所知悉的，只有表现于外在直观中的本身个体而已。反之，如果他了解透彻的话，反而会对这副臭皮囊付之以冷笑，甚至舍弃自己的个体性：“即使丧失这个个体性，与我又有何碍？因为我的本质中仍可产生无数个个体性。”

退一步说，个体性果真能无限地延长下去，人也势必会感到过分单调而厌腻；为避免于此，他反倒希望早些归于乌有。试看，大多数人——不，一切的人类，不论置身任何状态皆不能得到幸福，如果免除了穷困、痛苦、苦恼，随即陷入倦怠无聊；如果为预防倦怠，则势必痛苦、苦恼丛生。两者交互出现。因而，人类若仅处于“更好的世界”是不够的，除非本身发生根本的变化——即中止现在的生存。仅只置身于另一个世界，而在这个世界中，人的本质毫无变化，结果还是相同的。

客观物必须依存主观物，其结局亦以此为基础。“生命之梦”以人体器官为组织，以智慧为形式，不断地编织下去，等到人的全体组织消灭时，梦，终于觉醒了。真正的做梦，醒来时，人还是存在着；而担心死亡后一切皆将终止的人，却犹如没有梦的人还强要他做梦一样。

个人意识由于死亡而终止，然而，又是什么使他还能燃起对永恒生命的热爱呢？他所希求的究竟是什么呢？细察人类意识活动的大部分内容，不，几乎是全部内容，可以知道，那不外是由于他对世界的怜悯和对自我的执著（或者为了别人，或者为了自己）；他的目的无非为了求得活得“不虚此生”而已——所以，古人往往在死者的墓碑上刻着“无愧此生”或“愉快安息”的字样，其中实有无比深刻的含意。

那些为了自我的执著（为了一己的欢乐）的人且不谈；为了对世界怜悯的人，则是与世间的“来世责罚”或“精神不朽”相关联的，他们希望在死后获得赐福或获得永远的尊敬。而这正是以“德行”为手段，以“利己主义”为目的的一种作法（它的本质还是自私的）。然而也正由于这种作法，人类的仁爱精神——例如对敌人的宽恕、冒险救难的行为以及不为人知的善行等——才得以永久维系下去。

其实，所谓“开始”、“终止”或“永存”，其意义纯系借自时间而得，是以时间为前提才能通用的概念。但时间并不能带来绝对的生存，亦非存在的方法，它只是用以认识我们及其他事物之生存的一种认识形式。因之，“停止”、“永存”等概念惟有在这种认识力的范畴——即呈现于现象界中的事物——才能适用，而非关乎事物的本质。

经验的认识固然明白显示着："死亡"是时间性生存的终止。然而仍然必须知道一切经验的认识以及所有卷入生灭过程的物质，实际仅是现象而已，它们并非物自体。那么，对于死后究竟能否存续的问题，应该作何解答呢？我们只有这样说："生前若不曾存在的话，死后也不会存在；反之，若某些东西非'出生'所能制造出来的话，死亡亦无法加以破坏。"

斯宾诺莎说得对："我们可以感觉或经验到'永恒'"。试看我们对最遥远的儿时记忆是何等新鲜！任何人必曾有过这样的感觉：我们自身中必有某种绝对不灭、不能破坏、不会衰老、不会与时俱逝、永远执一不变的东西。但那到底是什么呢？恐怕任谁也无法明确指出。但显而易见，那并不是意识；意识隶属于有机体，它与有机体同时消灭；亦非肉体，肉体是意志的产物或影像，也是属于现象之一。如此逐步搜求，我们或可依稀找出答案，它应是那居于意识之上，为意识与肉体共同基础的意志。意识与死亡同时消失，但产生及维持意识的物质，并未消失；生命虽已逝去，但表现于其中的生命原理，并未消失。它就是永恒不灭的意志，人类一切形上的、不灭的、永恒的东西，皆存在于意志之中。

在现象界中，由于认识形式的限制——即由于"个体化原理"之时、空的分隔——人类的个体看来是必会趋于破灭的，然而实际上却不断地有其他新个体代之而起；种族的不灭，即为个体不灭的象征。因为对生存的本质（意志）而言，个体与种族之间并无任何区别，而是一体的两面。

在此，我必须特别强调：现象与本质二者是无从比较的，换言之，表象世界的法则完全不适用于物自体（意志）的法则，甚至可说两者根本对立。兹以死亡的反面——动物存在的发生（生殖行为）为例，略加说明，读者或可了解了。生殖行为是意志最直接和最大的满足，但它只是盲目冲动之下的肉欲工作，在通过了意志的自我意识下，轻易的形成有机体。然而，表象世界的有机体，构造却极尽巧妙、极端复杂和无比精密。按理，造物者应该尽其可能地去照顾和监护这些个体，但事实正好相反，它却是漫不经心地任其毁于破坏之手。从以上的对照，我们不难了解现象与物自体间的差异所在，进而可以察知，我们真正的本质，并不因死亡而有所破坏。

我在本文开头即曾说明，我们对于生命的眷恋——不，应该是对死亡的恐惧——并非从认识所产生，而是直接根源于意志，这是没有认识力的盲目求生意志。正如我们的肉欲完全是基于幻想的冲动，而被诱进生存的圈套中一样，对死亡的恐惧亦纯属幻想的恐惧。意志之所以恐惧死亡，是因它肉眼所见，意志本质仅表现于个体的现象，因此，那正如我们在镜中的影像一般，镜子破碎，影像即告消失，而使意志产生它与现象同时消灭的错觉——所以，尽管哲学家们从认识的立场找出许多适中的理由，反复说明："死亡并无任何危害。"但仍无济于事，因为它是盲目的意志。

意志是永恒不灭的，所有的宗教和哲学，只赐予善良的意志（善心）酬报——在"永恒的世界中"。而对其他——如卓越的智慧等，却从未有过类似的承诺。

附带说明，形成我们本质的意志，其性质很单纯，它只有意欲而无认识；反之，认识的主体——智慧，则是意志客观化所产生的附属现象——因为，意志知道自己的无力和盲目，根据自然的意旨，智慧的产生，是为了协助意志，以作为它的引导者和守护者——认识必须依附于有机体的肉体，有机体又以肉体为基础，所以，在某种意义下，有机体也许可以解释为“意志与智慧的结合”。智慧虽是意志的产物，但它与意志却站在对立及旁观者的地位；不过，它所认识的只是在某一段时间中经验的、片断的、属于连续性刺激和行动中的意志而已。动物的意志亦可获得智慧，然而它的作用更小，仅在追求自己的目的时，作为指引之用——本质之为物，对智慧而言，始终是一个谜，因为它所看到的只是个体不断的产生和破灭，它永远不能了解本质的超越时间性。不过，我们也许可以这么说：对于死亡的恐惧，或多或少是缘于个体的意志不愿脱离原来的智慧。

绝大部分的死亡恐惧不外是基于“自我已消灭，而世界依然存在”的错误幻觉。这实是一种很可笑的心理，世界的伴随意志，原如影之附身一般，世界惟有在这个主体的表象中才能存在，这个世界的真正主人就是意志，它赋予了一切生物的存在，而且是无所不在的。如今，这世界的主人却因个体化原理所形成的妄想所困扰而绝望，以为自己行将死灭，踏入永远乌有的深渊，这不是可笑之极吗？事实上，正确的答案应是：“世界虽消灭，而自我的内在核心却永远长存。”

只要意志不实行否定，我们死后仍存留着另一完全不同的生存。死亡之于物自体（意志），犹如个体之于睡眠，意志由于这种“死亡的睡眠”，而获得其别的智慧和新的意识；于是，这个新的智慧和意识以新鲜生物的姿态再度登场——反之，如果记忆和个体性永远存留于同一意志中的话，意志将感到非常难耐，因为它只有无穷无尽的继续着相同的行为和苦恼。

但我们的智慧因受时间形式的限制，并不了解物自体的问题，因此，上述情况就被宗教解释为“轮回”——现在，我们如果再引出“性格（意志）遗传自父亲，智慧遗传自母亲。”的论点，加以参证的话，即可了然所谓“轮回”实与我上述的见解，非常吻合。亦即人类的意志虽具有各自的个体性，但在死亡之后，借着生殖而从母亲获得新的智慧，于是遂脱离原来的个体性，成为新存在。这个存在业已不复记忆前世的生存，因为记忆能力的根源——智慧，属于一种形式，是会消失的。故此，这种状况，与其名之为“轮回”，不如说“再生”较为贴切——根据哈地（Hardy，Robert Spence）的《佛教手印》及柯宾（KØppen）的《佛教纲要》等书的记载，皆说明佛教的教义与上述的见解原是一致的，但对大部分佛教徒而言，因为这种教义太过深奥难解，故而以较浅易单纯的“轮回说”取代之。

此外，从经验的根据，亦可证实这种再生，换言之，新生物的诞生与活力消失的死亡之间，实有着极密切的关系。据舒努雷《鼠疫史》中所述，十四世纪时，鼠疫症曾一度流行于世界各地，死者无以胜数，使世界人口大为减少，但之后即呈现异乎寻常的多产现象，而且双胞胎非常多。还有，据说，此时期所降生的孩童，竟无一人长着完全的齿列，这岂不是很不可思议的事情？又，德国医学家卡斯培（Casper）曾撰有《关于人类寿命》一书，该书作如下两点结论：一是出生数对于寿命和死亡率有着决定性的影响；二是出生率与死亡率往往相一致，即按相同的比率增减。这是作者从许多国家和地区，搜集许多例证后，所确立的原则，其精确性想来应无可置疑。——虽然，某个个体自己业已死亡，多产的是与自己毫不相关的另一对夫妇，但其间因果不可说只是形而下的关系。这件事说明了，每一个体皆含着“不灭之芽”，经过“死亡”后再被赎取回来；于是产生新生命，这就是它的本质。如果能沟通两者之间（不灭之芽与新生命）桥梁的话，也许，生物生死之谜即可迎刃而解。

众所周知，“轮回”是婆罗门教和佛教的中心教义，实际上它的起源极其古老，也在很早就取得大多数人的信仰。大概除犹太教及它的两个分支外，几乎所有的宗教，皆有轮回之说。基督教主张，人们在赎回他的完全人格后，即可在可以自我认识的另一世界中相会。而其他宗教则认为这种相会在现世已进行着——只是我们无法分辨。也就是说，借着轮回或再生的生命循环，在来生时，我们仍可和我们的亲戚朋友共同生活；不论是伙伴抑或敌人，在来生时我们与他们仍具有类似的关系和感情。——当然，这时的再认，只是一种朦胧的预感，而非明晰地意识。

轮回的信仰，实际可说是基于人类自然的信念所产生，它深植于世界各角落的一般民众和贤者的脑海中。绝大多数亚洲人如此，同时也为埃及和希腊人所信奉。希腊哲学家 Nemesius 曾说：“一般希腊人皆信灵魂不灭之说，亦即灵魂可以从一个人的身体移注到另一人之中。”此外，如北欧、印第安族、黑人、及澳大利亚，亦有此一信仰的痕迹可寻。它又是督伊德（Druide）教派的基础；印度境内的一支回教，亦信仰轮回，因而禁止一切肉食。此外，一般异教——如 Simvn 派、Gnosis 派、Basillides 派、Marcion 派、Valentinus 派、Mani 派等，轮回之信仰均极根深蒂固。毕达哥拉斯、柏拉图等大哲，更将它纳入他们的学术体系中。里希堡（Lichtenberg）在《自传》中也说道：“我始终丢不开‘我在出生前即已有过死亡’的思想。”，休姆（Hume）在《灵魂不灭论》亦特别强调：“在这种学说中，轮回是哲学惟一值得倾听的东西。”——只有犹太教和它的两个支派，持相反的意见，因为他们认为人类是从“无”中创造出来的。虽然他们凭着火和剑，在欧洲及亚洲的部分地区驱逐了这足以慰藉人类的古老信仰，但它究竟能持续到何时呢？从宗教史看来，我们实不难判定它的命运。

死亡，也许可以解释为：“求生意志中的利己心在自然的进行中所受到的大惩戒。”或者是：“对人类生存的一种处罚”。就后者言之，死神将说道：你们是不正当行为（指生殖）的产物，是根本的错误，所以应该消灭。因此死神借“死亡”辛苦地解开由生殖欲望所作的结，让意志尝受打击，以彰神性。就前者而言，意志中的利己心，总妄想着自己是存在于一个个体中，一切的实体只局限于自己。因此，死亡便以暴力破坏此一个体，使意志在失望之余唤醒它的迷误。其实，意志的本质是永远不灭的，个体的损失仅是表面的损失而已，以后它仍将继续存在于其他的个体中。所以，一个最善良的人，“自他”的区别最小，也不会把“他人”当做绝对非我的人；反之，恶人对“人我”之区别则甚大，且是绝对性的。死亡之是否被视为人类的破灭，其程度的多寡，可依此区别而定。

如果能够善用机会的话，“死亡”实是意志的一大转机。因为在生存中的人类意志并不是自由的，一个人的行为是以性格为基础，而性格是不会改变的，故其所行所为完全隶属于必然性。如果他继续生存的话，只有反复相同的行为，而各自的记忆中必定存留着若干的不满。所以，他必须舍弃现在的一切，然后再从本质之芽萌生新的东西。因此，死亡就是意志挣脱原有的羁绊和重获自由的时候。吠陀常言：“解开心灵之结，则一切疑惑俱除，其‘业’亦失。”死亡是从褊狭的个体性解脱出来的瞬间，而使真正根源性的自由得以再度显现。基于此义，这一瞬间也许可以视之为“回复原状”。很多死者之颜面——尤其善人——所以呈现安祥、平和之态，其故或即在此。看破此中玄机的人更可欣然、自发地迎接死亡，舍弃或否定求生意志。因为他们了解，我们的肉身只是一具臭皮囊而已；在他们眼中看来，我们的生存即是“空”。佛教信仰将此境界称之为“涅”，或称“寂灭”。

四、意志与表象的世界

1. 世界是我的表象

“世界是我的表象”——这句话是一个真理，虽然只有人类才能在反省和抽象的意识中思考这个真理，然而，这话却适用于一切有生命和有认识能力者。如果人类能在反省和抽象意识中思考这个真理，那么，他便达到了哲学的智慧。因此，人类会了解，当自己认知太阳和大地时，所认知的并非太阳和大地本身，而是见到太阳的眼睛和触摸大地的手而已①；他周围的世界只是表象，只是和意识有关的东西，只是和人类有关的东西②。假如世上有所谓先天真理的话，这就是先天真理：因为它表现的是一切可能的和可以想像的经验的最普遍形式。而这种普遍形式比时间、空间或因果关系更普遍，因为时间、空间或因果关系都以

① 自从英国经验主义大师洛克提出观念二字以来，柏克莱、休谟、康德皆沿用这两个字，它的意义系指外物在人心中印上的影像即外物在心中的代表，例如：色、声、香、味皆是。所谓观念世界即指由色、声、香、味等现象构成的世界，亦即佛家所谓的假相世界亦即表象世界。——英译注

② 例如声音并非发生于外界，而是外界物体的振动影响物体周围空气的振动，震波传到人类的耳朵，使耳膜的震动，耳膜的震动由耳神经传至大脑，影响大脑震动，这便产生声音，所以声音不是发生于外界，而是产生于人类心里，这就是佛家所谓的“三界唯心，万法唯识”。——原注

它为先决条件；我们知道，时间、空间和因果关系只是充足理由原则的各种不同形态，每种形态只能适用于某类特殊表象；而客体和主体的对立则是所有这些表象的共同形式，也是产生或想像任何抽象或直觉、纯粹或经验观念的惟一形式。所以，没有任何真理比这个真理更确实，更独立于所有其他真理之外，也没有任何真理比这个真理更毋需证明。凡在知识上存在的东西，即使这整个世界，也只是与主体相关的客体，只是知觉者所具有的知觉；总而言之，只是表象。显然，对过去、现在、未来都可以这样说，对最遥远的东西和眼前的东西，也可以这样说；因为时间、空间本身是这样的，而所谓过去、未来、遥远、眼前等区别只有在时空中才会产生。凡是属于或可能属于这世界[1]的东西，必然都以透过主体为条件，也只对主体存在。因此，世界即是表象。

这个真理根本不是新的。早在笛卡儿哲学出发点的怀疑思想中就隐含着它。不过，柏克莱却是第一个明白地提出这个真理的人，这使他对哲学提供了永久的贡献，尽管他哲学中其余部分没有永久性价值。而康德的主要错误就是忽视这个原则。威廉琼斯爵士（Sir William Jones）在他最后一篇论“亚洲哲学”（《亚洲研究》卷四，第一六四页）的论文中指出：很早以前，印度的智者就认识了这个真理，成为 vyasa 吠檀多哲学的基本论旨。他在这篇论文中说“吠檀多学派的基本论旨并非否认物质的存在，亦非否认固体性、不可入性和具有外延性形体的存在（否认这

[1] 指现象世界，即色、声、香、味等现象构成的世界。——译注

些东西的存在，将是不智之举），而是改正一般人对物质的观念以及主张物质不具独立于心灵知觉之外的本质；存在和可知觉性是同义语[1]。”这些话充分说明了经验实在性和超越观念性的一致。

因此，在本卷中，我们只从表象方面来看世界。如果任何人内心不愿把世界只当作自己的表象，他便会了解，不管这观点如何真实，也只是片面的，只是因为任意识抽象作用而采取的；然而，这又是他永远无法摆脱的概念。（这个观点的不健全，我们将在下一章用另一种真理来改正，这另一种真理不像这里所说的真理那样直接确定，只能靠更深一层的研究和更严格的抽象作用才能获得，只能借分开相异者和结合相同者的方式，才能获得。这个真理即使不使所有人类都感到不同寻常，也必然是很重要和使人印象深刻的，因为这个真理告诉我们：世界是我的意志。）

不过，在本卷中，我们只拟考虑我们当作出发点的那一面；也就是它可知的一面。因而，我们必须毫无保留地把一切显现出来的对象、甚至我们自己的身体（不久，我们会更详细地说明这一点），只当作表象。这样，我们便暂时把意志摆开了，因为意志形成世界的另一面。正如世界一方面完全是“表象”一样，另一方面便完全是“意志”。如果一种东西，既不是表象，也不是意志，只是独立存在的对象（在康德手上，所谓物自体正不幸地渐渐变为这种东西），这种东西便是梦想，接受这种梦想，在哲

① 这句话和柏克莱所谓的“存在即被知”相似。——译注

学上即是令人走入歧途的原因。

□

能认识一切事物而本身不为任何东西所认识的是主体。因此，主体是世界的支持者，是一切现象，一切对象的条件；在整个经验过程中，都必须具备这个条件。因为，凡是存在的东西，都只能借主体而存在。每个人都发现自己是主体，不过，只有在从事认识活动的时候，他才是主体；如果成为知识的对象，便不是主体了。可是，他的身体却是他的对象，因此，我们称它为表象。因为身体是许多对象中的一个对象。同时，尽管它是直接对象，也要受对象法则的限制。像所有知觉对象一样，它也存在知识的普遍形式即空间和时间之中；空间和时间是构成杂多现象的两个条件。相反的，永远作为能知而不成为所知的主体，则不属于这些形式，而为这些形式的先决条件。因此，主体既无杂多性，也无统一性。我们从来不认识主体，然而，只要知识可能成立，它就永远是能知者。

我们现在所考虑的一面即表象世界，具有根本的、必然的和无法分开的两半。一半是客体（客体的形式是时间和空间），以及透过空间时间而产生的杂多现象。另一半是主体，主体不在空间和时间中，因为在所有知觉者中，主体是当下的、完全的和未曾分化的。因此，任何一个知觉者与对象共同构成整个表象世界，就像现存千百万人类所能做到的那样完美。但是，如果这个知觉者消失不见了，那么，整个表象世界也将不存在了。所以，不单在知觉上，即使在思想上，这两半也是无法分开的，因为这两半中的任何一半只有透过另一半才有意义，才能存在，也只有对另一半才有意义，才能存在；这一半出现，那一半也出现，这一半消失，那一半也消失，两者互为限制；在客体开始出现的地方，主体便终止。这限制的普遍性可以从下述事实中看出，即一切客体对象的主要和普遍形式、空间、时间和因果关系，即使我们对客体对象没有认识，也可以由对主体的考虑来发现而完全认识。用康德的话来说，空间、时间和因果关系先天地存在于我们意识之中。康德发现了这一点，成为他的主要贡献之一，而且是伟大的贡献。不过，我更进一步认为，充足理由原理是我们先天认识对象所有这些形式的普遍表现；并且认为，纯粹先天认识的一切东西，只是这原理的内容及由此而衍生的内容，一切先天确定的知识都是借此表现出来的。在我讨论充足理由原理的论文中，曾经详细表示过一切可能对象如何归属于这原理之下；就是说，如何与其对象发生必然的关系，一方面当作决定者，另一方面又当作被决定者。这个原理应用的范围非常广，因此，所有客体对象的存在，就其只为对象、表象而言，完全可以溯源于它，它们之间的关系也只依赖它，事实上，只是相对；不过，更为直接。我还表示过，充足理由原理普遍表现的必然关系出现于其他形式中，这些形式，与客体对象按其可能情形分化的种种类别是一致的；正确的分类就是借这些形式来考验的。

□

我们所说的表象之间的主要区别，是知觉表象和抽象表象之间的差别，抽象表象只有一种即概念，世上所有动物中，只有人类才具有抽象概念。使人类和其他动物有所不同的概念活动的能力，通常叫做理性。以后，我们会谈到这些抽象概念本身，但是，现在，我们只要讨论“知觉表象”。知觉表象包括整个可见世界或经验总体及其可能性的种种条件。我们早已说过，这是康德最重要的发现之一，我们也早已说过，这些条件、这些可见世界的形式，知觉中的绝对普遍要素、所有现象的共同属性、空间和时间，即使离开它们的内容而就其本身去了解，也可加以抽象的思考，还可加以直接的知觉；同时，这种知觉或直觉并非产生于经验中经常出现的幻想，而是完全独立于经验之外的，因此，我们应该说后者是基于它的，因为空间和时间的种种性质，就其在先天知觉或直觉方式下被认知时，对一切可能经验都是有效的，就像它本身必须遵循的规则一样。因此，在我讨论充足理由原理的论文中，也讨论过空间和时间问题，因为，我们感觉空间和时间是纯粹的，是没有内容的，是一种特殊而独立的观念。康德所发现的这种直觉种种普遍形式的性质，即这种普遍形式可以离开经验而就其本身加以认识的性质，亦即这种普遍形式可以视为表现数学基础的那些法则的性质，当然是非常重要的。可是，空间和时间的另一种性质也应该说明，即把经验限制为因果法则和动机法则，并被当作判断基本法则的充足理由原理，这里是以一种完全特殊的形式出现的，我曾经给这特殊形式一个名称，即“存在者的基础”。在时间方面说，这是时间中片断的相续，在空间方面说，这是空间各部分的位置，彼此永远相互决定。

任何人，只要他根据前面的引论而了解在充足理由原则下所有不同形式的内容是完全相同的，一定会相信认识这些形式中的最简单形式是相当重要的，因为这使他体验到自己内在的本性。这个原理的最简单形式就是时间。在时间中，只有后一刹那排除前一刹那时，这每一刹那才是它的产生者，而它本身也会很快地又为另一刹那所消灭。过去和未来（离开它们内容的结果去考察）像梦一样的空幻，现在是惟一不能分开的，也是它们之间的短暂界限。而在充足理由原理的所有其他形式中，我们会发现同样的空洞性，也会了解，不但是时间只有相对的存在，而且，空间及时空的内容，即所有从原因和动机产生的东西也只有相对的存在，也只是透过另一和本身相似者而存在。这个看法是古来已有的：当赫拉克里图斯（Heraclitrs）叹息万物永远流转时，便是在表现这个看法；当柏拉图把客体对象贬为永远变动不居而永非不变者时，又是在表现这个看法；当斯宾诺莎提出所谓惟一存在、永久实体的偶然性质的说法时，也是在表现这个看法。康德把那当作单纯现象的东西和物自体对立。最后，古代印度哲人的智慧告诉我们：“使人类眼睛看不到的，使人类看到一个自己无法说它存在或不存在的世界的，是魔耶（Maya 宇宙幻力），是骗人的障幕：因为它像梦幻；它像照在沙上的阳光，使远处的旅人误以为水，或像把草绳误以为蛇。”（在吠陀经典和富烂那即印度古史传中，一再提到这些比喻。）但是所有这些话的意义以及它们所表示的，只是我们刚才所说的即服从充足理由原则的表象世界。

2. 理　性

正如从太阳的直接光线到月亮的反射光线一样，我们从直接知觉表象（直接知觉表象是独立自存的）到反省思维，到理性的抽象演绎概念。理性抽象概念的内容来自知觉知识，也是与知觉知识相关的，只要我们继续从事知觉活动，则一切都是明显的、稳固的、确实的；既没有问题，也没有疑惑，也没有错误。我们不想再进一步，也不能再进一步；我们依靠知觉活动，也安于现在。知觉是自足的，所以，纯粹从知觉来的东西也是自足的，而且是永远属于知觉的；例如，真正艺术永远不会假，虽然经过长远的时间，也永远不可能被怀疑。因为真正艺术品所表现的不是意见而是事物本身。但是，对抽象知识来说，对理性来说，则在理论方面会出现怀疑和错误，在实际生活方面会出现忧虑和悲哀。在知觉表象中，错觉时常取代真相的地位。但是，在抽象思想范围中，错误可能延续千百年之久，可能支配世界上的所有国家，可能扩及于人类最高尚的本能。同时，由于受它役使和欺骗的人所推动，可能束缚那些原先无法欺骗的人们。它是各时代最有智慧的人们所反对的敌人，只有他们战胜这个敌人而得的结果，才是人类的收获。所以，当我们一踏上这块土地，就要立刻留心它。人们常常说，即使真理中看不到实际效用，也应该遵循真理，因为，它可能有间接效用，这种间接效用可能出现在人类最不期待它的时候。我要加上一句话，就是：即使在某种错误中看不到任何有害之处，还是应该尽力发现和拔除错误。因为它的害处可能是间接的，可能在我们不注意它的时候突然出现。而所有错误都有毒害。如果心灵使人类成为创造的主人，如果知识使人类成为创造的主人，那么就不可能有无害的错误，更不会有值得尊重的错误。而对那些无时无刻不在献身于克服错误的神圣战斗者的安慰而言，我不禁要说，只要真理不见，错误就会出现，就像猫头鹰和蝙蝠在夜间出现一样。但是，我们宁愿看到猫头鹰和蝙蝠驱走东边天际的太阳，也不愿看到曾经为我们所认识和完全表达的真理再度消失不见，而使过去的错误再次支配它的广大王国。这是真理的力量，它的征服是缓慢而费力的，但是，如果一旦获得胜利，就永远不会再被打倒。

我们现在所讨论的表象，根据它们的构成，可以归之时间、空间和物质，如果我们就客体方面考虑它们，或是就纯粹感性和悟性（即因果关系的知识）方面考虑它们，如果我们就主体方面考虑它们，那么，另一种知识能力便会出现在人类身上，这是一种完全新的意识，这种意识，可以称为“反省思维”（reflection）。因为，事实上，它是从知觉知识而来，也是知觉知识反映出来的现象。但是，在根本上它却获得一种完全不同的本质。知觉的种种形式不会影响它，对于它而言，甚至那支配一切客体的充足理由原则，也具有完全不同的一面。人类之所以能够思想而且使人类的意识与低等动物的意识完全不同，使他在这世上的行为与其他没有理性的动物也完全不同，就是因为这种新意识的缘故，就是因为这种与知觉无关的理性概念中对所有属于知觉者的抽象反射作用。人类的能力远优于这些没有理性作用的低等动物，人类的痛苦也多于它们。它们只活于现在，但人类除了活在现在之外，还活在过去和未来。它们满足当下的需要，人类却以最大的智虑为将来做准备，而且为那些不可卜知的未来日子做准备。它们完全依赖当前的印象，依赖可以觉察到的动机的结果；人类则常为与现在无关的抽象概念所决定。所以，人类遵循预先决定的计划，他的行为基于某些准则，和他的环境及当前的偶然印象无关。例如，人类可以安详地为自己的死亡做准备，他可以隐藏过去，而把秘密带到坟墓里去；最后，他在许多动机中选择某一动机。因为，同时出现于意识中的这些动机，只有在抽象方式中，才能提供关于它们自身的知识，即其中一个动机排除其他动机并因而在其对意志的支配力方面相互调整。最占优势的动机，即决定待解决问题的动机，是意志深思熟虑的决定因素，也是意志特性的确切表现。相反的，动物则决定于当前的印象，只有眼前威胁的恐惧才能抑制它的欲望；直到最后，这个恐惧习惯了，并且继续决定它。这称为训练。动物只能感觉和知觉。人除了感觉和知觉外，还能思想和认知；但两者都有意欲活动。动物以姿态和声音表达它的感情和倾向，人却用语言向别人传达自己的思想，或者，如果他愿意的话，他还可以隐藏自己的思想。语言是人类理性的第一个产物，也是必需的工具。所以，在希腊文和拉丁文中，语言和理性是用一个字来表示的；理性一字是从 vernehmen（相当于一种理性能力的听觉）引申来的，它不是动词“听”的同义词，而是对语言传达的思想所具意义的意识。惟有透过语言的助力，理性才完成它最重要的功能——几个人的联合行动、许多人有计划的合作、文明、国家；还有科学、经验的储藏、共同性质联结于一个概念、真理的传达、错误的传播、思想和诗歌、教理和迷信。动物在死的时候才认识死亡，但人类却在活着的时候已经无时无刻不知道自己在接近死亡。这种情形甚至使那不识人生这种不断消灭的特性的人，也会感到生命并不是完美的。虽然我们不能确定，我们最赞许的人类行为如自发的真正行为和高贵的情操是不是哲学或宗教的结果，然而，主要是由于上述理由，人类才产生哲学和宗教。我们可以说，各派哲学家的伟大惊人看法，与宗教教士的特殊甚至残酷习惯不同，当然都是它们的结果，都是这方面理性的产物。

每个时代，每个国家，大家都有一个普遍的看法，就是，这些多方面成就都产生于一个普遍原则，都产生于那明显属于人类而叫做理性的那种特殊智力。此外，我们不难发现这个能力的种种表现，在理性表现与人类其他能力和性质不同的地方，不难分别什么是合理的，什么是不合理的，最后，我们不难指出，即使最敏感的动物，由于缺乏理性的缘故，有些东西是无法从这些动物身上预期的。我们可以说，所有各时代的哲学家们，在这种一般性的理性知识方面，都是一样的，同时，他们指出了理性知识一些非常重要的表现；诸如情绪和激情的控制，作结论和形成普遍原则的能力，甚至像一切先验真理等等。

悟性只有一个功能——即因果关系的直接认识。但是，对实在世界的知觉以及一切常识、睿智和创造力，不管它们的应用如何五花八门，然而，很显然的，都只是这个功能的不同表现。同样，理性也只有一个功能；我们上述所说的一切使人生和其他动物生命具有别的理性的一切表现，都容易基于这个功能来解释。运用这个功能或不运用这个功能，就是我时常说的合理或不合理①。

虽然概念和知觉表象根本不同，但是，概念却与知觉表象有着必然的关系，如果没有这种关系，概念便不会存在。因此，这个关系构成概念的整个本质和存在。反省思维是表现最原始知觉世界的摹本或复制品，可是，却是一种内容完全不同的特殊摹本。因此，概念很可以称为表象的表象。这里，充足理由原则也是一种特殊形式。现在我们已经知道，充足理由原则出现于某类表象中的形式，就其包含表象而言，往往构成并综括了这类表象的整个本质。因此，时间完全是相续，没有别的；空间完全是位置，没有别的；物质完全是因果作用，没有别的。同样，概念的整个本质，或抽象观念之类，只是充足理由原则在其中表现的关系。同时，由于这是对知识基础的关系，所以，抽象观念的整个本质便只是对另一观念的关系，这是它的知识基础。第一，的确，这可能是一个概念，一个抽象观念，

① 可将这一节和《论充足理由原则》第三版第 26、27 两节比较。——原注

也可能只有一个同样的抽象知识基础；但许多知识基础的连锁并不无限地扩延；最后，它一定会产生一个基于知觉知识的概念。因为整个反省思维的世界建筑在知觉世界之上，以知觉世界为它认识的基础。因此，在这方面，抽象观念的类和其他类是不同的；在后者中，充足理由原则往往只需要一种对同类表象中另一观念的关系，但在抽象观念情形中，却需要对另一类中另一表象的关系。

正如我们刚才指出的，和知觉世界没有直接关系只透过某一概念或几个概念为媒介的那些概念，被称为抽象概念，而那些直接基于知觉世界的概念，则被称为具体概念。但是，后一名称只是概略地应用于那些用此名称指谓的概念；因为它们往往只是抽象概念，而不是知觉表象。第一种概念的例子，即完全抽象概念的例子，我们可以指出“关系”、“美德”、“研究”、“起始”等等。第二种概念的例子，即概略地称为具体概念的例子，我们可以指出“人”、“石”、“马”等等。如果不嫌太生动因而太荒谬不合理的话，我们可以称后者为反省思维的基层建筑，而称前者为反省思维的上层建筑。

在性质上，理性是女性的，它只在“受”了以后才能“给”。从它本身来看，它一无所有，只是一种作用的空洞形式。除了我所归属于逻辑真理的四个原则之外，没有绝对的纯粹合理知识；同一律，矛盾律，排中律和知识的充分理由。因为，即使逻辑的其余部分也不是绝对的纯粹合理知识。它以各种概念的种种关系和结合为先决条件。但是，一般概念只存在经验知觉表象之后，同时，由于它们的整个本质完全是它们和知觉表象的关系；所以，显然的它们需以知觉表象为先决条件。不过，不必先假设特殊内容，只假设一般内容的存在就够了。所以，从整个看来，逻辑可以看做纯粹理性科学。在所有其他科学中，理性从知觉表象中获得内容；数学从表现于一切经验之前的直觉或知觉中、空间和时间的种种关系中获得内容；在纯粹自然科学中，即我们所谓先于任何经验的自然过程中，科学的内容来自纯粹悟性，即来自因果法则及其与空间、时间的纯粹直觉或知觉之关联的先天知识。在其他所有科学中，凡不是产生刚才所说那些起源中的一切东西，都属于经验。一般说来，所谓合理认识就是借心灵能力（并能随意重复产生）产生判断，而这种判断的充足知识基础是本身以外的东西，即真实的东西。因此，只有抽象的认识才是理性知识；所以，它是理性的结果。因此，我们不能确切地说低等动物也能合理认识任何事物，即使它们能认识知觉中表现出来的东西，即使它们对这东西能有记忆力，即使它们也有想像力。我们说它们有意识，虽然这个字来自动词的“合理认识”，但意识概念总和任何一种表象符合。因此，我们说植物有生命，但没有意识。所以，理性知识是抽象意识，是理性概念中永久具有的，是用另一种方式来认知东西的概念中永久具有的。

3. 人类的意志

人类的意志是人类存在现象的真正内在本质，而存在现象则以表象形式表现于他的种种活动以及这些活动的永久基础即身体中，虽然他的意志没有完全变为主客赖以相对的表象形式，只以一种并不使他明显区别主体和客体的直接方式表现出来，而且，并非整个地表现出来，只以种种特殊活动表现出来，然而他的意志却是他意识中最直接的东西，凡是基于上面这种解释而获得这种抽象知识的人，凡是因此而明确了解每个人直接具体认识的东西如感情的人——我是说，凡是和我一样获得这种信念的人，都会发现，意志会给他一把打开那有关整个自然内在本质的知识的钥匙；因为，现在他不以吾人用外在直接或间接知识来认识自己的存在现象一般去认知意志。他将认识我们现在所说的这种意志，不但在那些和他自己类似的存在现象，即人类和动物身上，认识这个意志且把它看做是一切存在现象以及人类和动物的内在本质，而且，这个反省思维的过程会使他认识植物中生殖和成长的力量，形成结晶体的力量，使磁针指向北极的力量，两种不同金属接触时所感到的震动力量，物质中电的排拒和吸引力量，分解和结合力量，最后，甚至那遍布整个物质界的强大万有引力，那吸引石块落地以及地球为太阳吸引的万有引力——我想，他只会在存在现象方面，把这些力量看成不同的，但是在内在本质方面，会把它们看成相同的，会把它们当作自己亲身认识以及比任何东西都认识更清楚的东西，从它最明显的具体表现方面看，这东西叫做意志。只有运用这种反省思维，才使我们不再停在现象界，而达到物的自体。存在现象只是观念，没有别的。一切表象，不论哪一种，一切客体都是存在现象，只有意志才是物的自体。就作为物的自体来说，它根本不是表象，与表象完全不同；一切表象，一切客体只是它外在现象的表现，只是它可见的一面，只是它的客观化。而它是每一特殊东西的内在本质或中心，也是整个宇宙的内在本质或中心。它出现于每一盲目的自然势力中，也出现于人类预想的活动中；这两种表现方式之间的最大区别，只是表现的程度问题，不是所表现的东西本身的性质问题。

□

现在，如果我们想把物自体当作客体看待（我们希望保留康德的说法，因为它是有名的公式），就必须替它找一个名称和客体概念，物自体永远不是对象，因为所有客体只是它的具体表现。因此，它不可能是客体。但是，为了要当作悟性的线索，因此，除了成为它一切具体表现中最完整的表现以外，换句话说，除了成为最明显的和直接为知识所启发的东西外，不可能成为别的东西。现在，我们知道，这就是人类的意志。不过这里我们最好说，无论如何，我们只运用后天的命名，由此，透过这个意志概念获得了前所未有的更大的扩充。不同现象中相同者的认识，相同现象中不同者的认识，像柏拉图常常说的，是哲学的先决条件。但是，一直到目前为止，人们都没有认识，自然界各种活动的力量在本质上是和意志相同的，所以，不知五花八门的现象只是同种的不同类属表现，而被当作不同的而已。因此，没有一个字可以表示这个“种”的概念。

所以，我根据“种”的主要类属替这个“种”定名，这些主要类属的知识比较接近我们并且使我们获得有关其他类属的间接知识。但是，凡是能够把这个概念加以必要扩充的人，仍将陷入永久的误解中。因为，他对“意志”一词的了解，只是把它当作一向用来表示的类属，也就是为知识所指导的意志，而这种意志的具体表现只是随动机而来，其实只是随抽象动机而来，因此，也只产生于理性指导之下。我们已经说过，这只是意志具体表现中最明显的例子。现在，我们要在思想中明白分别我们直接认识的这个具体表现的内在本质，然后把它移到同样性质的一切比较微弱而不太明显的具体表现上，这样，我们将会对意志概念加以必要的扩充。从另一观点看，任何人，如果他认为不论我们用“意志”或其他字眼来表示一切现象的这一内在本性，最后都是一样的，那么，就同样地误解了我的思想。如果我们只是推想物自体的存在而间接地以抽象方式认识物自体，那么，情形就是如此。这样，我们便可以随便说它是什么；名称只是某一未知数的象征。但意志两字却像魔力一样的将自然界每样东西的内在本质展示于我们面前，根本不是一个未知数，根本不是可以只凭推想而认识的东西，它是浑全而直观的，我们对它非常熟悉，以致我们对意志的了解远超过对其他任何东西的了解。到现在为止，一般人都把意志概念附属于力量概念之下，但是，我却把这种情形完全改变过来，我要将自然界一切力量都视为意志，我们不要以为这只是文学上的遁辞。因为，像其他概念，在力量概念的基础上，最后都产生有关客观世界感官知觉的知识，换句话说，最后都产生有关现象或表象的知识；这个力量就是由这种知识构成的。它是从因果支配的范围中抽象出来的，换句话说，是从知觉表象中抽象出来的结果，只是指由原因构成的因果自然，这时候的因果自然不能更进一步以病源论来解释，却是一切解释病源论必要的先决条件。相反的，意志这个概念是一切可能概念中惟一非来自现象界的概念，是惟一非来自知觉表象的概念，是自内而来的概念，是从每个人直接意识中而来的，透过这个概念，每个人都根据自己的本性而直接认识自己的个性，离开一切形式，甚至离开主客形式，同时，意志概念就是这个性，因为，这里知识的主体和客体是同一个东西。所以，如果我们将力量概念归于意志概念，事实上等于把认识不太清楚的东西归于认识非常清楚的东西；就是归于我们真正直接而彻底认识的东西，同时，也大大地扩充了我们的知识。相反的，如果我们把意志概念归属于力量概念之下，像人们一向所做的一样，便抛弃了自己对这世界内在本质所具有的惟一直观力量，因为我们让它消失在一个从现象界抽象出来的概念中，因此，我们永远无法透过这个概念而超越出现象界之外。

□

当作物自体的意志和它的表面现象完全不同，不具备外在现象的一切形式，当意志表现出来时，首先便变为这种形式，所以，这种形式只涉及意志的客观表现，与意志本身毫无关系。甚至所有表象的最普遍形式即成为某一主体之客体的形式，也和它无关；附属于这种形式和充足理由原则中那些普遍表现的形式，更不必说了，我们知道，时间和空间就是属于这种形式，杂多性也是属于这种形式，杂多性只有透过这些形式才存在，也惟有透过这些形式才能存在。关于最后一点，我将称时间和空间为“个别化原理”（Prnicipium individuationis），这是从过去经院派借用的一个名词，我希望大家注意这个名词。因为，惟有透过时间和空间的媒介，才会使那在本性和概念上都属“同一”的东西，表现为不同的，表现为同时存在的杂多性和许多相续的现象。因此，时间和空间便是“个别化原理”，这是经院派哲学家间一个充满着微妙而争论不休的问题。根据以前所说的，我们知道，虽然意志的一切具体表现完全服从充足理由原则，然而，作为物自体的意志本身却在各种形式的充足理由原则范围之外，因此完全是无根据的。并且，它在时间和空间中的具体表现是无限的，然而它本身却没有杂多性。它本身是单一的，不过，这里所谓的单一，其意义与所谓“客体是单一的”这句话的意义不同，因为一个客体的统一性只能从杂多性相反的方面去了解；也和所谓“概念是单一的”这句话的意义不同，因为概念的统一性只产生于杂多性的抽象作用；意志的单一性则表示它在时间和空间之外，表示它在“个别化原理”即杂多可能性之外。只有当我们透过对现象和意志不同的具体表现的考察而彻底明了一切情形时，才会完全了解康德关于时间、空间和因果关系的学说，康德认为时间、空间和因果关系不属于物自体，只是认知的形式。

在意志最明显表现出来的地方，如人类的意志，的确使我们认识了意志的无原因性，这种无原因性称为自由的、独立的。但是，由于意志本身的这种无原因性，使我们忽略了意志具体表现所普遍服从的必然性，使我们把意志活动看做自由的，其实，意志活动并不自由。因为，每个人的行为都是严格地随着影响性格的动机而来。我们早已说过，一切必然性都是因果之间的关系，此外没有别的。充足理由原则是一切现象的普遍形式，而人在行动上，也像其他现象一样，必须服从充足理由原则。但是，由于自觉中意志是直接为我们所认识的，所以，在自觉意识中，也存有着自由意识。可是，我们忽略一个事实，即人并不是物自体的意志，只是意志的表现现象，个体或人属于现象形式之下，即充足理由原则之下。于是，便产生了一个奇妙的事实，即每个人都相信自己生而完全自由，即使个人行动也如此，并且以为自己可以随时开始另一种生活方式，就是说，可以随时变成另一个人。可是，由于后天的经验，人类发现自己并不是自由的，而是要服从必然法则；尽管人有许多决心和反省的思想，却无法改变自己的行为，从生到死，都要实现自己所咒骂的性格，并且似乎扮演自己所担当的角色，一直到死为止。目前，我无法在这个题目上多所讨论，因为它是伦理问题，而伦理问题属于本书的另一部分。现在，我只想指出，本身并无原因之意志现象，仍然服从必然法则，即服从充足理由原则，所以，在自然界许多现象彼此相随的必然性中，我们不曾发现任何东西足以使我们无法在自然现象中认识意志的具体表现。

只有那些除了某一动机外没有其他理由的变化，才被视为意志的具体表现。所以，从本质上看，意志只被视为属于人类的，充其量是认为动物也有意志罢了；因为，对知识来说，表象是动物生活的真正而独有的特色。但是，在动物的本能中，我们立刻发现，在没有知识引导的地方，意志也是活动的。动物具有表象和知识，这一点是无关重要的，因为它们还是根本不知道自己确切追求的目标。所以，在这种情形下，它们的行动是没有动机的，不是受表象引导的，同时，明白告诉我们，完全没有知识时，意志也是可以活动的。一岁大的鸟对自己作巢来保存的卵，没有观念；小蜘蛛对自己结网来捕捉的捕获物也没有观念；蚁狮对自己为群蚁所挖掘的战壕也没有任何观念。鹿角虫的幼虫在树上挖洞，要在洞中等待变形，如果它将要变为雄鹿角虫，所挖的洞就要比变为雌鹿角虫时的两倍大，这样，便有容纳角的地方，可是，对于这些，鹿角虫本身却毫无观念。在这些动物的这种活动中，像其他活动中一样，意志也显然发生作用，只是这种活动是盲目的活动而已，这种盲目活动实际上也有知识随之而起，但不受知识的引导。现在，如果我一旦了解，作为动机的表象并非意志活动的必要和根本条件，那么，我们会更容易认识那不太明显的意志活动。例如，我们会了解，人类所造的房子不是由于自己所具意志之外的另一意志，同样，蜗牛造窠也不是由于和蜗牛本身毫无关系的意志；但是，我们将在两者之中发现这两种现象中客观化的意志作用——在我们人类身上，这个意志是根据动机而发生作用的，可是，在蜗牛身上，则仍然是一种向外的盲目造型冲动。在人类身上，这同一意志，有许多地方，也只是盲目地活动：我们身体未受知识指导的一切活动，身体的一切生长过程、消化、循环、分泌、长大、生殖等。不但身体的活动是意志现象，是客观化的意志，是具体的意志，就是整个身体本身也是如此。因此，身体中所发生的一切现象，都是透过意志而进行的，不过这里所说的意志未受知识导引，只是根据原因的盲目活动，在这种情形下，所谓原因便是刺激（Stimuli）。

从最狭的意义上说，我所谓的原因是指一种事实状态，即当它必然带来另一状态时，本身遭受的改变和它所影响的东西一样大；所谓“活动和反应是相等的”这个法则，便表现了这一点。并且，在一般所谓原因的情形下，结果和原因同比例地增加，因此，反应也是一样。所以，一旦知道了作用的方式，结果的程度便可以从原因的强度中测度出来；反之，原因的强度也可以从结果的程度测度出来。正确地说，这种原因在一切机械化学等现象中发生作用；总之，在一切无机物体的变化中发生作用。相反的，我们所谓的“刺激”，是指一种并不产生与结果成比例的反应的原因，原因的强度并不和结果的强度直接成比例地变化，所以，结果无法从原因测度出来。相反的，刺激方面微小的增加，可能导致结果方面很大的增加，或者反过来说，也可以完全忽略以前的结果等等。所有在有机体上产生的结果都是属于这一种。所以，动物身体一切适当地有机和生长变化都应归因于刺激，不应归因于单纯的原因。

但是，像所有原因和动机一样，除了决定所有力量具体表现将要发生的时间和地点以外，刺激不会决定其他的东西，同时，刺激也不决定所表现出来力量的内在本质。基于以前的探讨，我们知道，这个内在本性就是意志，所以，我们将身体的不自觉和自觉的变化都归诸意志。刺激居两者之中，形成那随知识而来的因果关系的动机和最狭义的原因之间的过渡。在特殊情形下，有时候接近动机，有时候接近原因，但是，我们总可以把它和两者加以区别。例如，植物中引起汁液是由于刺激而来，也不能只用单纯原因加以解释，也不能根据水力学法则或毛细吸力加以解释；可是，这些的确对它有助，并且很接近纯粹因果变化。可是，在另一方面，毛毡苔和含羞草的活动，虽然还是随着单纯刺激而来，但是，却很像随动机而来的活动，并且，几乎像要变为随动机而来的活动似的。当光线加强时，眼睛瞳孔的收缩是由于刺激，但是，却变为由动机而产生的活动；因为，它之所以发生，是由于太强的光线引起视网膜痛的感觉，为了避免这种痛的感觉，我们便收缩瞳孔。产生勃起现象的时机是一种动机，因为它是一个观念，然而，它的作用却像刺激一样带有必然性，换句话说，是无法抗拒的，但是，我们必须把这观念摆开使它不再影响我们。消化东西的情形也是一样，消化引起呕吐的欲望。因此，我们把动物的本能看做随刺激而来的活动与随某一已知动机而来的活动之间完全不同的实际连锁。人们也许要我们把呼吸也看做这种连锁。人们在争论，它到底属于自动的活动还是非自动活动，换句话说，它到底是随刺激而产生的还是随动机而产生的，也许我们可以把它解释为两者之间的东西。贺尔（Marshall Hall 在《论神经系统的疾病》第二九三节）把它解释为一种混合作用，因为，它一部分受大脑（自动的）的影响，一部分受脊骨（非自动的）神经的影响。可是，最后我们不得不把它看做由动机而产生的许多意志表现之一。因为，其他动机亦即单纯观念，能够影响意志去控制它或使它加快，同时，像所有其他自动活动的情形一样，我们可以完全停止呼吸而自愿闷死。事实上，如果其他动机强烈地影响意志而使其压服这种呼吸空气的欲望时，是可以这样做的。由于某些理由，戴奥几尼斯[1]真用这种方式结束他的生命。据说有些黑人也这样做。如果真是这样的话，便给我们一个很好的例子，证明抽象动机的影响力，换句话说，证明理性的意志胜过单纯动物的意志。因为，所谓呼吸至少一部分受大脑活动影响的说法，由下面所述的事实显示出来了，即因氰酸而死亡的主要原因是它使大脑麻痹，因而间接地限制了呼吸；但是，如果用人工方法维持呼吸直到大脑的麻痹消失为止，死亡便不会发生。我们也可以说，对于下述事实，“呼吸”可以供给我们最明显的例子，即动机和刺激完全一样，两者的作用都具有必然性，或者说，动机和最狭义的原因完全一样，两者都具有必然性，只有相反的动机才能缓和它们的作用。因为，在呼吸这种情形下，所谓可以随意停止的这种错觉，远比其他随动机而产生的活动情形下为弱；在

① 戴奥几尼斯（Diogenes，公元前 412？–323）为希腊犬儒学派哲学家。——译注

呼吸中，动机是非常强大的，而它的满足也是很容易的，完成这种活动的肌肉永远不会疲劳，通常，没有什么东西可以阻碍它，而整个过程也为个体牢不可破的习惯所支持。可是，所有动机的作用，都带有同样的必然性。随动机及刺激而来的活动都具有必然性，这种认识使我们更容易了解，那种根据刺激及服从法则而在我们身体组织内发生的活动，仍然是意志，虽然这意志本身决不服从充足理由原则，然而，它的一切具体表现都服从充足理由原则，换句话说，都服从必然性[①]。因此，我们并不以承认下述事实为满足，即在动物的活动和整个生存、动物身体的结构和组织上看，动物是意志的具体表现；我们还要将人类特有的关于万物基本性质的这种直接认识扩充到植物方面。现在，我们可以说，植物的一切活动也是随刺激而来；由于知识的缺乏以及随知识所限制的动机而来的活动，构成动物和植物之间惟一基本的差别。所以，凡在表象方面表现为植物生命、单纯生长、盲目推动力的，根据它的内在本性，我们认为是意志，并且是构成我们现象存在的基础，正如我们种种活动中所显示的，也如我们身体本身整个存在中所显示的。

只有我们去采取最后步骤，将我们看万物的方式扩充到自然界依据普遍不变法则而活动的那些力量，那些根本没有器官，因而也没有接受刺激能力及作为动机必需条件之知识物体的活动，其产生是符合那些力量的。因而，我

① 这个问题在我的得奖论文《论意志之自由》中，曾加以详细地讨论。——原注

们要把那了解万物内在本性的钥匙（只有关于我们自身存在的直接知识才能带给我们）应用到离我们最远的无机世界的现象上去。如果我们留心考察，如果我们观察河水匆匆注入海洋的那种强大而不息的冲力，磁针永远指向北极的持久力，铁器驰向磁铁的迅速，电极重新结合的急切情形，以及像人类欲望一样急切随着阻力而增加情形；如果我们看到结晶体以非常规则的结构迅速而突然地形成，而这种规则的结构，显然只是结晶作用所获得和保存的不同方向的冲力；如果我们观察物体稀释于流体状态并从紧密结合状态中解放出来时，它们在彼此排拒和吸引、结合和分离方面的选择；最后，如果我们直接感到困累着我们身体的重压如何因地心吸力不断压迫着身体而使它倾向于地面的情形；如果我们观察所有这些现象，便不需多大的想像力就可以认识我们自己的本性。我们人类身上的这种力量，乃是透过知识而追求它的目标；但是，在它最微弱的具体表现中，只以片面和不变的方式盲目而默默地奋进，然而，在两种情形下，都应属于意志，因为它在到处都是一样的——正如早晨第一道朦胧曙光和日正当中的光线都应视为阳光一样。因为，意志这个名称表示这世界万物内在本性以及一切现象的中心。

然而，无机自然界的种种现象与意志之间外表上的微少绝对差别，主要是由于一类现象完全服从法则而另一类现象则显然自由。因为在人类身上，我们强烈地感到人有个性，每个人都有他自己的性格；所以同样的动机，对每个人的影响并不一样，这由于在个人广大的知识领域中，存在着许多为人所不知的情境，而此种情境的是各个人都不同的。所以，我们不能只根据动机而预先决定活动，因为缺乏其他因素，如精确地认识个人的性格以及随性格而来的知识。另一方面，自然力量的许多现象则说明了相反的情形。它们根据普遍法则活动，没有变化，没有符合显明环境的个性；同样的自然力量以相同方式出现于无数现象中。为了说明这一点，为了证明在所有不同现象中意志的不可分与同一性，为了证明出现于最微弱现象也出现最强大现象中的不可分的意志的同一性，首先我们要考察作为物自体的意志对其种种现象之间的关系，换句话说，即意志世界和表象世界之间的关系；因为，这使我们获得最好的方法对我们在本书第二卷占讨论的整个问题，加以更彻底的研究。

4. 生命因意志而在

我希望前面已使读者明确了解了表象世界完全是意志的反映，在表象世界中，意志的自觉一步一步地趋向明显和完整，其最高阶段则是人类，不过，人类的本性只有透过一套相互关联的行动才能获得彻底的表现。理性可以使这些行动达到自觉的境地，可以使人类不断以抽象方式纵观全体。

从意志本身来看，意志是不自觉的，只是一种不断的盲目冲动，正如我们在无机界和植物界及其法则中所看到的一样，也像我们自己生命中属于生物部分中所看到的一样，这种盲目冲动的意志，透过表象世界的附加物而获得有关本身意欲活动及其所意欲者的知识。这不是别的，就是表象世界，就是生命。所以，我们说现象世界是意志的反映，是意志的客观表现。由于意志所意欲的往往是生活，而生活又不是别的，只是那意欲观念的表现，所以，如果我们不说“意志”而说“生活意志”的话，那是多余的赘言。

意志是物自体，是内在内容，是世界的本质。生命、可见的世界、现象，只是意志的反映。所以，生命因意志而起，如影随形一样地与意志分不开；如果意志存在，生命、世界便也存在。所以，生命就是确保生活意志，只要我们充满着生活意志，就不必恐惧自己的生存，即使面对死亡时也是如此。诚然，我们看到个体的生生灭灭，但个体只是现象，个体只在充足理由原则，个体化原则（Principium individuationis）分不开的知识上才存在。当然，对这种知识来说，个体由此获得生命，而把生命当作一种赐予，然则个体实来自于空无，因此，由于死亡的关系，便失去了这种赐予，复归于无物。但是，我们希望从哲学的观点来看生命，换句话说，就是根据生命的理念来看生命，在这个范围内，我们将发现，意志，一切现象中的物自体，知觉这些现象的认知主体等，根本不受生死的影响。生死只属于意志的现象，因此，也只属于生命；意志现象必定表现于生生灭灭的个体上，当作时间形式中出现的无常现象——这种现象背后的东西，本身根本不知道时间的存在，但必须以我们所说的方式表现出来，以便使它的特性客观化。生死都属于生命，是两个彼此相互平衡的现象，如果愿意的话，也可以说，生死是生命现象的两极。在所有神话中最富于智慧的印度神话把死亡现象归于象征破坏之神（如三位一体神中最罪恶最低下的婆罗门象征创造生殖，维修奴（Vishnu）象征保存）来表示这种情形，就是说，不但以骷髅项链作宇宙破坏者湿婆（Siva）的象征，也以男性生殖器作他的象征，来说明生死现象，男性生殖器是生殖的象征，这是表示与死亡对立，这告诉我们，生殖和死亡是两个根本相关的现象，两者相互冲淡、相互抵消。同样的感情使古代希腊罗马人装饰他们昂贵而雕刻精美的石棺，正如我们现在所看到的一样，这些石棺上刻饰着响宴、舞蹈、结婚仪典、狩猎、狂歌热舞等；这样，他们表现着生命的热情，不但借这种狂欢和运动把生命的热情摆在我们面前，而且还借肉体的逸乐来表示，甚至表现人羊神和山羊的性交。显然，他们的目的是用最动人的方式使人忘却个人死亡的悲伤而显出自然的不朽生命，因此，虽没有抽象的知识，却告诉我们整个自然都是生活意志的现象和完成。这个现象的形式是时间、空间和因果关系，由于这些个体化作用而带来一种结果，即个体必将生生灭灭。个体只是生活意志的特殊表现，但个体的生灭对生活意志的影响并不大过个体死亡对整个自然的损害。因为“自然”所关心的不是个体而是族类，自然尽量保存族类，自然供给族类丰富的种子和生殖冲动的大力量。相反的，对“自然”来说，个体既无价值，也不可能有价值，因为自然王国是无限的时间和空间，也在这些无限杂多的可能个体中。所以，自然让个体毁坏，因此，不但有千千万万的方式使个体因偶然事故而遭受毁灭，而且，也注定如此，自然在完成保存种族的目标时，就使个体具有趋向毁灭的命运。自然只表现下述伟大的真理，即只有理念才有实在性，个体是没有实在性的，换句话说，只有理念才是意志的彻底客观表现。现在，既然人就是自然，就是达到最高意识阶段的自然，而自然又只是客观化的生活意志，那么，凡是了解而抱持这个观点的人，当他想到自己和友人的死亡时，把眼光转向自然的不朽生命便可以自我安慰，因为他自己就是自然。这就是具有男性生殖器像的宇宙破坏者湿婆的意义，也是古代刻着光辉生命情景的精美石棺的意义。

我们要特别认清，意志现象的形式，生命或实在的形式，只是存于现在，不是未来，也不是过去。后者只存在于概念中，如果遵循充足理由原则的话，只存在于知识的关联中。没有人曾生活于过去，也没有人会生活于未来；“现在”是生命的惟一形式，也是永远不能从生命中拿走的可靠财富。“现在”永远和它的内容同时存在，两者永远固定而不动摇，好像瀑布上空的虹一样。因为，生命固定于意志之中，而现在则固定于生命之中。当然，如果我们想想过去数千年，如果我们想想这数千年中千百万人们，我们会问，他们是什么样的人？他们变成了什么？但是，另一方面，我们只要回想自己过去的生活并在想像中重新恢复过去的情景，然后再问问，这整个过去的生活情景是什么？它变成了什么？这过去的生活对我们怎么样，对那千百万人的生活也是怎么样。或者，我们是不是应该假设，因“过去”被死亡所决定，所以我们才能够获得新的存在呢？我们自己的过去，过去中最近的一段时间，甚至昨天，在现在看起来，只是空虚的幻梦，千百万人的过去也都是如此。过去是什么呢？现在又是什么呢？反映生命的意志，和摆脱意志的知识，知识在生命的镜子里清晰地看到意志。凡没有认识这点的人，或不愿意承认这点的人，一定要在上述关于过去许多世代人类命运问题之外，提出下述问题：为什么这问话的人如此幸运能够认识这宝贵的，匆匆即逝的和惟一实在的现在，而过去许多世代中千百万人们甚至英雄和哲学家却陷入黑暗中而归于无物；只有他，只有他无足轻重的自我才实际存在呢？或者更简单地说：为什么这现在，他的现在只是现在而不是长久以前呢？由于他提出这种奇怪的问题，因此，他认为自己的存在和时间没有关系，而认为前者延伸到后者。他确具两个“现在”——一个现在属于客体，另一个现在属于主体，同时，他对这两个现在的一致性所带来的偶然现象感到惊异。但是，事实上，只有客体（它的形式是时间）和主体（主体没有把充足理由原则当作形式）的接触点，才构成现在，正如在讨论充足理由原则的论文中所表示的。现在，如果客体对象变为表象，那么，客体对象便是意志，而主体则与客体必然相关。但是，真正的客体对象，只在现在，过去和未来只含有概念和想像；所以，“现在”是意志现象的根本形式，“现在”和意志是无法分开的。只有“现在”是永远存在的和永远固定的。从经验上看，形上观察力（看到经验知觉形式以外的能力），把一切短暂事物中最短暂的事物看成惟一持久的东西，其内容的根源和支持者是生活意志或物自体——人类本身就是生活意志。凡是不断变化和消灭的事物，凡是过去或现在存在的事物，由于种种产生生灭现象形式的缘故，都属于现象界。因此，我们应该想：过去是什么？是现在的玩意儿，将来是什么？是过去那玩意儿。对意志来说，生命是确定的，对生命来说，“现在”是确定的。每个人都可以说，“最后，我是‘现在’的主人，它会像我的影子一样永远随着我：所以，它从那里来，为什么正是现在，对于这些，我并不感到惊奇。”我们可以拿时间和不断旋转的球面相比：永远下沉的一半代表过去，而永远上升的一半则代表未来，但切线所接触的顶端不可分的点则代表没有广度的现在。切线不随球面旋转，“现在”也是如此，客体（它的形式是时间）和主体（没有形式）相接之点，也是如此，因为它不属于可知现象，而是一切可知现象的条件。或者说，时间像永不止息的河流，而“现在”则是河水流过的石块，但河水没有把石块卷走。作为物自体的意志，和知识主体同样不受充足理由原则的支配，从某方面看，知识主体最后就是意志本身或意志的表现。对意志来说，生命是确定的，生命的现象是确定的，同样，“现在”也是如此，这真实生命的惟一形式也是如此。所以，我们不必探讨出生之前的过去，也不必探讨死亡之后的未来：我们要认识现在，要认识这表现意志的形式。现在不会摆开意志，意志也不会摆开现在。所以，如果生命真能令人满足，那么，凡是以各种方式肯定生命的人，都可以认为生命是无限的，除去对死亡的恐惧，把死亡当作幻象，原来幻象使他变得愚笨地畏惧那可能永远剥夺他的现在而预示没有现在的时间；这是时间方面的幻象，与空间方面的幻象相似，由于空间的幻象，每个人都以为自己在地球上所占的位置在上，而其他所有地点则在下。同样，每个人都把现在和自己的个体性连在一起，以为整个现在完全在此，以为过去和未来是没有“现在”的。但是，正如地球表面每一个地方都是在上一样，整个生命的形式也都是现在，因死亡夺去我们的现在而恐惧死亡，正如恐惧自己可能从地球表面滑倒一样的愚笨。“现在”是意志客观化最重要的形式。“现在”把时间分割，从两个方向无限地延伸，好像数学上的点一样，并且固定不动。像没有凄冷夜晚而永远的日正当中一样，太阳似乎将沉入黑夜的怀抱，其实是不断地燃烧着。所以，如果一个人恐惧死亡，以为死亡是自己末日的话，就好像他以为太阳会在夜里大叫“伤心啊！我落入永久的黑夜。”相反的，凡是背负着生命重压的人，凡是对生命抱着希望并肯定生命，但却憎恶生命的痛苦尤其是无法再忍受艰苦命运的人，将无法从死亡期求解脱，也无法以自杀来改进自己。冥府的凄冷阴影诱惑着他，成为现在安息之所的虚假外表。大地日以继夜地转动，人一个一个地死去，但太阳却不断地照耀着，永远日正当中。对生活意志来说，生命是确定的，生命的形式是无穷的现在，尽管个体、理念的现象在时间中生生灭灭，像瞬息即逝的梦幻一样。因此，纵使我们早已知道自杀是一种徒劳无益愚笨行为；但是，当我们进一步探讨时，更会觉得自杀是一种可耻的行为。

这一点我们已经认识得很清楚，虽然意志的特殊现象在时间上有起始有终结，但作为物自体的意志本身却并未受它影响，与一切对象相关的认知而不被认知的主体也没有受它影响，对意志来说，生命永远是确定的——这点不应算是不朽论。因为永久性并不比短暂性更需要意志或认知主体即世界的灵魂之窗，因为两者都是只在时间中才有效的属性，而意志和纯粹认知主体却在时间之外。从我们以前所表现的观点来看，个人的自我主义（认知主体所启发的特殊意志现象）不能为他永远存在的愿望带来满足和慰藉，正如他无法因知道在自己死后那永恒世界仍将继续存在而感到满足和慰藉一样，知道自己死后这世界仍将继续存在，这一点正是那由客观看来同一观点的表现，也是从时间上看来同一观点的表现。只有当作现象时，个人才是短暂的，但是，在作为物自体时，则是超时间的，是无限的。但，只有当作现象时，个人才和这世界上其他东西不同；如果作为物自体，便是出现于一切东西中的意志，死亡打破了那个将他意识和其他的意识分开的幻象错觉：这就是不朽。他的不死（这只属于物自体），对现象来说，和外界其他东西的不灭是一样的。因此，又产生了下述情形，即虽然已被我们变为明白知识的那种内心所感觉到的不朽意识，像以前所说的，的确够使我们想到死亡时而不致毒害理性的生命，因为，只要它面对生命并注意到生命，这个意识便是一种对生命的爱，这种爱维持万物生存并使万物像继续存在下去，然而，却不会使人不受死亡恐惧的侵袭，而当某种特殊实际情形甚或想像中碰到死亡威胁时以种种方法逃避死亡，并且，他亦不得不考虑死亡。正如只要他认识那种生命时，便不得不承认生命中的不朽一样，当他面对死亡时，也不得不承认死亡的事实，即时间中的特殊现象在时间中的终结。我们在死亡中感到恐惧的根本不是痛苦，因为痛苦显然是死亡以前的事，并且，我们时常借死亡来逃避痛苦，正如有时候在相反情形下，虽明知死亡即将来临，却只为暂时逃避死亡而忍受极大痛苦一样。因此我们把痛苦和死亡区别为两种完全不同的灾祸。我们在死亡中所恐惧的是个人的终结，同时，由于个人是生活意志的特殊客观化，所以它的整个本性都在与死亡搏斗。现在，当我们的感情使自己感到无助时，我们的理性便加入进来，而且大多是克服了不利影响，因为理性使我们达到更高层次，从这较高层次，我们所想的不再是特殊的东西，而是全体。所以，在这个观点之下，获得了本书中现已达到而过去未曾超越的关于世界本质的哲学知识，也能克服对死亡的恐怖，克服的程度则视个人思想力量大过感情力量到什么程度而定。如果一个人彻底了解我们早就提出的真理，但未从本身经验或更深一层的领悟中认识痛苦乃生命之所必需，如果他在生命中寻求满足自己所希望的一切东西，如果他能平静而审慎地希望自己的生命像向来所了解的一样，将永远继续存在或不断更新，如果他对生命的爱非常强烈，强到足以使自己愿意接受为追求快乐而带来的一切艰苦和不幸——这种人会无所畏惧。他会怀着我们给他的知识，漠然无动于衷地等待即将来临的死亡。他会把死亡看作是虚假的幻像，看作是没有力量的幽灵，这些可以使弱者感到害怕，对他却毫无力量，因为他知道自己就是那具体表现整个世界的意志，他永远相信生命，也永远相信那意志现象惟一特殊形式的现在。他不会因无限的过去或将来而感到可怕，他会把过去或未来当作魔耶之网的空虚幻象。因此，他对死亡不会感到恐惧，就像太阳不会恐惧夜晚一样。在《薄迦梵经》（Bhagavad-Gita）中，当有修将军（Arzuna）看到成列的军队感到良心不安，而灰心丧气希望放弃战争以避免成千成万的人死亡时，黑天上帝（Krishna）便提醒这位弟子的注意。黑天上帝使他认识这一点，成千成万的死亡不能再阻止他了；于是，便发出战争的信号。在歌德的《普罗米修斯》（Prometheus）中，尤其是当他说下面这段话时——

“我坐在这里，用自己的形象
塑造人类，
一种像我自己的种族，
受苦、哭泣，
像我一样，
看不到你们
欢乐、享受。”

所谓“意志自我肯定”意思是说在意志的客观表现中，换句话说，在意志客观化于现实世界和生命中，意志所具有的本质使它明显地成为表象时，这种认识根本没有阻碍它的意志力；但是，具有这种认识的意志却自觉而深思熟虑地欲求生命，正如过去盲目地欲求生命一样。如果，获得这种知识时意志力终结了，那么，生活意志的否定便表现出来了，因为，所知的特殊具体现象不再是意欲活动的动机，但那因认识理念而形成的关于世界本质的知识即意志的反映，却成为意志之火的熄灭者；经过这样自由化以后，意志自行抑制了。这些不常见的概念，如果用一般方式来表示，是很难了解的；但是，我们希望透过即将提出对现象的解释，尤其是关于行动方面的解释，来了解这些概念，这些对现象的解释一方面表现意志各个阶段的肯定，另一方面又表现各个阶段的否定。因为两者都是从知识来的，不过，不是从那以语言文字表达的知识来的，而是从活的知识来的，这种活的知识只是以行动和行为表示的，也是不受独断见解影响的。我的目的只是显示两者并使两者成为清晰的理性知识的对象，不是规定这个或规定那个，这样不但愚笨，也没有用；因为意志本身是绝对自由和完全自决的，也无任何法则可循。在我们继续前面所说的解释以前，先要解释并确切界定这种自由及其与必然之间的关系。而且，关于生命问题（生命的肯定和否定是我们所要讨论的问题），我们应该插上几句与意志及其对象有关的话。透过这些，会更容易了解我们现在所追求的知识的内在本质，会更容易了解行动方法的道德意义的内在本质。

5. 意志的自由

所谓意志是自由的，这种看法是下述事实的结果：即根据我们的观点，意志是物自体，是一切现象的内容。另一方面，我们认为一切现象都是绝对服从充足理由原则的四种形式的。同时，由于我们知道必然性和特定理由的结果是完全相同，且是可以彼此通用的概念，所以一切属于现象的东西，换句话说，一切成为个别认知主体的对象，一方面是理由，另一方面又是结果；同时在最后性能方面，是以绝对必然性而决定的，所以在任何方面，都不能和现在情形有异。因此自然界的全部内容，一切自然现象，完全是必然的，而每一部分、每一现象、每一事件的必然性都是可以证明的，我们一定可以找出产生它的理由。这一点没有例外：这是因为充足理由原则无限有效的结果。不过，另一方面，对我们来说，这同一世界，这世界中一切现象都是意志的客观表现。而意志呢，因为它不是现象，所以不是表象或对象，而是物自体，同时也不服从一切对象形式的充足理由原则；因此，不是任何理由所决定的结果，没有必然性，换句话说，是自由的。正确地说，自由概念是个消极性概念，因为它的内容只是对必然性的否定，换句话说，只是对结果和理由之间根据充足理由原则所产生的关系之否定。现在，我们明显地看到解决自由和必然性合在一起时所产生这个大矛盾的方法，近来常常有人讨论这个问题，不过，就我所知，他们的讨论绝对是不清楚、不充分的。就作为现象，作为对象来说，一切东西都是绝对必然的：本体是意志，而意志则是彻底自由的。现象、对象必然无法改变地决定于那不容间断的因果连锁。但是，这个对象的普遍性存在和特殊本质，亦即对象中显示的理念，或者换句话说，对象的特性，是意志的直接具体表现。因此，和意志的自由一致，对象可能根本不存在，或者说，从根本上看，对象可能是和实际情形完全不同的东西，不过在这种情形下，作为其中一环并为同一意志具体表现的整个连锁，也会完全不同。但是，如果一旦存在，便已进入因果连锁中，便永远决定于它，既不能变为别的东西，换句话说，既不能改变自己，也不能脱离这个连锁，也不能消灭。像自然界其他部分一样，人也是意志的客观表现；所以，我们所说的一切也可以用在人身上。正如自然界一切东西都有其力量和性质，而当这些力量和性质受到外来影响时便以一定方式发生反应并形成本身的特性一样，人也有性格，基于他的性格，种种动机必然导致种种的行动。他的经验性格表现于这个行为方式中，他的睿智性格即意志也表现于这个行为方式中。人是意志最完全的现象表现，同时，像我在本书第二篇中所解释的，人需要高度知识的帮助来保存自己，在这种知识中我们可以看到在一种表象形式下关于世界本质完全充分的摹本：这是对理念的了解，是世界的明镜，像我们在本书第三编所认识的。因此，在人类身上，意志可以达到充分的自觉，可以明白而彻底了解自身的本质，像在整个世界中反映出来一样。在前编中，我们知道，艺术产生于这种知识的实际显现；而在全书最后结束时，我们更会看到，由于这种知识的关系，意志可能表现出彻底的自我否定。在其他情形下决不能表现于现象中的自由，然则在这种情形下，却表现于现象中了，同时，由于废除了现象基础中的本质而后者却仍然存在于时间中，便产生了现象的自我矛盾，并在这种方式下表现出神圣和自我牺牲的现象。但是，只有在本书结束时，才能充分了解这一点。刚刚所说的，只是从下述事实中概略表示人如何和意志的其他一切现象不同，这里所谓的事实是指：自由，换句话说，只属于物自体（意志），和现象相矛盾的那种独立于充足理由原则的情形，在人类身上，也可能表现于现象中，不过，它必然表现为现象的自我矛盾。在这个意义上说，不但意志可以称为自由的因而和其他一切东西不同，人也是如此。只有透过将要跟着发生的一切才能了解应该如何去了解这点，目前，我们要完全离开这一点。因为，首先，我们要认清一个错误的看法，即认为个人行动并没有必然性，换句话说，认为动机的力量不像原因的力量那样确定，或者说，不像从前所提出的结论那样确定。如果，像我们所说的，离开前面提到的特殊例外情形，那么，意志（物自体）的自由便根本不会直接涉及它的现象，甚至在现象达到最明显地步的情形中也是如此，因此，也不会涉及具有个性的理性动物即人类身上。虽然人是一种自由意志的现象，但是，人绝不是自由的；因为人是这意志自由决意作用的所决定的现象，同时，由于人受对象形式即充足理由原则的支配，所以，人在许多行动中的确显示了意志的统一性，但是，由于意志活动本身超时间的统一性，这许多行动便显示出和某种自然力量的法则一致。不过，可以在人身上及其所有行为中看到的，就是那自由决意活动，这自由决意活动和人之间的关系就像概念和定义之间的关系，人的每一个别行动应该归因于自由意志并在意识中直接显示如此。所以，像本书第二编中所说的，每个人都先天地认为自己的个别行动是自由的，意思是说，在每一特定情形下，对他来说，每一行动都是可能的，他只是从经验和基于经验的思想中了解，自己的行动绝对必然地产生于性格动机的一致。我们发现，没有受过教育的人，因为只受感情的支配，所以在种种特殊行动中显然主张完全的自由，可是，所有各时代的伟大思想家和比较有深度的宗教教义却都否定这一点。如果一个人明白了解，人的整个本质是意志，人本身只是这意志的现象，同时，即使从主体来看，这现象也是以充足理由原则为其必然形式，这里，充足理由原则是以“刺激法则”（law of motivation）的方式出现的——那么，这种人会认为，当某一特定性格得到动机时，如果我们怀疑某一行动的必然性质，那是荒谬不合理的，就像我们怀疑任何三角形之三角等于两直角一样。

从理智的态度看意志，便会在意志的经验自由方面（不是超验自由，其实，只有超验自由才属于它）产生错误，也在意志特殊活动的自由方面产生错误，这与事实不符，事实上，作为真正物自体的意志，确是原始的和独立的，并且，当我们感觉到它的原始性和绝对性以后，随之而来的必然是它的自觉活动，不过，这里，它们早被决定了。理智只是从经验中认识意志的最后决定；所以，当遇到需作选择的情形时，理智没有任何资料可以预知意志将作何种决定。因为，理智只会透过意志的不断特殊活动而认识经验性格，却不会认识睿智性格，根据睿智性格，当遇到几种刺激时，只能有一个选择，因此，也必然只有一个选择。所以，对理智来说，在某一特定情形下，意志似乎可作两种完全相反的决定。但是，这种情形好像我们看到一具已失平衡两边上下起落的天平时说“它可能落到右边，也可能落到左边”一样。这一点只能具有主观的意义，实际上也是指“就我们所知的资料而论”。从客观立场看，一旦失去平衡，下落的方向必然确定了。因此，一个人意志的决定只有旁观者看来是不确定的，只有自己的理智看来是不确定的，对认知的主体来说，则是相对的和主观的。另一方面，从它本身客观地来看，遇到任何需作选择的情形时，它的决心便是确定而又必然的。但是，只有透过决心才能认识这个决定。的确，当我们处在一尚未到来而只是希望的情况下，面对任何困难和重要选择时，于此我们便获得一种经验的证明，这个时候，我们什么也不能做，只要保持被动。现在，我们想想，当某些情况中意志给我们自由活动和选择的机会时，我们会怎样做。一般地说，理性深思熟虑的远见要我们作某一决定，可是，我们的直接意愿却倾向其他决定。只要我们保持被动时，理性的一面似乎希望保持优势；但是，当行动的机会来临时，直观这一方面却会如何强烈地影响我们。到那时候，我们会很想冷静地思考正反两面以便彻底看清两方面的动机刺激，因此当时机来临时，每个动机刺激都会尽量影响意志，同时，如果一切动机刺激都对意志有适当的影响力，那么，理智方面的错误就不会使它误作不当的决定。两种相反动机刺激的明显展开，是理智惟一能够有助于选择的。理智被动地并且带着好奇心等待实际的决定，好像是外来似的。从它的观点来看，两种决定似乎都是可能的，这就是意志在经验自由方面的错误。当然，从经验上看：这个决定完全属于理智范围之内，是这问题的最后结果；它是个人意志与种种特定动机相冲突因而也与必然性冲突时，其内在本质、睿智性格所产生的。除了彻底显示这些刺激动机的本质以外，理智更无别的事可做了，它无法确定意志本身；因为意志是很难为理智接近的，也是无法加以研究的。

肯定意志的经验自由、绝对自由，正符合那种将人类内在本质置于“心灵”（Soul）中的说法，心灵本是一种认知活动，一种抽象思维性质，也因这个缘故才是一种意欲性质——这种说法把意志看做次要的性质，其实，知识才是次要的。过去有人把意志视为思想活动，认为意志和判断相同，尤其是笛卡儿和斯宾诺莎主张这种说法。根据这个说法，每个人只需透过自己的知识而成为什么样的人；他必然来到这世界，像一个在道德上无价值的人，去认识这世上的事物，由此决定成为这样的人或那样的人，做这样或那样的事情，他也可以透过新知识而获得新的行动路线，换句话说，变成另外一个人。并且，他先要知道某个东西好，然后才欲求它，并不是先欲求它，然后才说它好。根据我的看法，这种说法真是把关系颠倒了。意志是最先的、最根本的，知识只是加在意志之上的，是属于意志现象的工具。所以每个人之所以成为什么样的人，是因为他的意志的缘故，而他的性格是最先的，因为意欲活动是他所具本性的基础。透过加在意志上的知识，他可以在经验过程中渐渐认识自己是什么样的人，换句话说，他了解了自己的性格。由于他意志的本质以及根据意志的本质，他认识了自己，并不是由于他的认知活动以及根据他的认知活动，来从事意欲活动。根据后一种看法，只要他想一想自己喜欢成为什么样的人，就会成为什么样的人；这就是所谓意志自由的说法。这种看法的实际意义是说，人是自己根据知识而创造的结果。相反的，我却认为，人是在一切知识之前由自己所创造的结果，人的知识只是后来加上去以便开导认识这创造结果的。所以，人不能决定自己成为这样的人或那样的人，也不能变为另外一种人；他一旦成为什么样的人，就是什么样的人，而人在经验过程中认识自己是什么样的人。根据前一种说法，人欲求自己所知的东西，根据后另一种说法，人认识自己所欲求的东西。

确定性格或行为具体表现的刺激动机，透过知识的媒介影响性格或行为的表现。但知识是可以改变，而且常常在真理和错误两方面游移不定，可是，通常会在生活过程中不断加以矫正，虽然矫正的程度有很大的差别。所以，一个人的行为可能有明显的改变，然而却不能说他的性格已被改变了。人实际上所欲求的，他内在本质的奋斗以及根据这奋斗而追求的目的，这些是我们永远无法用教育方式以外来影响力使它发生变化的，否则的话，便可以改变人了。辛尼加（Seneca）说得好，意志活动是不能教导的；所以，他宁愿要真理而不要他的斯多噶派哲学家，因为这些哲学家教我们说美德可以授受。意志只能受外来刺激动机的影响。但是，这些决不能改变意志本身；因为，外来刺激动机只在下述前提之下才能影响意志，即意志本身希望如此。这些刺激动机惟一能做的就是改变意志的活动方向。换句话说，使意志觉得应该用另一种方式来追求它不断在追求的东西。所以，教育、进步的知识，换句话说，外来的影响，确能使意志知道所用的方法有错，因此也能使意志知道，根据自身内在本质坚决追求的目的，应该从另一条与过去完全不同的道路去追求，也应该在某一与过去完全不同的对象上去追求。但是，却永远无法使意志欲求那与向来所欲求者不同的东西，这一点仍然是无法改变的，因为意志只是这欲求活动本身。不过，前者，即知识的可能改变性，以及因知识而来的行为的可能改变性，所能达到的程度，以意志所要达到它不能改变的目的为限，例如追求穆罕默德的天堂，有时在现实世界中用这种方法，有时在想像世界中又用那种方法。因此，在第一种情形中，运用智虑、势力和欺骗的方法；在第二种情形中，则运用禁戒、正义、施舍和麦加朝圣等方法。但是它的活动并没有因此而有所改变，意志本身更不会改变。尽管它的活动在不同时间有不同的表现，然而，它的意志活动却永远是一样的。

对那些引起行动的刺激动机来说，它们不但应该表现出来，也应该为人所知；根据经院派哲学家一句有名的话：

最后因并不依照它的真正“存在”发挥影响力，所依照的只是被认知的“存在”。例如，要使某人身上自私与同情之间的关系能够表现出来，光是拥有财富并看到别人的贫乏是不够的，还要他知道能用自己财富为自己和他人做些什么事：不但要使他看到别人痛苦，还要他知道所谓痛苦和快乐到底是怎么回事。也许，他对这种情形的了解，头一次不如第二次清楚；如果在同样情形下他的行为有不同的表现，那只是因下述事实的结果，即他所认知的那部分环境，虽然表面看来一样，实际上却是不同的。正如忽略实际存在的种种情况会使其失去影响力一样，另一方面，想像的情况，也可能表现得像真实情况一样，不但在特定的欺骗情形下如此，而且普遍如此。例如，如果一个人相信一良善行动会使他在来生获得百倍的报偿，那么，这种信心对他的影响正如远期票据一样，他可能基于自私心理来布施。他不曾改变自己：意志活动是不能教导的。在意志仍然不能改变的时候，就是由于知识对行动的这种巨大影响力而使性格发展，也使性格种种不同特征一点一滴地表现出来。所以，生活的不同时期，它的表现便各不相同，同时，在冲动、放荡的少年时期以后，接着来的可能是沉着、冷静的壮年时期。尤其是，性格中不好的部分往往会随时着时间的前进而表现得更强烈，然而，有时候，少年时期支配着人的情绪，以后会自动地受到约束限制，因为只有这时候才认识与此相反的刺激动机。我们都知道，每个人最初都是纯洁的，而这只表示，人都不知道自己本性的邪恶；本性的邪恶只有因动机才表现出来，而动机也只在时间中才出现于知识中。最后，我们所认识的自己和当初想像的完全不同，由此之故，遂时常对自己产生一种悲惧之感。

作为刺激动机媒介物的知识对意志在行动的表现而非对意志本身所发挥的影响，也是人类行动和动物行动间主要不同的原因，因为人类和动物的认知方法不同。动物只有感觉知识，而人类因有理性的关系，所以也有抽象观念即概念。虽然人类和动物都同样必然地受各自的刺激动机所决定，然而，人与动物不同，人有完全的自由选择，这种完全的选择，尽管只是几个动机之间可能有的对立冲突，其中最强烈的必然会决定这种选择，但却时常被看做特殊行动中的意志自由。因此，动机必须采取抽象思想的形式，因为，实际上，只有透过这些采取抽象思想形式的动机，才能产生深思熟虑即权衡行动的对立相反理由。动物只能在自己面对的知觉刺激动机中加以选择，因此，选择的范围有限，只限于当前的感官知觉。所以，像原因决定结果那样的动机决定意志的必然性，只能在动物身上直接感觉出来，在这里，旁观者也直接面对着与其结果完全相同的刺激动机；而在人类身上则不同，动机几乎都是抽象观念，这些抽象观念没有传达给旁观者，甚至对行动者本人来说，其结果的必然性也隐藏在矛盾冲突背后。因为只有在抽象方式中，几个观念诸如判断和一连串结论，才能同时存在于意识中，因此，不受时间的决定，彼此对立，直到较强烈的观念压倒其余观念而决定意志为止。这是人与动物不同，且特别具有的完全选择或深思熟虑的能力，由于这种能力，人类才被认为具有意志自由，相信他的意欲活动只是理智作用的结果，并不当作基础的确定倾向，可是，事实上，动机只有在基础上以及假设他具有确定倾向的情形下才发生作用，在人类身上，这个基础是性格。我们将在《伦理学上两个基本问题》(Istedition，P. 35，et seg.；2d edition，P 34，et seg.）中，对这种深思熟虑能力以及这种能力所带来的人类和动物选择间的区别，得到更详细的解释。人类所具有的这种深思熟虑的能力，是使人生比动物永远为不幸的许多原因之一。一般说来，我们最大的痛苦不在当下的知觉表象或直接感觉中，而在抽象观念的理性中，在痛苦的思想中，动物则完全不受这种思想所支配，动物只活在当下，只活在令人羡慕的无忧无虑之中。

使笛卡儿和斯宾诺莎把意志的决心与肯定及否定能力（即判断的能力）看成一个东西的原因，似乎是我们所谓人类深思熟虑的能力乃依赖抽象思想功能，因而也依赖判断和推论能力的那种说法。基于这种说法，使笛卡儿产生一种看法，那就是，根据他的观点，意志是自由的，是罪恶的原由，也是一切理论上错误的原由。另一方面，斯宾诺莎则认为，意志必然决定于动机，就像判断决定于理由一样。从某种意义上看，后一种说法真实不虚，不过，好像是从假前提得出的真结论。

我们在动物和人类各自受动机影响的方式方面所作的区别，对两者的本质有很大的影响，并且与两者生存方式的不同，有着极大的关系。虽然在一切情形下知觉观念都是决定动物的动机，然而，人类却想彻底排除这种刺激动机，并想完全以抽象观念来决定自己。他尽量运用自己理性的特权。他不受当下环境的影响，既不选择目前的快乐或痛苦，也不避免目前的快乐或痛苦，只考虑两者的结果。在大多数情形下，除了不重要的行动以外，我们都是决定于抽象的思想动机，而非决定于当下的印象。所以，短暂的困乏对我们来说，是比较轻易的，而自制则相当艰难；因为前者只涉及短暂的现在，而后者则涉及未来，而且其中还包括无数艰辛。我们痛苦或快乐的原因，大部分不在实际的现在，只在抽象的思想中。使我们无法忍受的往往就是这些——使我受折磨，与这比起来，动物的一切痛苦都是很小的；因为，当它们出现时，即使自己肉体上的痛苦也感觉不出来。的确，在极度心理痛苦之下，甚至故意使自己肉体上受苦以便使注意力从前者转移到后者。这就是为什么人类在内心极度苦闷时扯头发、抓脸皮、捶胸顿脚，在地上打滚的缘故，所有这些动作为的只是使我们的注意力从那无法忍受的思想中分散出来的激烈方法而已。只因为心理的痛苦远比肉体的痛苦为大，因此，使我们感觉不出肉体的痛苦，对一个身处绝境的人或因沮丧而消沉的人来说，自杀是非常容易的，尽管以前身处顺境时连想也不敢想它。同样，忧虑和激情（因此，思想的运用）总比肉体上的劳苦更容易使身体精疲力竭。根据这一点，伊皮克特塔斯（EPictetus）说得对：使我们烦恼的不是事物，而是我们对事物的看法。辛尼加也说：使我们恐惧的多过于直接压迫我们的，我们常在观念上受折磨。（EP. 5）。尤伦斯皮吉尔（Ulenspiegel）对人性的讽刺嘲弄也很透彻，他嘲弄人往上爬时便笑而往下走时便哭。受伤的孩子往往不是因痛苦而哭，而是当别人安慰他们时使他们想起痛苦而哭。行为和生活方面这种巨大的差别起于动物和人类知识方法的不同。并且，明显而确定的个人性格之出现，人与动物之间的主要区别（这只是类的性格）取决于那只能透过抽象概念才能从事的几种动机之间的选择。因为，只在作了某种选择以后，因人而异的种种决心才表示每个人不同的性格；但是动物的行动只依赖印象的出现或不出现，认为这个现象是它所类属的动机。最后，在人类身上，对他自己和别人来说，性格的有效表示只是他的决心而不是他的单纯愿望；对他自己和别人来说，只有透过行为才使决心成为事实。愿望只是当前印象的必然结果，不管这结果是外来的刺激还是内心目前的心境；因此，也像动物的行动一样，是直接必然的，也是缺乏考虑的。所以，像动物的行动一样，只表现类的性格而不表现个人的性格，换句话说，只表示一般人能做些什么，而不表现体验这愿望的个人能做些什么。只有实行——因为，像人类行动一样，往往需要某种深思熟虑，并且因为他具有理性的命令，所以是顾虑周到的，换句话说，是根据经过考虑的和抽象的动机来决定的——这才是他行为的睿智格言，才是他内心意欲活动的结果，所以，在健全的心理状态下，只有行为才会使良心负重荷，愿望和思想都不会；只有行为才会向我们显示自己意志的反映。完全不经考虑而在盲目热情下做出来的行为，在某种范围内说，是单纯愿望和决心之间的中间物。所以，这种行为为另一种行为所消灭，像一根画得不对的线，从那构成我们生活方向的意志图形中涂去一样。这里，我可以插一段话来比较一下，即愿望和行为之间的关系与蓄电和放电间的关系，具有纯粹偶然但却准确的类似。

由于对意志自由以及与此有关者所作讨论所得的结论，我们发现，虽然离开现象而从意志本身看来意志是自由的，甚至是万能的，然而，在其为知识所启导的特殊具体现象中，如在人类和动物身上，意志却为动机刺激所决定，特殊性格永远而必然地对这种动机刺激发生反应，而且往往出以同一方式。我们知道，由于人类具有抽象或理性知识，所以人与动物不同，人类可以自由选择，这使他成为许多动机的矛盾冲突场所。所以，这个选择确是个人性格得以完全表现的条件，但是不应视为特殊意欲活动的自由，换句话说，不应视为独立于因果法则之外，因为因果法则的必然性广及人类和所有其他现象。理性或由理性所构成的知识所带来的人类意欲活动和动物意欲活动之间的差别，只到达我们所指的那一点，没有扩到更远的范围。如果人类完全不顾那种服从充足理由原则的有关特殊事物的知识，而只借自己的理念知识去透视“个体化原理”，那么，情形便完全不同了，可能产生在动物界完全不可能的一种人类意志现象。那么，作为物自体意志的真正自由便可能表现出来，由于这种真正自由，现象便会发生一种像“自我牺牲”所表示的自我矛盾；最后，它那具性质的“本体”抑制了自身。意志自由在现象中的这个惟一实在和直接表现，这里不能加以明白的解释，但将构成本书最后部分的主题。

既然在这些讨论中我们已明白表示经验性格无法改变的本质以及行动与动机的必然接触，在不良倾向的影响之下，很快就会预料一种容易从这点而作出的结论。我们的性格应视为一种短暂、看不见和无法改变的意志活动的展开或睿智性格。这一点应当决定我们生活中行为所需的一切东西，换句话说，即必然决定它的伦理内容，这必定在其表面现象即经验性格表现出来，而只有其中不重要的东西即我们生活方向的表面形式才依赖种种动机表现的方式。所以，我们可以说，如果要改进一个人的性格，那是浪费心力，最好聪明一点，心甘情愿去接受无法避免的东西，欣然接受每一倾向，即使是不好的，也加以接受。但是，这正与所谓“疏懒的理性”即最近所谓“土耳其人的信仰”的一种无法避免的命运的理论相同。它的真正反驳已为西塞罗（cicero）在其著作《命运论》第十二章第十三节中加以解释过。

虽然一切东西都可以认为无法挽回地为命运所预定，然而，只有透过一连串原因的媒介才是如此的；所以，在任何情形下，我们都不能确定某种结果可以没有原因而出现。它不但是预定的事件，而且也是先前种种原因的结果；命运不只决定结果，也决定那预定某项结果的方法。我们相信，如果缺乏某种方法，结果也不会出现：每个结果往往都是根据命运的决定而出现，但是，不到事后，我们是决不会知道这一点的。

正如许多事件都是因命运而发生，换句话说，都是因无穷的连锁原因而发生的，同样，我们的许多行动往往也是根据我们的睿智性格而发生的。但是，正如我们事先不知道前者一样，同样，我们也没有先天地认识后者，只是从经验中后天地去认识自己，正如以同样方式认识别人一样。如果睿智性格含有下述意义，即我们只能在和不良倾向经过长时期冲突以后才能够作成良善决定，那么，便要先等这种冲突发生。思考性格无法改变的本质，思考我们所有行动根源的统一性，不应误使我们要求性格的决定有利于这一边或那一边；在继之而来的决心中我们会看到自己是那种人，也在自己的行动中反映出自己。这是对我们赖以回顾过去生活历程的心灵满足或苦闷所作的解释。我们之所以能够体验这两种感情，并非因为过去的行为仍然存在，它们早已过去了，它们曾经存在过，可是现在已经不再存在了；但是，对我们来说，它们的重要性在它们的意义，在下述事实，即这些行为乃性格的表现，意志的反映，我们可以借这种表现或反映认识内在的自我，意志的中心。因为我们并非事前体验到这点，而是事后体验到这点，所以我们应当在时间中奋发追求，这样，我们借自己行为所产生的记忆印象便可以使我们观想它时尽量冷静而不会感到烦恼。我们曾经说过将进一步探讨这种心灵的安慰或痛苦的意义，但是，这里我们只探讨它本身。

除了睿智性格和经验性格之外，我们必须指出第三种性格，这种性格和前两种性格都不同，这种性格称为后得性格，后得性格的养成是一个人在其生活过程中与世界接触而得来的，当我们说某人有性格或某人没有性格时，便是指的这种性格。当然，我们可以假设，由于经验性格的无法改变，同时，像所有自然现象一样，也是自相一致和前后一贯的，因此，人类往往要表现一致和前后一贯，他不必得到一种透过经验思想等方式而后方能获得的性格。但是，实际情形却并非如此，虽然人是永远一样的，然而，他并不永远了解自己，只会常常误解自己，直到他在某种范围以内获得真正的自觉为止。就作为单纯的自然趋势来说，经验性格本身是不合理的，甚至它的表现也为理性所阻挠，一个人愈是拥有理性和思想能力，便愈是如此；因为，理性和思想能力经常使他看到一般人的情形以及自己意志和行为中可能完成的东西。这使他更难看到其所以使他从事和完成意欲活动的力量究竟是多大。他发现自己具有从事各种活动的能力和各种生涯的因素，但是由于缺乏经验的关系，不明白自己个性中这些因素各自程度的差别；同时，如果他从事那惟一适合自己性格的生涯，他仍然会感觉到相反的倾向，尤其是在特殊时刻和特殊心情时为然，不过，这些生涯和原来的生涯无法连在一起，如果他想过原来的生涯而不受阻扰的话，便应该完全压制它们。正如我们在地球上的自然之道往往只是一条线，没有扩大为面，同样，在生活过程中，如果我们想要把握和拥有某个东西，便必须放弃和搁置其他东西。如果我们不能下定决心而像市集上的小孩一样看到任何好玩的东西都想要的话，便是误想把我们的路线扩大为面；最后我们会像在一条弯弯曲曲的路上奔跑，像鬼火一样的来回跳动，其结果乃是一无所成。或者用另一个比喻来说，根据霍布斯法律哲学的看法，每个人对于每种东西都享有原始权利，但是对任何东西都没有独占的权利，不过，他可以放弃自己对其余东西的权利而对某些特殊东西享有独占权，别人对于他们所选择的东西也可以这样做；同样，生活中也是如此，在生活中，只有当我们放弃和自己所追求者无关的一切要求权时，只有当我们放弃别的一切东西时，才能一心一意追求某一确定的目标，无论是快乐、荣誉、财富、科学、艺术或德行。因此，仅有意愿和能力是不够的，一个人还要知道自己想要什么，还要知道自己能做什么；只有这个时候才会显示其性格，也只有这个时候才能完成某项目标。虽然经验性格是前后一贯的，但是，在他达到那个地步以前，他还是没有性格的。从整个看起来，虽然他仍然忠于自己，而且走完该走的路，然而，他的路不会是直线，而是崎岖不平的。他会徘徊犹豫，脱离正轨，转回头去，为自己累积悔恨和痛苦。所有这些情形都是因为他在自己面前看到那些一般人所能获得大大小小的东西，却不知这些东西中哪一部分才适合他，哪一部分可以为他所完成，哪一部分可以为他所享有。所以，他会羡慕别人占有某种地位和环境，这些地位和环境只适合他们的性格而不适合他自己的性格，同时，在这种地位和环境中，如果他真的发现可以永久保持的话，他会感到不快。正如鱼只能活在水中，鸟只能在空中飞行，鼹鼠只适于活在地上一样，每一个人也只是活在适于自己的环境才会感到舒适。例如，并非所有的人都能活在宫廷生活的气氛中。由于对这些缺乏正确的认识，许多人会做出许多无结果的企图，会在许多特殊具体事物方面破坏自己的性格，然而，从整个看来，又要重新受它的支配，而他如此费力得来的东西不会为他带来快乐，他如此这般地认识的东西仍然是没有生命的；甚至在伦理道德方面，如果某种行为太过高尚不适合他的格性，不是由于直接冲动而是由于概念教条而产生的话，那么，即使从他自己的立场看起来，这个行为也会失去一切优点，因为由于自私的立场，事后他会懊悔的。“意志活动是不能教导的”。只有从经验中我们才能认识另一性格的刚强不挠，一直到现在为止，我们都幼稚地相信可以借合理观念、祈求、恳求、例证和心地高尚来说服任何人离开自己所走的路，改变他的行为方式，脱离他的思想方法甚或扩大他的能力：我们自己的情形也是一样。我们先要从经验中知道自己希望什么以及能做什么。直到这个时候之前，我们一直不知道这一点，我们是没有性格的，时常受外来的打击而不得不回到自己的路上去。但是，如果我们认清了这一点，那么，便具备世上所谓的性格，即后得性格。因此，这只是关于我们自己个性可能有的最完全的知识。这是关于我们所具有经验性格无法改变的种种性质的抽象而明白的知识，也是关于我们身心能力的大小和方向抽象而明白的知识，因此，也是关于我们自己个性的力量和弱点的抽象而明白的知识。这一点使我们处在一种地位，可以谨慎而严格地完成我们任务，并在确定概念的引导下去充实那因缺乏理性欲望所产生的裂缝。

6. 意志之火

这种自由，这种全能，整个可见世界的存在，以及根据那知识形式法则的发展都是它的表现，现在在它最完全的具体表现中对自身本质获得最彻底认识的时候，能在两种方式之下重新表现出来。在达到自觉的最高峰时，或是只欲求过去盲目欲求过的东西，这样的话，在整个情形和特殊情形中都一样，知识永远是它的动机刺激，或是相反地，这种知识已成为意志之火的熄灭者，缓和并压抑一切意欲活动。这就是上面我们用一般名词所表示的生活意志的肯定和否定。在说到个别行为时，就作为意志的普遍表现而非特殊表现来说，它并不阻碍和限制性格的发展，也不表现于特殊行动之中，而是或借一向遵循的行动方式更明显地表现，或用完全压抑的方法，以生动方式表达意志根据本身所获知识其自由采取的那些格言。由于我们刚才对自由、必然与性格所作的种种解释，已经使本书最后一篇主要问题更易于展开。但是，如果我们已将注意力转向生活本身（对生活的欲求或不欲求是一个大问题），如果我们已经尽力找出这意志本身（无论什么地方，它都是生活的内在本质）因其肯定实际将要获得的东西——在什么方式之下，在那种范围以内，这个肯定满足或能满足意志；总之，一般地看来，在各方面都属于它的这个世界中，它的地位应该是什么。

首先，我希望读者回想一下我们在本书第二编中最后所说的一段话——这段话是我们遇到关于意志最后目的问题所引起的。在意志各阶段的具体表现中，从最低阶段到最高阶段，摆在我们面前的，不是这个问题的答案，而是意志如何抛弃最后目的。意志永远在追求，追求是它惟一的本质，任何已经达到的目的都无法中止这种本质。所以，它无法获得最后的满足，只能为障碍所阻，然则它本身却会永远继续向前。我们在自然现象中最简单的重力现象中看到这种情形，重力永远压向数学上的中心位置，可是永远不会达到，因为一旦达到了，就会使本身和物质都消灭，同时，即使整个宇宙已旋成一个圆球，它也不会停止。在其他简单的自然现象中，我们也看到这种情形。固体因溶解或分解关系而易于变成流体，因为惟有这样它的化学力量才会释放出来；刚性是因冷却关系所维持的一种状态。流体易于变成气态，一旦把所有压力移去，流体就立刻变成气态。像波恩（Jakob BØhm）所说的，没有任何物体是能够脱离关联的，换句话说，没有任何物体是没有倾向或欲望的。虽然地球的质量吸收电的效果，但是电却无限地传导它的内在自我拒斥作用。只要电池有效，由化学作用所产生的电是斥力和引力的一种无目的，不断重复的活动。植物的生存正是这种没有止息的，永不满足的奋发，正是一种透过不断上升方式的不止息的倾向，直到最后，种子又重新成为新的起点；这种情形无限地重复——没有终结、没有最后的满足、没有止息的地方。在本书第二编中，曾说明了许多自然力量和有机形态到处彼此争夺本身希望借以表现出来的物质，因为每种力量或形态都只拥有从别的力量或形态争夺过来的东西；因此，自然界便发生一种毁灭性的血战，由于这种血战而产生一种阻力，且由于这种阻力，使那构成万物内在本质的奋力完全受阻；一切奋斗都徒劳无益，然而，由于本质的关系，又无法除去这种奋斗；艰苦的工作继续进行，直到这种现象消灭为止，可是，这个时候，别的力量又急切地夺取它的位置和物质。

很久以来我们就认为构成万物中心和“本体”的这种奋力和人类身上所谓的意志是相同的，不过，在人类身上，这种奋力，因为彻底自觉的关系，表现得最为明显而已。那一种使它不能达到目的的阻力和所产生的障碍，我们称为痛苦，另一方面，达到了目的，我们便称为满足、幸福、快乐。我们也可以把这种名词用到无意识界的现象，因为，虽然在程度上比较弱一点，然而在本质上却是相同的。我们发现无意识界的种种现象也陷于不断的痛苦中，毫无存在的快乐。因为一切努力都是由于缺陷——由于对自己地位的不满——如没有满足，便是痛苦；但是，任何满足都不是持久的，相反的，往往只是新的努力起点。我们知道，奋力在许多方式之下到处受阻，到处处在矛盾冲突之中，因此也处在痛苦之中。如果奋力没有最后目的，痛苦也就没有限度了。

但是，我们借锐敏的观察在无意识自然界所发现的东西，在心智世界的动物生活中，明显地呈现在我们面前，动物的不断痛苦很容易证明。然则我们不必停留在这些中间阶段，我们要直接转到人生方面，在人类生活中，痛苦表现得最明显，我们对痛苦的认识也最清楚；因为，当意志现象变得最完全时，痛苦也更为明显。在植物中，因为还没有感觉能力，所以也没有痛苦。最低等的动物生命——纤毛动物和海星——只感到最轻微的痛苦；甚至在昆虫中，感受力和感觉痛苦的能力还是有限的。痛苦的高度表现，最初出现在有完整神经系统的脊椎动物身上，智力愈发展，感受痛苦的程度便更高。因此，根据知识所达到的明晰程度，根据意识所达到的明显程度，痛苦也增加，所以，在人类身上便达到最高程度。而在人类身上，我们更发现，人的认识愈清楚，人的智力愈高，他的痛苦便愈多；赋有天才的人，在所有人类中所感受的痛苦最大。我在这个意义下，也就是说，在关于一般知识程度而非仅抽象理性知识的意义下，了解并运用传道书上的话：加增知识的就加增忧伤。那位哲学家画家或画家的哲学家蒂斯齐宾（Tischbein）在一幅画中，用显著的方式表现意识程度和痛苦程度之间的关系。他画中的上半部描写女人，她们的孩子被偷走，她们一群一群地以种种姿态、用种种方式表现出母性深深的痛苦、焦急和绝望。画的下半部则描写被偷走小羊后的母羊。下半部的安排组合和上半部完全一样；上半部的每个人，每个人的姿态，在下半部则以动物代替。因此，我们明显地看到迟钝的动物意识中所有的痛苦如何和极端的忧伤有关，只有透过明显的知识和清晰的意识才会产生这种忧伤。

我们希望用这种方式考察人生中意志的内在根本命运。每个人都很容易看到，在动物生命里，也以各种不同程度表现出同样的命运，只是程度比较弱而已，同时人从动物世界的痛苦中，也可以使自己觉得安慰，因为他发现，对一切生命来说，痛苦是根本的。

□

在每一被知识启导的阶段中，意志表现为一个体。人类发现自己是无限时空中的有限个体，因此，和无限的时空比起来，简直接近零数。他被投掷到时空里，而由于时空的无限性，使他在时间中只有相对的存在而没有绝对的存在；因为，他在无穷无边的时空里只占着有限的一部分。他真正的存在只是现在，他的无限奔向过去则是不断的跃向死亡，是不断的消逝。因为，他的过去生命，除了对现在的可能结果以外，除了其中所表现的意志的表示以外，已是完全过去了的，没有生命的，不再存在的了；所以，在理论上看，不管过去生命的内容是痛苦还是快乐，对他来说是无关重要了。但是，现在的生命永远从他手上成为过去，未来又完全不定也永远短暂。因此，即使我们只考虑形式的一面，他的存在也只是迅急的从现在奔向没有生命的过去，也只是一种不断的消逝。如果我们从肉体方面看；正如我们走路显然只是不断地防止倒下一样，我们身体的生命也只是不断地防止消逝，也只是永在延迟的死亡：最后，我们心灵的活动，同样也是不断延迟的倦怠。我们所吸的每口气都是抵挡那不断降到自己身上的死亡。我们用这种方法时时刻刻和死亡搏斗，并且，我们每吃一次饭，每睡一次觉，每次防寒保暖，都是经过较长间竭力来和死亡搏斗。最后，死神胜利了，因为，我们出生即受他的支配，在他吞噬牺牲品以前，只有极短暂时间戏弄着牺牲品。不过，我们怀着极大的兴趣和悬虑尽可能地延长我们的生命，就像尽可能地将肥皂泡吹得大吹得时间长一样，虽然我们明知肥皂泡终必胀裂。

我们曾知道，无意识自然的内在生命是一种没有终结没有休止的不断奋力。而当我们考虑到动物和人的本质时，这种情状就更为明显。意欲和奋力是它的整个生命，这种情形可以和口渴的情形相比。但是一切意欲的基础都是“需要”、缺乏，因此也是痛苦。从根本上以及透过它的生命来看，动物和人的本质是受痛苦支配的。另一方面，如果因为太容易得到满足而使它没有欲求的对象，便会产生可怕的空虚和无聊感，换句话说，它的生命和存在本身便成为无法忍受的负担。因此，它的生命像钟摆一样的在痛苦和厌烦之间来回摆动着。这一点也必须以这个方式表现出来；在人类将一切痛苦和烦恼归之于地狱以后，那么，天堂所剩下来的除了厌烦以外便一无所有了。

但是，构成意志每一具体表现之内在本质的不断奋力，在客观化各个较高阶段中，获得最主要和最普遍的基础，事实上，意志在这里表现为生物体，时刻都需要去滋养；而使这个需要获得力量的正是下述事实，即，这个生物体不是别的，就是客观化的生活意志本身。作为意志最彻底客观化的人类，在同样程度之下，是所有生物中最贫困的：他是具体的意欲和需要，他是无数需要凝结起来的。他怀着这些需要活在这个世界上，依靠自己，除了自己的需要和不幸以外，对任何东西都不相信。一般说来，占住整个人生的，是担心如何在那日新月异、难得满足的需要品之下维持生命的存在。还有一种需要直接和这个需要有关，即类的繁殖。在同一时间内，他受到各方面极不相同的危险威胁，需要不断地注意避免这些危险。他小心翼翼地以焦急的眼色环顾自己周围来找寻他的道路，因为有无数意外事件和敌人在等待着他。对他来说，没有安全的地方。

大多数人的生活只是一种不知不觉的生存竞争，并且相信最后会在竞争中失败。但是，使他们继续这个令人厌烦的战争的，与其说是对生命的爱，不如说是对死亡的恐惧，现在，死亡必将来临，隐藏在看不见的地方，随时都可能落到他的头上。生命好像一片海洋，充满着暗礁和旋涡，人类以最大的谨慎小心翼翼地避过这些暗礁和旋涡，虽然他知道，即使他尽全力和技巧而能通过去，然而，还是一步一步地接近那最大的，无法避免的以及无法挽回的暗礁——死亡；正向着它航行：这是辛苦航行的最后目标，对他来说，比他所逃过的一切暗礁更坏。

现在，值得注意的是，一方面，生命的痛苦和不幸可能增加到使那整个人生都在逃避的死亡变成人们追求的目标，我们自愿早点死亡；另一方面，一旦摆脱了痛苦和困乏，厌烦又立刻接近他，使他不得不需要娱乐消遣。生存竞争是使一切生物忙碌不息和继续活动的原因。但是，当生存一有了确保以后，它们却不知道应该做些什么；于是，使他们继续动个不停的另一件事是努力摆脱生存的重担，是设法不感到生存的重担，是“消磨时光”，换句话说，是逃避厌烦感。因此，我们看到，几乎所有摆脱困乏和忧虑的人，最后抛掉了一切重担的这回事实，对他们来说，又成为一付重担了，他们认为能够消磨每个时刻是一种收获，在此以前他们运用所有力量尽量保持长久的生命，现在却认为每短少一刻是一种收获。厌烦不是一种应轻视的灾祸；最后，它在人们脸上刻画出真正的绝望。它使那些彼此不相爱的人热切地彼此寻求，于是便成为社交的来源。并且，基于政策的动机，到处采取公共预防的方式来预防它的发生，就像预防其他普遍性的灾难一样。因为这种灾祸使人变得毫无节制，正如与此相反的饥荒一样：人们需要规矩节制。费城（philadelphia）严格的感化制度只用“厌烦”当作惟一的惩罚手段，他们所用的方法是单独禁闭和闲暇，人们发现这种方法非常可怕，甚至使犯人自杀。正如困乏是人们不断的祸患一般，厌烦则是时现代世界的祸患。在中产阶级的生活中，星期日代表厌烦，一星期其他六天则代表困乏。

因此，整个人生完全在欲望和满足欲求之间。从本质上看，希望就是痛苦，希望的达到立刻带来满足之感：这个结局只是表面的，占有使被占有的东西失去引诱力，希望、需要以新的方式表现出来；若希望、需要不以新的方式表现出来，那么，接着来的便是绝望、空虚、厌烦，对抗这些东西的争斗和对抗困乏的争斗是一样的困苦。

希望和满足便这样彼此相随，既不太快也不太慢的这一事实减少了痛苦并构成快乐的生活。如果使我们变为一个超越现实存在且漠不关心的旁观者，则我们用诸多方式称之为生命中最美部分的——即与一切意欲无关的纯粹知识、美感快乐、艺术中的真正乐趣——将只是少数人所赋有的，因为这需要稀有的才能，而对这些少数人来说，只是短暂的梦。甚至这些少数人，由于较高理智能力的关系，也比那些比较迟钝的人更容易感受痛苦，同时，由于一种与他人不同的本质，也被迫不得不处在寂寞的孤立状态中。但是，对大多数人来说，纯粹理智上的快乐是不容易得到的。他们几乎完全不能获得纯粹知识的喜乐。他们完全沉溺于意欲活动中。所以，如果要他们对任何东西产生同情感，如果要他们对任何东西发生兴趣，便要（如这个字的意义中所包含的）用某种方式刺激他们的意志，即使只透过遥远的以及不可靠的关系；不要将意志排除在这问题之外，因为他们的生存大多靠意欲而不是靠认知——行动和反应是他们生存的惟一因素。我们可以在许多微不足道的小事以及日常生活中所见的事情中看到这种情形。例如，他们把字写在自己可能到过值得一看的地方，以便影响这个地方，因为这地方没有影响他们。当他们看到一只珍奇动物时，亦不能自制地只在旁边观看，而一定要逗它、弄它，和它玩玩，他们的目的只是去经验行动和反应；意志的这种需要刺激，在牌戏现象中表现得非常特别，这是人类不幸一面的非常特别的表现。

但是，不管自然和命运所能完成的是什么，不论一个人是什么样的人，不论他拥有什么，那构成生命本质的痛苦都是无法除去的。不断的努力除去痛苦，除了使痛苦改变表现的方式以外，无法做到其他的了。从根本上看，痛苦就是缺乏、欲望、希望保全生命。如果我们能够（事实上很难的）用这种方法除去痛苦，它会随着年龄和环境的不同而以其他千千万万的方式出现，诸如色欲、热爱、忌妒、羡慕、憎恨、焦虑、野心、贪欲、疾病等等。最后，如果它找不到其他出路，会以厌倦，忧伤的方式表现出来，然后我们又以种种方法摆脱厌倦。即使我们最后能够驱走厌倦，也是有代价的，因为我们很难驱走厌倦而不让痛苦以先前种种方式之一重新落到我们头上，因此，意志的把戏又重新从头开始，整个人生都在厌倦和痛苦之间来回摆动。人生观既然如此抑郁，我会把注意力放到那可以使人生得到安慰，甚或达到斯多噶学派那种对自己眼前不幸漠不关心的一面。我们之所以不能忍受这些，大部分是因为下述事实，即我们认为它们是由于一连串很可能并非如此的原因所造成的。一般说来，我们不会对那些必然而普遍的不幸感到悲伤；例如，老年和死亡的必将来临以及许多日常生活中的不如意处。使我们感到忧伤的是想到环境的偶然性质。但是，如果我们认识，那种痛苦是无法避免的，也是生命中的主要现象，如果我们认识，除了此种方式以外没有东西是依赖偶然机会的，即使没有现在的忧伤，也会有另一种现在还没有出现的忧伤来占住它的位置，所以，在根本方面看，命运能够影响我们的少之又少；这种想法，如果变成了活的信念，可能产生相当程度的斯多噶式内心平静，也会大大减少我们对自己幸福的焦虑。但是，事实上，理性对直接感到的痛苦这种有力控制的情形很少出现甚或决不出现。

除此以外，透过这种对痛苦必然性的看法，透过所谓另一痛苦替代这一痛苦，以及因前一痛苦的消逝而带来新痛苦的看法，可以使人达到那矛盾但非荒谬的假设，即在每个人身上，他所必然具有的痛苦的限度决定于他的本性，不论痛苦的形式如何变化，但痛苦的限度既不可能是全无，也不可能忍受不了。因此，他的痛苦和快乐根本不是受外来因素决定的，只是在某种限度下某种自然倾向所决定的，而这种限度这种自然倾向，由于物质环境的关系，在不同时间确可感到某种程度的增加和减少，然而就整个看起来，却永远是一样的。这个假设不但为下述大家熟知的经验所支持，即大痛苦使我们不再感到较小的不幸，反之，解脱了大痛苦则使最微不足道的不如意事也会折磨我们并且使我们心情不佳。而且经验还告诉我们，如果大的不幸（只要想到它便会使我战栗）真的落在我们头上，一旦我们克服它的最初痛苦，那么，我们的性情大体上便不会有所改变；反之，在获得预期的快乐以后，从整个和长久方面来看，我们并不会感到自己的景况比以前好得很多，也不会感到处境比以前更适意。只有产生这些变化的时刻才会对我产生极大的影响，如深忧和狂喜，但两者很快就消逝，因为它们是建筑在幻想错觉上面。它们不是来自于当下的快乐或痛苦，而是来自于它们之中预期的新未来的开启。只有借未来之助，痛苦或快乐才能反常而暂时增加。基于上面提出的假设，我们可以说，大部分痛苦感和快乐感都是主观的和先天决定的，“认知”的情形就是如此，我们可以加上下面一段话以作证明。人类的快乐和沮丧显然不是决定于外在环境如财富或地位，因为我们在家人当中见到的愉快面孔，至少和在富人当中见到的一样多。并且，引起自杀的种种动机是非常不同的，对任何动机我们都不能说它强烈到足以导致自杀，甚至也不能说它很可能导致自杀，同时很少动机会弱到可以说它决不会引起自杀。现在，虽然我们心情开朗或忧愁的程度不是和往常一样，然而，由于这个看法的结果，我们不会把它归因于外在环境的改变，只会归因于内在情况的改变，如身体状况的改变。因为，当我们的心情愈为平静（虽然只是暂时的）甚至达到喜悦的程度时，这种情形的发生，并没有任何外来的因素。诚然，我们时常发现自己的痛苦只是由某种确定的外在关系而产生的，显然我们也只因这外在关系而变得抑郁悲伤。因此我们相信只要除去这外在关系，就必然会产生最大的满足。但是，这是幻想错觉。整个地看来，根据我们的假设，痛苦和快乐的限度时时刻刻都是主观所决定的，而忧愁的动机也和那种情形有关，正如身上一个脓疱关系整个身体一样。那个时期以内我们本性所必然具有因而无法摆脱的痛苦，在没有遇到外来确定原因的情形下，会划分为许多细碎的项目，并且以现在完全没有注意的许多小小烦恼和挂虑方式表现出来，因为我们忍受痛苦的能力早就为那将一切痛苦集中于一点的主要的不幸灾祸所占满了。这种情形也和下述观察结果相符，即如果一个大而急迫的忧虑因其幸运结果而从心中拔除了，另一个同样的忧虑立刻会取代它的位置，整个事实早就在那里了，只是无法进入我们意识之中而形成忧虑，因为没有形成忧虑的余地，所以，这个忧虑的事实还不明显，它隐藏在意识深处没有被人发现。但是，现在既然有了表现的余地，这个已经存在的事实便立刻表现出来并且占住原有忧虑的地位。如果它的内容比起那已经消失了的忧虑更为明白的话，便会知道如何把自己弄小一点以便在大小上和原来的忧虑相等，像原来的忧虑一样，完全占住它的位置。

过分的喜悦和刻骨的痛苦往往发生在同一个人身上，因为它们彼此互为条件，也都决定于非常的心灵活动。像我们刚刚看到的一样，两者的产生都不是由于现在所有的东西，而是由于对未来的期望。但是，由于痛苦乃生命中的必然现象，而痛苦的程度也决定于主体的本性，外在突然的变化总是外在的，便无法真正改变痛苦的程度。在极端喜悦或忧伤的基础上往往有着错误和谬见，在这里，这两种过分的心灵紧张必须借知识来避免。所有过分的喜悦（exultatic，insolens laetitia）往往建筑在错误的想法上，即一个人在生命中发现决不能发现的东西——即令人烦恼的欲望和需要及长久的满足这种欲望和需要。过后，他必然会从这种错误想法中回过头来，这个时候，必须为它付出剧烈痛苦的代价，就像产生时所引起的喜悦那样的深刻。所以，必须避免它们；而所有突然产生的过分悲伤却像是从高处堕下，因此这种错误想法的消失，也为它所限制。如果我们充分控制自己冷静地就全体及其关系方面去看事物，始终不要给予它们以我们所希望它们具有的种种特色，那么，就可以避免它们。斯多噶学派伦理学的主要目标是使心灵摆脱一切妄念及其种种结果，也是使心灵获得一种无法扰乱的平静。就是这种洞察力使贺拉斯（Horace）在下述诗歌中表现他的灵感——

我们要经常记住
处逆境应保持平静
处顺境也不可过分喜悦

可是，大体说来，我们不愿意接受那种可比苦药的知识，即痛苦是生命中的必然现象，因此不是从外面加在我们身上的，而是每个人的内心都带有这种痛苦的永久性泉源。相反的，我们却不断寻找外在的特殊原因，寻找一种解释何以痛苦永远随着我们的理由，正如自由自在的人把自己当偶像以便有一主人似的。因为我们不停地追求，从一个愿望到另一个愿望；虽然所有的满足，不管能给我们多大希望，当我们想到它时，就不能满足我们了，只会成为使人感到羞耻的错误，然而，我们却不知自己是白费气力，依然在促起新的欲望。因此，它或是永远继续向前进行，或是变得更为稀奇的，假设以某种性格的力量为先决条件，直到我们最后达到一种不曾满足也无法放弃的愿望为止。在那种情形下，我们似乎发现了自己所要寻求的东西，似乎发现了某种能够归咎为自己痛苦来源的东西，而没有发现自己的本性。于是，虽然我们和自己命运相左，然而却使自己的生存感到满足，因为我们又完全不知痛苦是生存本身中必然的现象，而真正的满足是不可能的。这种发展的结果多少有点令人形成悲伤的倾向，是不断地忍受一种巨大的痛苦以及忽视由此而来的一切较小的忧愁或快乐；因此，也是比那不断地抓住日新月异的错误想法较为高尚的现象。

7. 普通所谓的幸福

一切满足，或普通所谓的幸福，从事实上和根本上看，只是消极的，不是积极的。不是自动落到我们头上的原始满足感，永远是对某一愿望的满足。愿望即某种需要是所有快乐的先在条件。但是，由于满足的关系，愿望和快乐便不再存在了。满足或快乐只是痛苦的解除，只是需要的满足；因为这种东西不但是明显的忧愁，也是我们内心不胜其烦的欲望，事实上也是使我们觉得生命是一种负担的厌烦之感。可是，我们却很难获得或完成任何东西；任何目标都会碰到无谓的困扰，而每一步都有着许多阻碍。最后，当我们克服并获得了一切时，除了解除忧愁或欲望以外，什么东西也不能得到，我们还是发现自己所处的地位与忧愁或欲望出现之前所处的地位完全一样。甚至我们直接得到的一切也只是需要，换句话说，也只是痛苦。我们只能间接地从回想先前的痛苦和需要（现在因满足或快乐而不再存在了）而认识满足和快乐。因此，我们可以说，我们并没有确切地意识到现在实际拥有的快乐和便利，也不会重视它们，只会把它们当作一件当然的事实，因为它们只是消极地使我们避免痛苦。只有当我们失去它们的时候，才会感到它们的价值；因为欠缺、贫乏、忧愁才是积极的，才是我们直接感受到的。当我们回想过去的困难时光、疾病、欠缺以及其他类似情形时，也会感到快乐，这是享受目前快乐的惟一方法。而且，我们无法否认，在这方面以及基于这种自我主义立场（此即生活意志的形式），当我们看到或听到别人说到他人的痛苦时，也会以卢克理细斯（Lucretius）在本书第二编开头处所坦白表现的同样方式为我们带来满足和快乐——

我们得不到的，就视为珍贵，
但一旦得到了。就立刻变得和原来不一样了；
类似的盼望使我们疲于奔命，
我们渴求生命、眷恋生命

因此，我们知道，所有的快乐只属于消极性质，不属于积极性质，正因为这个理由，所以，它不是持久的满足或快乐，只会使我们摆脱某种痛苦或那必然带来新痛苦的，或倦怠、空虚的向往和厌倦感的欲望；我们可以在真正反映世界和人生的艺术中，特别是诗歌中证明这一点。所有的史诗和戏剧诗只能表现人类追求快乐幸福的一种竞争、努力和奋斗，决不能表现持久而完全快乐的本身。史诗中描写的英雄人物，要经过千辛万苦历尽险阻才能达到目标，而一旦达到了目标，便立即落幕；因为，现在，除了表示英雄所期望寻求那种幸福的辉煌目标，最后只有使他失望而已，而幸福达到以后也并不比往日更好，除了重复往日的事没有其他的事可做。真正持久的快乐是不可能的，这不可能是艺术的题材。当然，田园牧歌的目的是描写这种快乐，但是，我们也知道，这样的田园牧歌是无法传之久远的。诗人往往发现，田园牧歌不会成为纯粹叙事诗。在前一种情形，一种不重要的史诗，所描写的题材只是一些微不足道的忧愁、快乐和努力——在最普遍的情形下，它是——在后一种情形下，则是描写自然之美，换句话说，是描写摆脱意志束缚的纯粹认知活动，当然，就事实而论，这是纯粹的快乐，既无先前的痛苦或欲望，亦无必然继之而来的悔恨、忧愁、空虚或餍足；但是，这种快乐不能概括生活全部，只在偶然的时刻才能如此。同样，我们在音乐中也发现在诗歌中所发现的东西；也就是说，在普遍表现自觉意志内在历史、神秘生命、期望、痛苦和快乐的曲调中，也发现诗歌中所发现的东西：人类内心的起伏。曲调总是从主调音出发，经过无数的变化，甚至变化到最不和谐的程度，最后又重新回到那表现意志之满足和平静的主调音，不过，这时，这个主调再也不能完成别的了，如再延长主调也将变为一种令人讨厌和无意义的单调音。

在这些研究中，我们想要明了的东西，即无法获得持久的满足以及一切快乐的消极性质，在本书第二篇最后结束处所说的话中找到了解释：客观化为具体人生的意志，是一种没有目标或目的的奋力。我们在意志具体表现的所有各部分中，发现这种深刻的无目的性，从最普遍的形式即无限的时空一直到所有现象中最完美的现象，即人类的生命和努力为止。在理论上说，我们可以假定三种极端不同的人生作为现实人生的成分。第一、是强有力的意志即强烈的情感。这表现于伟大的历史人物身上，这是史诗和戏剧中所描写的。但是这也能表现于小世界中，因为，这里，对象的大小是以它们影响意志的程度来量度，不是根据它们的外在关系。第二、是纯粹认知活动，即理念的把握，以知识摆脱意志的役使为条件：如天才的生命。第三、也是最后一个，是意志的彻底倦息，也是属于意志知识与空虚想望的完全止息。个人的生命并不永久固定于这些极端情形中的任何一种情形，很少接触到其中任何一个，大部分只是稍微近这一面或那一面，只是一种对微不足道琐细东西的贫乏欲望，不断地重复出现，因而避免厌烦之感。极大多数人的生活途径，如果从外面去看，是没有意义和缺乏重要性的，如果从内面去感觉它，又是晦暗和不曾受理智之光所引导的。这种生活途径是令人生厌的渴望和抱怨，是从生到死：经历幼年、青年、壮年、老年四个阶段，像梦幻似的踌躇犹豫，以及一连串的琐细念头。这种人就像钟表的发条一样，被人绞紧了以后，自己运行着，也不知道为了什么；人随时在诞生，人生的钟表也重新绞紧了，一再地重复着过去无数次所玩的老套，一段一段地，很少有变化。每一个体，每一个人和他的生活途径，只是无限自然精神的另一短暂梦幻，只是持久的生活意志另一短暂梦幻；只是自然在其无限时空中不经意地描画出的另一匆匆即逝的形象；允许存留的时间如此短促，因此和时间空间比起来，几乎等于零，然后又消失不见，让后来者接下去。然而，生命严酷的一面就在这里，这些匆匆即逝的形相中每一形象，这些空幻的幻想，生活意志还必须在其所有活动中为它付出代价，要遭遇许许多多铭心的痛苦，最后终不免接受那经长时间恐惧而终于来临的痛苦的死亡。这就是为什么当我们见到死尸时会突然涌现一种非常冷酷感觉的缘故。

如果我们从整个以及一般立场去看，如果我们只强调最重要的特性，的确，每个人的生命，往往是一个悲剧，但是，如果我们仔细去体认，则具有喜剧性。因为每天的作为和苦恼，时刻不停的烦躁，一星期的欲望和恐惧，每个小时的不幸之事，都是偶然而来的，这些永远倾向于滑稽可笑性，有喜剧的倾向。但是，那永远没有满足的期望，那挫败的努力，那些为命运无情地粉碎的希望，整个一生的不幸错误以及不断增加的痛苦和最后的死亡，则往往是一个悲剧。好像命运捉弄我们生存的不幸似的，我们生命中必须含有悲剧的一切忧患，然而，我们甚至无从维护悲剧人物的尊严，只在生命的广大范围内，无可避免地成为可笑的喜剧人物。

□

由于最广泛的考察，由于对人生主要和基本特性的探讨，到现在为止，我们先天地相信着，从整个人生的层面来看，人是无法得到真正快乐的，透过对它本质的了解，人生只是种种不同的痛苦罢了，自始至终都是不幸的，而且，如果我们更在后天方面注意一些较确切的实例，实际来印证我们的想像，以及用实例来说明各方面经验和历史所带给我们无法形容的不幸，我们的内心就能更生动地唤起这种看法。但是这部分将会没有终结，并且会使我们远离哲学所必需的普遍立场；而且这种描述很容易被人当作一种对人生不幸的单纯雄辩一如平常所看到的一样，如果只是这样的话，也可能被人责为只是片面性，因为它是从特殊事实出发的。我们对生命本质中无可避免的痛苦所作完全冷静而哲学式的研究，没有被责难和怀疑之虞，因为它是从普遍者出发，也是以先验方式处理的。但后天的证实则是很容易在每个地方发现的。每一个人，如果他从少年时期最初的梦中觉醒过来，如果他考察了自己和别人的经验，如果他在人生中，在过去以及自己所处时代的历史中，最后在伟大诗人们的作品中仔细观察人自己，而他的判断又没有被那难以磨灭的成见所麻痹的话，他一定会得到一个结论，那就是，这个人类世界是偶像机遇和错误的王国，无情地支配一切大大小小的事物，而愚昧和邪恶也挥舞着它的鞭子。因此，我们可以说，任何较好的东西只有经过困苦的奋斗才能得到；高尚而智慧的东西通常是不可见的，它很少以引人的方式显现出它自己，也很少为人所注意。一切显发出来，为我们所注意的，在思想方面常只是荒谬和错误，在艺术方面则只是了无趣味而不引人的，在人类行动方面，只成为邪恶和欺人的东西，只有这些东西得到优势的地位，高尚与智慧则否。另一方面，特别好的东西往往只是例外，只是千百万事例中的一个特例，如果这个特例是由一部有永久留存价值的作品所描写的话，那么，当同时代的其他作品湮没无闻而它还继续留存时，这个特例便处在孤立状态中，像陨石一样的被保存着，是从那些与现在流行者不同的东西中产生出来的。就个人的生命而论，每个人的生命史都是一页痛苦的历史，所有的生命都是一连串大大小小继续不断的忧患，对于这些不幸忧患，每个人都尽量隐藏起来，因为他知道，他人很少会表示同情或怜悯，相反的，当他们看到别人遭遇到自己目前所没有遭遇的忧患时，总是感到幸灾乐祸的满足。因此在生命的终点时，如果一个人诚挚而富于才能的话，决不会希望再过这种生活，相反的，他会祈求绝对的寂灭。哈姆雷特剧中有句独白的主要内容是这样的：人生的处境是如此的不幸，使我们祈求绝对的寂灭。如果自杀真能带给我们解脱，那么，“生或死”的选择便摆在我们面前，因此，我们无疑会选择自杀为“全心全意希望完成的东西”。但是我们内心却有某种东西告诉我们，事实并非如此：自杀不是终结，死亡不是绝对的寂灭。同样，历史之父希罗多德①所说的话，自他开始一直到现在，还没有人否认过，他说，凡是活在世上的人没有一个人不是再三希望第二天不要再活下去。根据这个说法，人们所经常悲叹的短促生命中的可能是生命所具有的最好性质。最后，如果我们让一个人清清楚楚地看到自己生命经常遭遇到的可怕痛苦和不幸的话，他会感到恐惧；如果我们引那坚定的乐观主义者去看看医院、疗养所和手术室，看看监狱、刑房和奴隶蓄养场，看看战场和执行死刑的地方；如果我们让他看到一切不幸的黑暗角落，最后，如果我们让他看看乌格利诺

① 希罗多德（Herodotos，公元前 484–424），希腊的历史学家，著有著名不朽的《史记》一书。——译注

(Ugolino）的饥饿地狱，最后他也会了解这个“可能世界中之最好世界”[①] 的究竟本质。因为,除了我们这个现实世界以外，但丁描写地狱的材料从什么地方来的呢？然而，他把这世界看做一彻底的地狱。可是，另一方面，当他要描写天国和天国的快乐时，就面对极大的困难，因为我们这个世界根本没有供给这方面的材料。所以，他除了重复描写他的前辈比阿垂斯（Beatrice）以及其他圣者告诉他的话以外，没有旁的可做，他并没有描写天堂的喜乐。从这一点，我们就相当清楚这个世界究竟是一个怎样的世界。的确，像所有不好的器物一样，人生的表面也盖上一层假的光彩：人生所遭遇的往往隐而不现；另一方面却公然嘲弄任何人所能获得的光辉，他愈是得不到内心的满足，便愈是希望别人认为他活得幸福：这种情形甚至于达到愚昧的程度，别人对我们的看法是每个人努力的主要目的，尽管事实上这是毫无意义的事，因为几乎在一切语言中，虚荣两字所指的，本来就是空无。在所有这种虚假的表演之下，生命的不幸可能大大地增加——而这种情形是每天都在发生的——因此，使得人们反而热切抓住那一向使人感到恐惧的死亡。的确，如果命运极端恶劣的话，那受苦者甚至连这种安慰也得不到，同时在被激怒的敌人手中，可能还要遭到无可补救可怕而缓慢的折磨。受苦的人求助于神也没有用，他仍然要面对自己无情的命运。而这种无可补救只是他自己意志难以克服之本质的反映而已。正如任何外在力量很难改变或压抑这个意志，同样，任何外来力

① 这是莱布尼兹所说的话。——译注

量也无法使它摆脱从意志现象之生命而来的种种不幸。在主要问题方面，像在所有别的东西方面一样，人往往被带回到自己。他想为自己创造神借祈祷和奉承以获取那只能靠自己意志力量才会完成的东西，可是没有用。旧约把世界和人看做上帝的作品，但新约却说，为了使大家知道神圣和拯救脱离现世的忧患只能来自于这世界本身，这位神必须成为人。对他来说，一切东西所依赖的仍然是人的意志。宗教的狂热主义者、殉道者，所有宗教方面的圣者，都是自愿而欣然忍受痛苦的折磨，在他们身上，生活意志已自动压抑下去了，甚至他们对意志现象的缓慢消灭也不愿意。至于其他，我不得不告诉大家，我觉得乐观主义如果不只是一种没有思想的话题的话，那么，它不但是一种荒谬之谈，而且是一种真正不怀善意的思想方式，是对人类无法形容的痛苦难堪的嘲笑。大家不要认为基督教倾向于乐观主义，相反的，在福音书中，世界和罪恶几乎是用作同义词的。

图书在版编目（CIP）数据

叔本华人生哲学 /（德）叔本华著；李成铭等译.
--北京：九州出版社，2003.7（2018.12重印）
（哲人咖啡厅）
ISBN 978-7-80114-916-9

Ⅰ.①叔… Ⅱ.①叔… ②李… Ⅲ.①叔本华，A.（1788～1860）—哲学思想 Ⅳ.①B516.41

中国版本图书馆CIP数据核字(2003)第048932号

叔本华人生哲学

作　　者	（德）叔本华　著　李成铭等　译
出版发行	九州出版社
地　　址	北京市西城区阜外大街甲 35 号 (100037)
发行电话	(010)68992190/3/5/6
网　　址	www.jiuzhoupress.com
电子信箱	jiuzhou@jiuzhoupress.com
印　　刷	三河市东方印刷有限公司
开　　本	880 毫米 ×1230 毫米　32 开
印　　张	13.25
字　　数	260 千字
版　　次	2003 年 7 月第 1 版
印　　次	2018 年 12 月第 12 次印刷
书　　号	ISBN 978-7-80114-916-9
定　　价	32.00 元